世界名人名传 | 主编·柳鸣九

[奥] 茨威格 著
申文林 高中甫 译

三作家传

Biography

CASANOVA /
STENDHAL /
TOLSTOY /

河南文艺出版社
·郑州·

图书在版编目（CIP）数据

三作家传:卡萨诺瓦、司汤达、托尔斯泰/（奥）茨威格著;申文林,高中甫译. —郑州:河南文艺出版社,2019.8

（世界名人名传/柳鸣九主编）

ISBN 978-7-5559-0697-1

Ⅰ.①三…　Ⅱ.①茨…②申…③高…　Ⅲ.①卡萨诺瓦（Casanova, Giovanni Giacomo 1725－1798）-传记②斯汤达（Stendhal 1783－1842）-传记③托尔斯泰（Tolstoy, Leo Nikolayevich 1828－1910）-传记　Ⅳ.①K835.465.6②K835.655.6③K835.125.6

中国版本图书馆 CIP 数据核字（2019）第 111481 号

三作家传
SAN ZUOJIA ZHUAN

出版发行　河南文艺出版社
本社地址　郑州市郑东新区祥盛街 27 号 C 座 5 楼
邮政编码　450018
承印单位　河南瑞之光印刷股份有限公司
经销单位　新华书店
纸张规格　890 毫米×1240 毫米　1/32
印　　张　10
字　　数　193 000
版　　次　2019 年 8 月第 1 版
印　　次　2019 年 8 月第 1 次印刷
定　　价　49.00 元

印厂地址　河南省武陟县产业集聚区东区（詹店镇）泰安路
邮政编码　454950　　电话　0391-2527860
（本书封面图未能联系上作者,敬请作者与本社联系。）

作者的话

对人类的严格研究就是人。

——蒲柏①

    在我试图说明关键性的典型人物身上那种有创造力的精神意志,并且又通过形象来说明这些典型人物的这套描述性的系列丛书里,这本《三作家传》既是其他两本《与心魔搏斗》《三大师传》的对立面,同时又是对它们的补充。《与心魔搏斗》把荷尔德林、克莱斯特和尼采表现为被魔力驱动的悲剧性气质的人的三种变化形态。这种气质既超越自身,也超越现实世界,抗拒着无限的东西。《三大师传》则把巴尔扎克、狄更斯和陀思妥耶夫斯基说成是叙事文学世界创造者的典型。他们在自己的长篇小说宇宙里建立起来与现有

---

    ① 亚历山大·蒲柏(1688—1744),18世纪英国最伟大的诗人。代表作有《批评论》《夺发记》等,翻译了荷马史诗《伊利亚特》和《奥德赛》。

的真实并存的第二个真实。《三作家传》既不同于《与心魔搏斗》里写作家那样进入无限的事物中,也不同于《三大师传》那样进入现实世界,而是完全退回到作家本身。这三位作家都无意识地认为,自己艺术最重要的任务不是去摹写宏观世界,不是去摹写丰富多彩的现实存在,而是把自我的微观世界发展成为一个世界。因此,对于他们来说,什么真实都没有自己存在的真实重要。这样,那些心理学称之为外向的、面向世界的作家,即世界创造者的作家,把自我溶解在他所描绘的客观事物中,直到找不到的时候为止(最为完美的是莎士比亚,他已经合乎情理地变成了神话),与此同时,主观的感觉者,也就是内向的感觉者,则是面向自己,让人世的一切在他的自我中结束。因此他首先是他自己的生平的塑造者。无论他选择什么体裁,是戏剧,是叙事诗,是抒情诗,还是自传,他都是在不自觉地把他的自我作为媒介和中心塑造到每一部作品里去。他的每一次描述首先都是描述他自己。以卡萨诺瓦①、司汤达和托尔斯泰这三个人物为例阐明这种研究自我的主观主义艺术家类型及其十分重要的艺术体裁——自传,这就是《三作家传》的意图和疑难问题。

我知道,把卡萨诺瓦、司汤达和托尔斯泰这三个名字放在一起,乍听起来令人感到惊异,而不是令人感到信服。首先人们想象不出来那样一个价值水平,在这个价值水平上,像卡萨诺瓦这样,一个放

---

① 贾科莫·卡萨诺瓦(1725 — 1798),极富传奇色彩的意大利冒险家、作家,"追寻女色的风流才子",18 世纪享誉欧洲的大情圣。卡萨诺瓦一生中最为重要的作品是他穷尽晚年精力创作的自传式小说《我的一生》。

荡不羁的和非道德的骗子,一个令人生疑的艺术家会与像托尔斯泰这样一个英勇的伦理学家,一个十分完美的人物相遇。实际上,这样在一本书中并列并不意味着他们是在同一个思想水平上,不分轩轾。恰恰相反,这三个名字象征性地代表着三个阶段,所以是一种上下重叠,是同一类型不断提高的性格形态。我再重复一遍,这三个名字不是代表三个同等价值的形态,而是代表同一种创造性功能即自我表现升高的三个阶段。不言而喻,卡萨诺瓦代表的是初级的,最低等的,原始的阶段,也就是质朴的阶段。在这个阶段里人们还把生平与外部感性的、实际的经历等同起来,还只讲述自己生活无拘无束的过程及重要事件,而不对这种过程和事件进行评价,甚至也不进行研究。司汤达已经使自我表现达到了一个比较高级的阶段,这就是心理学的阶段。在这个阶段里人们再不满足于单纯的讲述,再不满足于粗略的 Curriculum Vitae(简历),而是对自身产生了好奇心,要对自身原动力的机械装置进行观察研究,要寻求自己行动和放弃行动的动机,也就是要寻求内心领域里的戏剧性。这样就开始了一种新的自我观点:自我作为主体与作为客体所进行的双重观察,这也就是内心的与外部的双重生平。进行观察的人观察自身,有感觉的人检查自己的感情——于是不仅现世的生平,而且连心理的生平也都形象地进入了观察的范围。后来在托尔斯泰这个典型身上,这种心理的自我观察,由于同时也变成了伦理学的和宗教性的自我观察,所以就达到了观察的最高级阶段。准确的观察者描述他自己的生活,精确的心理学家描述感受引起的反射。此外自

　　　　　　　　三作家传

我观察的新要素,也就是良心的无情眼睛,观察着每一句话的真实性,每一个意向的纯洁性,每一次感受持续作用的威力。由此可见,自我描述超越了好奇的自我研究,变成了道德性的自我检验,也就是自我审判。艺术家在进行自我描述的时候,不仅要追寻自己现世表现的类别和形式,而且还要追寻自己现世表现的意义和价值。

这种类型的自我描述艺术家善于将他的自我充满到一切艺术形式里,但是他只有在一种艺术形式中达到了完全实现,那就是在自传中,也就是在对于自我包罗万象的叙事诗中。这种类型的艺术家,每个人都不自觉地致力于这种艺术形式,然而很少人能够实现意图。在一切艺术形式中,自传是罕见卓越成功之作的艺术形式,这是因为它是一切艺术类型中最具有责任感的类型。因此很少人尝试写自传(在浩如烟海的世界文学中仅能举出十多部表现精神本质之作),也很少人对自传进行心理学的观察思考。原因是,这样的观察思考必须毫无拦阻地从直线行走的文学领域下到精神科学最深层的迷宫里去。不言而喻,在这里鲁莽冒失是很不适宜的。在这篇前言的狭小范围里只能简略地谈谈现世自我描述的可能性和限度,只能用勾画点到的方法预奏起这个疑难部题的主题,引出齐奏来。率真的想法认为,自我描述必定是每个艺术家最发自本能和最轻而易举的任务。这是因为创作者对谁的生平还能比对他自己的生平更熟悉更了解呢?对于他来说,这种生存中的一切重大事件都是料想到的,最秘密的事情也是已知的,最隐蔽的东西在他心中也觉得是显而易见的。因此,要讲述他现在生存和过去生存的"这种"真实，除了打开记忆库，写出来生平事实以外，他无须做任何其他努力。所以说，当剧院里拉开遮掩创作好的戏剧的帷幕，拆去把自身与世界隔离开的第四面墙的时候，几乎再无须干什么，就成了一幕戏。而且不仅如此！由于这是没有幻想地、单纯机械地描述一种有序的真实，所以也不大需要画家天才的摄影术。自我描述的技艺似乎根本造就不出艺术家，而只能造就出诚实的记录员。从原则上说，随便哪个人都能够成为自己的传记作者，都能够用文字表现他的种种危难和命运。

但是历史教导我们，通常自我描述者所取得的成功从来不过是参与对他所经历的纯粹偶然事件、事实提供简单的见证而已，与此相比，由自己创作内心的精神画像就总是要求训练有素、观察力敏锐的艺术家。而且甚至在这样的艺术家中也只有为数寥寥的几个人适于做这种异乎寻常和责任重大的尝试。这是因为在令人生疑、鬼火闪烁的回忆朦胧状态中没有一条路是无法通行的，就像一个人从他公开明显的表面下降到自己最深处的幽暗王国，从他神采飞扬的现在进入他那荒芜迷漫的往昔那样。为了从旁边绕过自己的深渊，要在自我欺骗与随意健忘之间狭窄而滑湿的道路上行走，独自摸索着走进最近的孤寂中去——在那里如同浮士德走向众女神的路上那样，他自己生平中的情景只是作为曾经存在过的真实的象征依旧还"没有生气地一动不动"悬浮着！——他得进行多少冒险呀！在他能够有资格说出"Vidi cor meum！（我看清楚了自己的心！）"这句庄严的话之前，他需要多么巨大的英勇容忍和自信呀！

　三作家传

然后再从内心的这个最深处回转，上升到进行着抗争的形象世界，也就是从自我观察进入到自我描述，这又是多么艰难呀！最能清楚地表明这种冒险行为的巨大艰难的，莫过于成功之作的稀少了：成功地把精神形态的自我雕像写成文字的人是屈指可数的。而且就在这些相对完美的作品中还有多少遗漏和缝隙，还有多少做作性的补充和不自然的掩饰呀！在艺术中，正是那些最贴近身边的东西，却是最难以表现的东西，看来轻而易举的事情，却是最艰巨的任务。因此，艺术家真切地塑造当代及历朝历代的任何人的困难，都没有真切地塑造他本人的自我的困难大。

话虽如此，但是，为什么世世代代总还在把新的尝试者推向这个几乎无法圆满完成的任务呢？毫无疑问，而且事实证明，是人被迫赋予了一种原始的推动力，也就是天生具有对自我永存不朽的要求。每个人都作为亿万分子中的一个分子，被置于流动之中，受暂时性的阴影笼罩，注定要改变和变化，被奔腾不息的时代拖拉而去。每个人都不由自主地（凭借永存的直觉）想方设法把他那一度存在却又永不再现的情景继续保存下来，也许保存在比他更长久的遗迹中。生育和证明自己的存在，归根结底，指的是同一种功能，一种相同的努力，就是至少要在不屈不挠、延续生长的人类大树干上留下一个暂时性的痕迹。因此每一篇自我描述都是这种为自己做证的愿望最强烈的表现，而且最初尝试的自我描述都还欠缺肖像的艺术形式，缺少文学的素养。或是给坟头砌上一层方石块，或是以笨重的楔形墓碑赞颂些无从查考的业绩，或是在树皮上刻画——单个人最初的自我描述就是以方石块的语言通过数千年的空旷空间对我们讲述的。那些业绩早已无法探明究竟。那个已经烟消云散的一代人的语言已经变得无法理解了。但是他们所表现出来的那种塑造自己、保存自己，并且经过自己的呼吸把曾经存在一个某人某氏的痕迹转交给生气勃勃后代的感情冲动是很明显的。由此可见，使自我永存不朽这样一个不自觉的模糊意志就是一切自我描述的根本动机和开端。

很久以后，又过了千百年以后，有觉悟和更有知识的人类才不仅在内心有了证明自己存在的要求——尽管这种要求或是直截了当或是模模糊糊的——而且还产生了一个第二意志。这就是把自己作为一个自我来认识，并且为了了解自己而说明自己的个人要求，就是自我观察。正如奥古斯丁①很精彩地说，如果一个人"变成了自己的问题"并为自己去寻求一种只属于他的答案，那么，他为了更清楚明白，更一目了然地认清自己，就会把他一生的道路如同展示地图那样，展开在自己面前。他不是想要对别人说明自己，而是首先想要对自己说明自己。在这里就出现了一个分岔路口（至今在每部自传中还清晰可辨）：是描述生活，还是描述遭遇见闻；是为别人进行说明，还是对自己进行说明；是写客观的、外部的自传，还是写主观的、内心的自传——总之是向别人倾诉，还是自我诉说。一类倾向于公之于众，面对社区民众进行忏悔，或者在书中进行忏悔；

---

① 圣奥勒留·奥古斯丁（354—430），罗马帝国末期北非柏柏尔人，早期西方基督教神学家、哲学家，他的著作《忏悔录》被认为是西方历史上第一部自传。

另一类是独白式的思考,多半都满足于写在日记里。只有如歌德、司汤达、托尔斯泰这样一些真正才识全面的人,他们尝试进行一种完美的综合,并且使自己在两种形式里永存不朽。

然而自我观察还只是一个准备步骤,一个无须思索的步骤。因此,任何真实,只要它自身是适当的,就还容易保持真实。而到转达给别人这种真实的时候,才开启了艺术家的真正的困难和痛苦,才要求每一个自我描述的人表现出坦诚的英雄主义。正如交际的约束促使我们把个人的往事友好地告诉所有的人那样,在我们身上还有一种相反的强烈欲望——同样是保持自我的基本意志,隐瞒自我真相的基本意志——在起支配作用。这种相反的强烈愿望源于人的羞愧感。正如女人由于本性的意志谋求献身于人,而理性又使其做出相反的选择——想要保卫自身那样,在心理上那种使我们向全世界倾吐衷肠的忏悔意志也在与劝导我们把最深的秘密保守起来的内心羞惭进行着搏斗。这是因为人本身是最虚荣的,(而且正好是他)总是希望自己能卓尔不群、完美无缺地出现于别人面前,而不是与此相反。因此,他所追求的是,让他的那些丑恶的秘密、他的缺陷以及他的浅薄狭隘,都随他一起死亡,与此同时他还想让他的形象活在人间。由此可见,羞惭是一切真实自传的永久敌手,因为羞惭谄媚诱使我们不照我们本来的面目进行描述,而是照我们希望被看到的样子进行描述。羞惭会施展种种狡猾伎俩和欺诈手段引诱准备以诚实对待自己的艺术家隐藏内心深处的事情,遮蔽他的要害之处,掩饰他讳莫如深的问题。羞惭无意识地教导塑像的手舍弃或者欺骗性地美化有损于形象的琐碎事情(但从心理学的角度看,这些却是最本质的东西),以便巧妙地分配光线与阴影,从而把性格特征修饰成理想的形象。但是谁要是软弱地屈从于羞惭的谄媚催促,那么,他所做到的准定是自封为神或者为自己辩护,而不是自我描述。因此,一切诚实的自传所要求的前提条件不是单纯和漫不经心的讲述,而是必须时时刻刻严防虚荣心渗透进来,是对自己世俗本性不可遏制的倾向——为讨世人喜欢而对肖像进行自我调整——严加防止。为了达到艺术家的诚实,在这时还需要有一种特殊的,总是在千百万人中难得一见的勇气,因为在这时除了自我——见证人和法官、原告和被告都集于一身的自我——以外,没有别的人能够对真实性进行监督和对质。

对于这种不可避免的反对自欺欺人的斗争,至今还没有完善的装备和防护手段。这是因为,正如在各种军事手工业里边,为了对付更为坚硬的护胸铠甲总是发明出穿透力更强的枪弹那样,人们在学习每一种情绪的知识的同时也就学到了谎言。如果一个人决心对羞惭闭门不纳,那么,羞惭就会像蛇一样随机应变,从隙缝中爬进来。如果一个人为了避开羞惭而从心理学上研究羞惭的奸诈与狡黠,那么,羞惭准能学到更巧妙的新花招和新的炫耀办法。羞惭如同一头豹子,险恶地藏身于暗处,为的是在人尚无防备的一刹那间凶狠地跳出来。由此可见自欺欺人的艺术正是凭借知识能力和心理上的细微变化得到精炼和提高的。只要一个人还在粗野和无耻地操纵事实,那么,他的谎言就总是既笨拙又易于识别的。谎言只有在悟解力机敏的人那里才变得精巧起来，又只有对认识的人来说是可以认识的。这是因为谎言藏身于最令人迷惑，也最冒失的骗人形式中，所以谎言最危险的假面具表面上总是真诚的。正如蛇最喜欢窝藏在岩石底下那样，最危险的谎言都最喜欢窝藏在高尚而激昂的自白中，窝藏在颇为显露英雄气的自白中。因此，我们在读一部自传的时候，正是在讲述者最勇敢，也最令人惊愕地披露自己和攻击自己的那些地方，要特别小心提防，这种激烈的忏悔方式是否想要在高声嘶喊和捶胸顿足的背后隐藏起一个更为秘密的自白。所以说，在自我忏悔中有一种几乎总是暗示隐秘弱点的自吹自擂习气。这是因为，一个人与其揭露自己微不足道的，可能令人感到好笑的性格特征，倒不如轻松、干脆地揭露自己最令人恐惧和最令人厌恶的事情。这一点属于羞惭的根本秘密。所以说，在所有的自传中，无论何时何地，对于挖苦嘲笑的恐惧都是最危险的诱骗，甚至像让-雅克·卢梭这样很真诚地愿意讲出真实的人，也以一种令人生疑的彻底态度大张挞伐他的种种性欲错误，并且懊悔地承认，他这位著名教育论著《爱弥儿》的作者让他的子女都在育婴堂里毁掉了。但是实际上这种貌似英雄的供认掩盖了更近人情，但也使他更感困难的供认：很可能他从来没有过孩子，因为他是没有能力生育孩子的。托尔斯泰则宁愿在忏悔中把自己痛斥为淫乱者、杀人犯、盗贼、奸夫，却不肯用一行字承认这样一个细小的事实：他在漫长的一生中对他的伟大对手陀思妥耶夫斯基的认识是错误的，对他的态度是不宽容和不高尚的。藏身于供认的背后，而且正是在坦白中隐瞒自己，这是自我描述里边最巧妙，也最能迷惑人的自欺欺人的谎言。戈特弗里德·凯勒就曾为了这种转移注意力的花招而尖刻地讽刺过一切自传："这位承认他犯了所有七大深重罪孽，却故意隐瞒他的左手只有四个手指。那位讲述和描写了他脸上的一切色斑和背上的小块胎痣，单单对作伪证重压着他的良心一事讳莫如深。如果我就这样把所有的自传放在一起，都与他们视为水晶般纯洁的坦诚做一番对比，那么，我就会问自己：有坦诚的人吗？可能有坦诚的人吗？"

实际上，在某个人的自我描述里要求关于此人的情况绝对真实是毫无意义的，就如同在人世的宇宙里要求绝对的公正、自由和完美一样。要始终忠于事实的最热情的决心，最坚强的意志，从一开始就是不可能的。这是因为这样一个无可否认的事实：我们根本不具备对于真实可靠无误的感觉器官；早在我们开始讲述自我之前，我们就已经为再现阅历的真实景象而受到了我们记忆的欺骗。这是因为，我们的记忆绝不是行政机关里井井有条的档案柜。我们所经历的一切事实，一桩桩，一件件，都用文字固定下来，真切可靠而且不可更改地储存在里边。我们称之为记忆的东西是安装在我们的血液的轨道里的，是淹没在我们的血液的波涛里的。它是一个活生生的感觉器官，屈从于种种变动和变化。它根本不是一个冰箱，不是一个保存装置，可以把从前的一切感受稳定不变地存放在里边，保持它们的自然本性，保持它们本来的原汁原味，保持它们在历史中存在过的形态。在我们急匆匆用一个名字进行理解，并称之为记忆的这种正在活动和涌流而过的东西中,一切事件都在溪水底里像砾石一样移动,相互撞磨,直到面目全非。这些事件现在都彼此适应,自行重新排列,并且以一种异常神秘的保护形态来接受我们愿望的形式和色彩。在这种变压器式的环境里根本没有或者几乎完全没有什么东西是保持不变的。每个后来的印象都使得原先的印象阴暗模糊。每一次新的回忆都否定原先的回忆,直到否定得难以辨认,还常常否定得转接成了对立面。司汤达是承认记忆的这种不诚实并承认自己无力达到绝对忠实于历史的第一个人。他承认,他再不能够分辨,他在心中发现的"越过大圣·伯纳德山口①的通道"的景象,是否真的就是对自己所经历过的情况的回忆,或者仅仅是对后来看到的表现那里形势的铜雕版画的回忆。这可以被看作是一个经典的范例。司汤达的精神继承人马塞尔·普鲁斯特更为令人信服地给记忆改变看法的能力举出一个例证:这就如同一个男孩子亲眼看到了女演员贝尔玛演出她最脍炙人口的某个角色那样。在他看到贝尔玛之前,他用幻想给自己造成一种预感,这种预感完全融化和融合进了他直接的感官印象中。他的这种印象又因邻人的意见而变得模糊起来,第二天又由于报纸上的评论而变得扭曲走样,面目全非。几年以后,他又看到这个演员扮演同一个角色。自从上次看她的演出以来,他已经变成了另外一个人。而她也已经变成了另外一个人。最后他再也无法确定自己的回忆,到底他最初的

① 阿尔卑斯山的山口,位于瑞士与意大利之间。

"真正"印象是什么。此例可以被看作是一切回忆都不可靠的象征：回忆这个好像是一切真实性不可动摇的水位标，现在竟然变成了真实性的大敌，因为一个人在能够开始描述他的生平之前，他身上早已经有了某个机构在进行创作而不是在进行复制。记忆已经自动地行使起了作家的一切职能。这些职能就是：挑选重要的东西；进行强化和笼罩阴影；进行有机的组合。借助于记忆的这种创造性幻想力，每个描述者就不自觉地变成了自己传记的作家。我们新世界里最有智慧的人歌德是深知这一点的。他那英勇地标题为《诗与真》的自传的书名是适于一切自我忏悔的。

如果谁也不能讲出"这种"真实，即自己生存的绝对真实，如果每个忏悔的人都不得不在某种程度上是自己传记的作家，那么，的确正是这种要保持真实的努力在每个忏悔者心中引起了道德上真诚的最高标准。歌德所说的那种"假忏悔"，那种 sub rosa（玫瑰下边的）忏悔，毫无疑问，都是以长篇小说或者诗的、透明委婉的说法做掩饰的，都比用打开的瞄准器进行描述要容易得多，在艺术的意义上说也常常有更强的说服力。但是因为这里所要求的不仅是真实，而且是不加掩饰的真实，所以自传表现的是每一个艺术家的一次特别英勇的行为。这是因为一个人的道德轮廓在任何地方都没有在他的自我暴露中暴露得那么彻底。只有成熟的作家，在心理方面博学的作家才能成功地写出自传。因此到了很晚以后才在艺术的系列中出现了心理方面的自我描述。心理方面的自我描述仅仅属于我们的时代，属于新的时代和即将到来的时代。人这种生物在把目光转向他内部的宇宙之前,必须首先发现内部的大陆,测量内部的海洋,学会内部的语言。整个古代对于这些十分神秘的方法都是想象不到的。因此恺撒①和普鲁塔克这样的古代自我描述者还仅限于依次罗列事实和具体的重大事件,而没有想到在他们的胸膛里挖掘一英寸。人在能够研究自己的内心之前,必须意识到内心的存在。而这个发现的确是随着基督教开始的。奥古斯丁的《忏悔录》打开了对内心的观察。不过这位大主教的目光在忏悔中很少对准自己本身,而主要是对准那些他想以自己的转变为榜样促进皈依基督教的信徒。他想对他们进行教导。他宣传宗教的小册子想要起到使全体教徒都忏悔的作用,起到赎罪典范的作用,也就是要在神学上指出一个目标,而不是把自身作为答案和意义。在引人注目的开路者,横冲直撞的人物,为自己创作了自画像,又对自己大胆行为的新花样感到吃惊和恐惧的卢梭出现之前,又流逝了许多世纪。他在开头说:"我做了个计划。""这个计划没有样板……我要给像我一样的人描绘一个天性完全真实的人。而这个人就是我自己。"但是他怀着每个生手那样的轻信,还误认为,这个"自我是个不可分割的统一体,是某种能够比较的东西",并且他还把"真实"臆想为一种具体的和可以触摸的真实。他还"手里拿着书"天真地相信,"如果法庭的长号吹响了,就能够走到法官们的面前说:我就曾经是这个样子"。我们这些后代人再没有卢梭那种老实的轻信了。作为

①　盖乌斯·尤利乌斯·恺撒(前100—前44),史称恺撒大帝,是罗马共和国末期杰出的军事统帅、政治家,著有《高卢战记》和《内战记》等。

替代,我们就有了关于内心的多义性及其神秘深度的一种更完整的知识,一种更勇敢的知识。这知识把自我解剖的好奇心分得愈来愈细,解析愈来愈大胆,试图把一切感情和思想的神经与血管揭露出来,司汤达、黑贝尔、克尔凯郭尔、托尔斯泰、阿米尔①、勇敢的汉斯·耶格②都通过自我描述发现了自我科学的一些意想不到的领域。他们的后代已用更精密的心理学仪器装备起来,愈来愈广阔,一层接一层,一个领域接一个领域,深入进了我们新的无限世界,深入进了人的内心深处。但愿现在能给他们——那些听到不断宣布在技术世界和变清醒了的世界里艺术衰亡了的人——一个安慰。艺术永远不会结束。艺术只是转变方向。毫无疑问,人类的神话创造力必定是减弱了。这是因为幻想总是在童年时期影响最大,每个民族都只是在其历史黎明时期不断地创造出神话和象征。但是明确透彻而且形成文献的知识的力量稳定地出现了,取代了日渐衰退的空想力。在我们当代的长篇小说中就看得到这种创造力的具体化。这种长篇小说现今明显地正在变成精确的精神学,而不是在进行随心所欲和鲁莽冒失的杜撰。在创作与科学这样的结合中,艺术绝对不会被压死。远古亲如兄弟的关系会重新形成。这是因为科学在开始的时候,在赫西俄德③和赫拉克利特那里,科学还是创作,还是含混其词的语句和摇摆不定的假说。如今研究的意识和创造

① 阿米尔·哈姆扎(1911—1946),印尼诗人,代表作有《相思果》《寂寞之歌》等。

② 汉斯·耶格(1854—1910),挪威作家、哲学家。

③ 赫西俄德,古希腊诗人,约生活于公元前 8 世纪,被认为是比荷马更早的作家。

的意识在分离了上千年以后才又重新结合到了一起。现在文学创作描写的是我们的人性的魔力，而不是寓言的世界。文学创作再不能从地球的未知事物中汲取力量，因为热带和南极的所有地区都已经被发现了。一切动物，一切动物界与植物界的奇迹，直至所有海洋的紫水晶海底，都已经被系统地研究过了。神话在人世间再也无处可以安身。这是因为就算到了其他天体上，就算攀缘遍了我们这个测量过的，完全标上名字和数字的地球，那么，永远渴求知识的理解力也必定愈来愈转向内部，转向理解力自身的奥秘。这种 internum aeternum，也就是内在的无限，也就是感情的宇宙，还给艺术打开了许多用之不竭的领域，因为发现内心感情，也就是认识自己，将是我们变得有智慧的人类在未来要愈来愈勇敢地去解决，但又不可能解决的任务。

萨尔茨堡 1928 年复活节

申文林　译　高中甫　校

目　录

卡萨诺瓦

他对我说，他是一个自由人，一个世界公民。

——穆拉尔特在 1760 年 6 月 21 日写给阿尔布莱希特·冯·哈勒的信中谈卡萨诺瓦

卡萨诺瓦是作为特殊情况，作为罕见的巧合出现于世界文学中间的。这首先是因为，这个出色的江湖骗子进入创造性智慧的万神庙本来就是不合理的。这就如同彼拉多①相信《圣经》一样。这件事与他那富有诗意的贵族的关系丝毫不少于与那个狂妄地用字母胡乱拼凑成的贵族称号德·塞恩加尔的关系。他为了向某个年轻女子表示敬意而匆匆忙忙在床席与赌桌之间即兴写成的那几行诗句，都是咕咕哝哝，含混不清，散发出麝香味和迂腐学究的胶水味。

① 本丢·彼拉多，罗马帝国犹太行省第五任总督，审判耶稣，并判处耶稣钉死在十字架上。

如果我们善良的贾科莫竟然开始谈论起了哲学,那么,我们就得好好顶住颚骨,以防连打呵欠。不,他根本算不上是个富有诗意的贵族,正如在哥达一样,在这里卡萨诺瓦也是个食客,是个没有权力,没有地位的闯入者。但是正如他毕生的所作所为那样——他作为穷苦演员的儿子,被人驱赶的神甫,被裁掉的士兵,声名狼藉的玩牌的家伙,在国王与王后的身边出出进进,最后死在一个亲王德·李涅的怀抱中——他身后拖得长长的影子鲁莽地挤进了不朽者中间,尽管看来只是一个小小的文艺爱好者,是 unusex multis(众人中的一员),是时代风沙中的尘埃。然而——真是怪事!——不是他,而是所有他那些著名的同胞和卓越的世外桃源的诗人,是"神圣的"梅塔斯塔齐奥①,这个全体中高贵的部分,变成了图书垃圾和哲学饲料。与此同时卡萨诺瓦的名字却在充满敬意的微笑中完美起来,至今还有口皆碑地流传。如果《被解放的耶路撒冷》和《诚实的牧羊人》作为珍贵的历史文物早已在书柜里被尘土封存,无人阅读过,那么,他讲性爱的《伊利昂纪》却还会长期存在,还会找到被激发起热情的读者。这个狡猾的赌徒一下子胜过了自但丁和薄伽丘以来所有的意大利作家。

更令人难以置信的是,他竟然不为这样无限的收益做任何投入,却径直地从永存不朽女神那里骗取钱财。他这位游吟艺人从来不曾隐约地意识到真正的艺术家非语言所能表达的责任。他对那

---

① 彼·梅塔斯塔齐奥(1698—1782),意大利诗人,欧洲最负盛名的歌剧剧本作家。

些通宵不眠之夜毫无所知,对于那些必须在沉闷的、奴隶般的语言修饰工作中度过的,直到思想终于纯净的、像彩虹一样穿透语言的棱镜为止的白天毫无所知,对于作家那些繁杂众多而又看不见的工作,那些没有报酬,常常要过许多代人才被人认识到的工作毫无所知,对于作家英勇地放弃生活的温暖和宽广也毫无所知。众所周知,卡萨诺瓦从来是在轻松地生活,从来没有为了永垂不朽这位严厉女神牺牲过丝毫欢乐,点滴享受,一小时的睡眠,甚至一分钟的情欲。所以说,他毕生没有为了荣誉动过一个指头的劳动,然而荣誉却如涌泉一样落进他这个幸运儿的手里。只要他觉得衣服口袋里还有一个金币,只要他觉得他的爱情之灯里还有一滴灯油,他就想不到郑重其事地用墨水把手指弄脏。后来到了被赶出一个个家门,受到女人们的嘲笑,处境孤独,形如乞丐,软弱无能的时候,他已经是一个骨似刀削,喃喃抱怨的白发老人了。这时候,他才逃进了作为亲身经历的代用品,即写作里来。他才出于感到乏味,出于百无聊赖,出于烦恼的撩拨——如同一头硕大无比的守门狗为疥癣而生的烦恼那样——呻吟着、嘟囔着给已经年满七十岁并且对事漠不关心的卡萨诺伊斯-卡萨诺瓦讲述起了他自己的生平。

给自己讲述自己的生平——这就是他的全部文学成就。然而真的,那是什么样的生平呀!五部长篇小说,二十部喜剧,一大批中篇小说和插曲故事,一串串葡萄一样微腐的最妩媚可爱的场景和短篇轶事,全都被压挤进一种绝无仅有的,不断流动甚至流动成灾的生活中。因此,这里出现的生活本身就是丰富的、完整的,是完美的

三作家传

艺术品，无须艺术家和创作者的着意帮助。就这样，他的荣誉最初那种令人困惑的秘密便以最令人信服的方式搞清楚了。这是因为，他在描述和报道自己的生平的时候，不是把卡萨诺瓦表现为天才，而是就像他生活过的那样。别的人不得不虚构的事情，他是息息相通地经历过的。别的人不得不用思想形成的东西，他是用自己热情而淫荡的身体形成的。因此在他这里钢笔和幻想都无须像画家那样为真实补充细节。对于已经深具戏剧性的生活来说，钢笔和幻想都是绘图纸。这就足够了。卡萨诺瓦的同时代作家中没有一个人虚构出像他所经历的那么多变化与场景，更没有一份真实具体的履历以如此鲜明的曲线通过了整整一个世纪。如果单就事件内容方面（而不是就事件的精神实质和对事件的认识深度）而言，把歌德、卢梭以及同时代其他人的传记与卡萨诺瓦的传记做一番比较，那么，那些目的明确并受到创作意志支配的履历在与卡萨诺瓦这种冒险家洪流一样剧烈的生活道路相比之下，就显得花样十分贫乏，空间非常狭小，社会领域又带有严重闭塞的地方性。这个冒险家更换国家、城市、地位、职业、生活风格和女人，就如同在一个身体上更换要洗的衣服那样。那些同代人在享受方面都是业余爱好者，正如卡萨诺瓦在塑造形象方面是业余爱好者一样。这是因为，英才的永存悲剧就是，他胜任并且渴望了解生存的广阔内容和欢乐，然而他却始终被束缚在自己的任务上，做自己工作室的奴隶，因为加于自身的责任而不得自由，并受到规章制度和人间事务的束缚。每个真正的艺术家大半生都是生活在孤独之中和与自己的创作进行的斗争之中，都是完全献身于贴近身边的现实的。只有非创造性的人能够无拘无束，挥霍浪费，成为为生活而生活的纯粹享受者。给自己确立了目标的人会忽略偶然事件：每个艺术家多半都只能表现他耽搁掉亲身经历的事情。

但是那些轻浮放荡的享乐者，也就是艺术家的对手们，他们几乎总是缺乏塑造丰富多彩的经历的能力。他们沉醉于瞬间，忘了自己，于是也就丧失了这个瞬间。而艺术家们则善于使最寥寥可数的经历永存。这样目的就大相径庭，而不是富有成效地互相补充，就像一个人没有酒，另一个人没有酒杯那样。无法解决的怪现象是，事业型和享乐型的人都比作家有更多可报道的经历，但是他们无力进行报道；而创作者却不得不进行虚构，因为他们没有经历过足够的可供报道的事件。于是作家很少有传记，而有翔实传记的人又很少有能力去写传记。

现在就出现了这么一个美好的，而且简直是绝无仅有的巧合现象：卡萨诺瓦。这个热情激荡的享乐者，这个典型的瞬间沉醉者终于有一天讲起了他那神秘的生平。他讲述自己的生平，没有进行道德上的美化，没有讲得富有诗意、甜美动听，没有做哲学上的婉转修饰，而是讲得完全实实在在，完全依照原来的情况，狂热、冒险、衣衫褴褛、无所顾忌、乐趣盎然、言行粗俗、狂妄粗野、生活放荡，但又总是情节紧张、出乎意料。此外，他的讲述不是出于文学上的虚荣心，不是出于教条主义的自我宣扬，也不是出于愿意改过自新的懊丧，更不是出于暴露狂的忏悔癖好。他讲述得完全没有负担，完全没有烦恼,如同是一个老兵坐在饭店里包订的餐桌旁边,给没有偏见的听众尽其力所能及地讲说几次引人入胜的,也许还是令人担心的惊险奇遇。这不是绞尽脑汁的空想家和编造者,而是一切作家中的高手大师在讲述自己的生平。卡萨诺瓦,他只需要满足艺术家的最低要求,那就是使令人难以相信的事情显得可信。虽然他的法语怪里怪气,但是他的艺术和精力却是完全做得到的。不过这位颤巍巍的,由于患风湿性关节炎而走路摇摆不定的,喃喃诉说的白发老人不是在梦中,而是在波希米亚的杜克斯那段闲职时间就想到了,将来会有些皓首苍髯的语文学家和历史学家俯下身来,把这些回忆作为 18 世纪最宝贵的羊皮纸文献进行研究;他自得其乐地去表现自己,这个善良的贾科莫。他记下了他的卑劣对手、总管家费尔特基希纳先生说的粗俗笑话:在他死后一百二十年将会建立一个特别的卡萨诺瓦协会,目的就是审查每一个纸条,每一个日期,追查细心涂掉的那些乐于丧失体面的女士的名字。这个虚荣者不去想自己的荣誉。因此始终不大讲伦理、激情和心理学。我们不妨把这一点看作是好事,因为没有意图才能有那种无忧无虑的,因而也是基本的真诚。这个老赌徒如历来那样,漫不经心地在杜克斯走到他生平最后一张做过赌桌的写字台旁边,把他的回忆录作为同命运的最后一次较量。然后他站起身来,没有看到效果便抽身离去了。真是不可思议,正是这最后一次较量进入了不朽。是的,这个年老的"命运中的喜剧演员"出色地赢了他的赌局。对于这一点,情绪激昂是无用的,表示异议也是无用的。对于我们这位尊敬的朋友,由于他缺乏道德和起码的端庄品行，人们可以鄙视他，可以把他作为历史学家而加以驳斥，也可以不承认他是艺术家。只有一点人们是再也无法做到的，那就是让他再死一次。这是因为，自此以后，尽管有众多的作家和思想家，世界上可再没有创作出比他的生平更为浪漫主义的长篇小说，也再没有塑造出比他的形象更为惊人奇妙的人物。

青年卡萨诺瓦的画像

您知道吗？您是一个很漂亮的男人。
——腓得烈大帝 1764 年在无忧宫的花园里突然停步，对卡萨诺瓦端详起来

在一个小国首都的剧院里，女歌手刚刚结束了用独特风格的花腔演唱的咏叹调，掌声如骤然降落的冰雹一样，噼噼啪啪地响了起来。但是现在在逐渐开始的宣叙调中间，听众的注意力普遍松懈了下来。衣着考究的人都光顾包厢，仔细打量女士们，用银制的羹匙吃着精美的冻果酱和橘黄色的清凉饮料。这时候发生了一件简直是不可能的事：一个丑角戴着跳脚尖舞的女人面具出现在舞台上，旋转起了他的插科打诨舞蹈。这时候大家的目光突然都好奇地转向了一个陌生人。此人放肆，随便，同时又带有上等人士真正的潇洒大方。他姗姗来迟，走进了剧院正厅的前排座位中间。谁也不认

识他。财富在他魁梧的身材四周簌簌作响。他身穿用灰色天鹅绒剪裁的衣服，提花锦缎的背心上有飞动的皱褶和绣成的装饰图案，高雅的透孔花边连同金线丝绦从胸前布鲁塞尔的衬衫折叠饰花一直到下边的丝袜，全身豪华服装勾勒出来一道深色的轮廓边线。他心不在焉地拿着一顶白羽毛检阅帽。这个陌生人的身后飘散开来一种淡淡的玫瑰油味，或者是最新的润发膏的香甜气味。现在他站在第一排的护栏跟前正怡然自得地舒展身体。他轻松地将握起来的手扶在用英国钢制造并镶嵌着宝石的军刀刀柄上，神情很是傲慢。对于剧场里的广泛注意，他好像没有觉察。他举起长柄单片眼镜，故作漫不经心地仔细察看起一个个包厢。单座椅和长椅上的观众都低声喊喊喳喳地议论起来：这是一位亲王吧？这是一位外国富翁吧？人头攒聚在一起怀有敬意地喃喃耳语，都看着悬在他胸前不停晃动的火红色绶带上的那枚镶有一圈钻石的勋章。他在绶带上镶满了闪光耀眼的宝石，使得人们再也认不出是枚可怜的，教皇的十字马刺，比黑莓子还便宜。舞台上的歌手立刻觉察到观众的注意力松懈了。他们更为松弛地唱着宣叙调。女舞蹈演员在舞台上飞掠而过。她们从侧幕里边越过小提琴和中音提琴向外窥视，看他是不是一个金币公爵为了过个丰富多彩的夜晚到这里来的。

但是在正厅里数百个人得以解开这个陌生人的来历之谜以前，包厢里的女士们已经简直是惊慌失措地注意到了另外一件事：这个陌生男人多么漂亮呀！他是个多么漂亮，多么了不起的男人！他身材魁伟双肩宽大结实，两手轻握，肌肉丰厚。在他全神贯注、英武刚毅的身躯上没有松弛的线条。他站在那里脖颈略为低沉,颇似一头公牛在进行冲击之前的样子。从侧面来看这个容貌也很像罗马硬币上的头像。他那深暗的古铜色头上的每一根线条都是刀锋一样鲜明,倾斜下垂,有金属光泽。他的前额昂起,表现出美好的激情。为了他这个从栗褐色柔顺而卷曲的头发里弯下来的前额,所有的作家都可能妒忌他这个外国人。突出在鼻子前边的是一个放肆而勇敢的钩形。他的下颚骨结实,下边又是一个约有两个核桃大小的球形喉结(按照女人的信仰,这是男性精力充沛最可靠的保证)。显而易见,这张脸上的每一个线条都意味着突进、征服、坚定。嘴唇很红,富有性感,且柔软而湿润地拱起来,露出白色的内核——牙齿,很像是石榴里边的石榴籽。这个漂亮的男子现在才慢慢地把他的侧面形体沿着剧院的昏暗的包厢转去。在他那双匀称地呈弧形上扬的浓眉下边,从黑亮的瞳孔中闪射出来焦躁不耐烦的目光。那可真是猎人的目光,掠夺的目光,是准备突然间像鹰一样对准牺牲品俯冲下去的目光。但是这目光还在闪烁不定,还没有完全燃烧起来。这目光仅仅是作为试探性的闪光灯在逐个儿扫视那些包厢。它对男人一掠而过,就像看什么货物一样,细心地打量着昏暗巢穴里边热情、裸露和雪白的东西——女人。他逐个儿仔细观察她们,苛刻地进行挑剔,行家鉴别。这时他觉察到了大家都在看他,便放松了有些紧张的、富有性感的嘴唇。在他那南方人的小嘴周围的微笑中开始显示的表情,第一次使他一口宽阔雪白的野兽牙齿明亮地闪耀出来。这微笑不是针对某一位女子,而是针对所有女人,针对裸露而热情地藏身于衣服中的女人而发的。不过现在他在某个包厢里发现了一个熟悉的女人。他的目光立刻显得聚精会神起来。一种丝绒般柔和而闪亮的光辉从他那刚才还是鲁莽探询的眼睛里洒射出来。他的左手离开了军刀刀柄，他伸出右手摘掉了饰有羽毛的沉重帽子。然后他走上前去。一句表明认识的话已经来到了嘴边。他优美地掬起嘴来，吻自己的手，极其礼貌地向那个女子招呼。但是这个受到奉承的女子表现出来的是退避和迷惑。人们注意到，咏叹调的歌声深入到了她多么痛苦的内心。她尴尬地向后缩身，向陪伴她的人介绍这个陌生人说："Le chevalier de Seingalt.（这是塞恩加尔特骑士。）"——他鞠躬，讲礼仪，很谦恭。于是人们给这位客人让出包厢里的一个座位。出于礼尚往来，他终于和别人展开了对话。卡萨诺瓦逐渐提高了声音，超过了别人。他按照演员的方式唱出轻柔的元音，让辅音有节奏地发出隆隆声。他愈来愈明显地越过包厢讲话，声音响亮，引人注意。这是因为他想让弯身探过头来的邻人都听到。他用法语和意大利语会话，十分机智灵活。他很巧妙地引用贺拉斯。显然他是无意地将握起来的手放到了包厢的护栏上。于是人们从远处都看到了他高雅的花边袖口，特别是都看到了他指头上那颗硕大的钻石。——现在他把镶嵌钻石的盒子里的鼻烟递给那位骑士："这种墨西哥鼻烟是我的朋友西班牙公使昨天通过信使给我送来的。"（这声音在相邻的包厢里都能听得见。）其间有位先生很礼貌地赞赏这个鼻烟盒上的微型画。他便很随便地说起来，但是声音洪亮，传进了剧院正厅："这是我的朋友和仁慈的主人科隆选帝侯送给的礼物。"他好像是在完全无目的地闲聊,但是他这个吹牛者在这样的炫耀中间总是忽而向左,忽而向右,一再射出鹰一样的目光,窥测他讲话的具体效果。真的,大家都随着他忙起来了。他感觉到女士们的好奇心都在眷恋着他。他还感觉到人们在注意他,赞赏他,尊重他。于是他便更加放肆起来。他灵巧地转变话题,把对话转到了相邻的包厢里。亲王的情妇就坐在那里,他觉得她正在惬意地偷听他的地道法语。他在讲述一位美丽女子时,以恭顺的姿态向那个女子献去多情的殷勤。那女子微笑着把他的殷勤都接受了。现在留给他的朋友们的事情只有向这位尊贵的女士介绍他这位骑士。这一局赌博他赢了。明天他要与全市的显要人物共进午餐。明天晚上他要到某个王府里建议演场短小的法老戏,把他的东道主们吃个精光。明天夜间他要与这些盛装耀眼、袒胸露背的女士中的某一个睡觉。所有这一切都取决于他勇敢、无误和精力充沛的表演,取决于他的胜利者的意志,取决于他栗褐色脸膛上的那种坦率爽直的美。他把一切成功都归功于他的面孔,例如得到女士们的微笑和自己手指上戴的大钻石,像宝石一样闪光的表链和金线丝绦,在银行里的赊欠信誉,贵族的友情,以及比这一切更为美好的那种进入无穷无限、丰富多彩的生活的自由。

这时候女主角已经准备好要开始唱一首新的咏叹调。在深受他的名流派头谈话所吸引的那些骑士的急切邀请下,在恩准对王爷情妇进行早晨谒见以后,卡萨诺瓦深深鞠了一躬,便退回他的位置,坐了下来。他的左手扶着军刀,漂亮的褐色脑袋略向前倾,他像鉴赏家一样在谛听唱歌。在他身后边,一个个包厢里都在喊喊喳喳传说着同样的冒失问题,又人人相传着这样的答案:"这是冯·塞恩加尔特骑士。"关于他,谁也没有更多了解。人们都不知道他来自何方,也不知道他从事什么工作,更不知道他要到何处去。只有他的名字嗡嗡嘤嘤传遍了整个昏暗和好奇的剧院正厅。这个看不见的,哄然传动的嘴唇火焰还一直跳到了舞台上,传到了同样好奇的女歌手们那里。但是一个矮小的威尼斯女舞蹈演员突然纵声大笑说:"骑士冯·塞恩加尔特?哎哟!这个骗子!这个人就是卡萨诺瓦,布拉纳拉的儿子,小修道院长——他在五年前诱骗了我姐姐的贞操。他是古老的布拉加丁的内宫弄臣,是个吹牛大王、无赖汉和冒险家。"但是他觉得,那个活跃的姑娘对他的种种恶劣行迹并不恼火,因为她从侧幕里边给他送了个行家的眼色,并且翘手指头放到嘴唇上,卖弄风情。他注意到了她的话,他也回忆起来了。但是他完全不必担心,她不会干扰他和高贵的傻瓜们玩的游戏,而且会宁愿今天夜间陪他睡觉。

冒险家们

她知道你唯一的财富是人们的愚蠢吗?
　　　　　　　　——卡萨诺瓦对赌博骗子克鲁维说

在从七年战争到法国革命①那差不多四分之一个世纪里，整个欧洲是平静沉闷的。庞大的哈布斯堡王朝、波旁王朝和霍亨索伦王朝都厮打得疲惫不堪了。市民们在安静的圈子里舒畅地喷吐烟草云雾。士兵们给自己的辫子上扑粉，给已经变得无用的枪支擦油。受尽折磨的各个国家终于能够稍微喘口气了。但是，没有战争，诸侯们就觉得无聊。那些德国的、意大利的，以及其他国家的小国君主待在自己小人国式的首都里觉得非常无聊，于是便很想消遣解闷。领地狭小的大选帝侯，貌似强大的选帝侯，这一帮穷人都很厌恶待在他们冰凉、潮湿、新修建好的洛可可风格的宫殿里，尽管那里边有大花园、喷泉和巴洛克风格的暖房花厅，尽管那里边还有养兽场、绘画馆、动物园和财宝库房。他们由于感到无聊，甚至变成了艺术保护人和文艺欣赏家。他们还与伏尔泰及狄德罗通信，收藏中国瓷器、中古的钱币以及巴洛克风格的绘画。他们给自己订购法国喜剧、意大利歌唱家和舞蹈演员。只有魏玛的主人抓得认真，请来几个名叫席勒、歌德和赫尔德的德国人进王宫。通常他们都是交替地进行狩猎野猪、看哑剧、听舞台演奏的轻松套曲。由于现实世界变得令人厌恶了，于是娱乐世界如剧院、时装和舞蹈就势必显得特别重要起来。当时诸侯们都竞相使用金钱和外交活动，去夺取别人手中最能逗趣的演员、最优秀的舞蹈家、音乐家、阉人歌唱演员、哲学家、寻金者、阉鸡饲养人和管风琴演奏者。格吕克②和亨德尔，梅塔

①　七年战争发生在 1756 — 1763 年间，法国革命发生在 1789 年。
②　格吕克(1714 — 1787)，奥地利歌剧作家。

斯塔齐奥和哈塞都被相互交换骗取,像犹太神秘哲学家与交际花,烟火制造者与狩猎野猪者,歌词作者与芭蕾舞教练的相互交换一样。现在诸侯们都顺利地有了礼仪官和礼仪,石砌剧院和歌剧院,舞台与芭蕾舞。为了消除小城市的无聊,为了赋予永远相同的六十副贵族面孔构成的无可救药的单调提供出一副现实社会的外貌,现在所缺的只有一样了,那就是高雅的观众,有趣的客人,就像小城市无聊沉闷的这块发酵面团里缺少酵母,又如首府三十条街道的污浊窒息气味缺少一阵清风那样。

一听到某个宫廷的这种情况,那就得赶快动身!数以百计戴着假面具和化了装的冒险家们飞奔而来了。谁也不知道,他们是从哪一个避风角落和隐蔽场所跑来的。第二天他们就到了。他们乘旅行马车和英国大型载客马车来了,而且立即租下了最高雅旅馆里最昂贵的正面房间。他们身穿印度斯坦军队或者蒙古军队的奇特制服,都有豪华气派的名字,实际上都是像鞋扣一样的假宝石。他们讲各种语言,声称认识所有的诸侯和重要人物。他们还说曾在各种军队里服务过,曾在各个大学里深造过。他们的口袋装满各种方案。他们的嘴巴滔滔不绝地做出勇敢的承诺。他们规划着奖券和附加税,规划着国家结盟与工厂。他们提供女人、勋章和阉人。尽管他们的衣袋里没有十个金币,他们却低声耳语对每个人说,他们知道点金术的秘密。他们用占星术诱骗迷信的人,用规划方案诱骗轻信的人,用假票券诱骗赌博的人,用上流社会的高雅诱骗天真无知的人。但是所有这一切都是包裹在外国式样和神秘的层层叠叠华丽耀眼而又让人琢磨不透的名声里。人们难以辨认,因而他们就加倍地吸引人。就像鬼火突然明亮起来把人引入危险一样,这些人也闪烁跳动,出入于宫廷那毫无生机、腐烂气息弥漫的沼泽地中,在幽灵的谎言舞蹈中忽隐忽现。

宫廷方面接纳他们,觉得他们很能开心逗乐,但是并不尊重他们,很少问他们贵族称号的真实性,就像不问他们妻子的结婚戒指,也不问他们随身使女的童贞一样。这是因为谁要是能使人开心,哪怕只在一个小时里减轻无聊烦闷这种诸侯最可怕的疾病,那么,他就毫无疑问会受到非道德的、被物质主义哲学松动起来的环境的欢迎。宫廷容纳他们如同容纳使女一样,条件是他们要能使人愉快,并且不进行放肆的偷窃。有时候艺术家和流氓骗子也会被显赫的主人在屁股上踢一脚(大概就像莫扎特那样)。有时候他们会从舞厅滑到监狱,甚至会被送到帆桨战舰上做苦役,就像皇家剧院经理阿弗利西奥那样。最狡猾的人相互起劲地吹捧取笑,于是他们就变成了税收官、宫廷宠臣,或者以某个公侯情妇的情夫身份变成真正的贵族和男爵。他们的做法多半是都不等到问题严重时才住手,他们的全部魔力就在于他们的新奇和假名字。如果他们太放肆地篡改名片,如果他们掏别人的腰包太狠,如果他们在一个宫廷里待得太久,那么,就会突然来一个人,掀开他们的大衣,展开他们当窃贼的印记或者当囚犯受的鞭痕。只有经常互通信息,才能够把他们从绞刑架上救下来。因此,这些碰运气的人不停歇地跑遍欧洲,他们是自己不光明正大的手艺的推销商人,是从一个宫廷游荡到另一个宫廷的吉卜赛人。所以就有一个角色不变的骗子旋转木马般地从马德里转到彼得堡，从阿姆斯特丹转到普雷斯堡，从巴黎转到那不勒斯，转过了整个 18 世纪。卡萨诺瓦在每个赌台旁边，在每个小宫廷里都和诸如塔尔维斯、阿弗利西奥、施威林、圣·日耳曼这群无赖弟兄相遇，那才是人们所说的偶然现象。然而这种不停顿的流动，对于这些术士大师来说，与其说是喜悦，不如说是逃难。他们只有在短暂的时限以内是安全的，也只有通过合作表演，他们才能够互相掩护。这是因为他们共同组成了一个帮派，一个没有瓦工镘子与标志的共济会，一个冒险家的骑士团。在他们彼此相遇的地方，一个骗子就会给另一个骗子扶好梯子，一个人会把另一个人送进上流社会，并且通过承认演出伙伴来证明自己的身份。他们交换妻子、上装和名字，但是有一项从不交换，那就是职业。这些围绕着宫廷寄生的演员、舞蹈家、音乐家、冒险求利者、娼妓、炼金术士，在当时都与耶稣会教团以及犹太人一起，形成处于定居的、见识浅薄的、态度固执的上层贵族与还不自由的、还糊涂迟钝的市民阶层之间的一个世界上绝无仅有的国际。他们不再去掠夺无力自卫的人，不再去抢劫公路上的轿式马车，而是去诈骗爱虚荣的人，去使那些轻浮放荡的人舒服愉快。这种新式的扒窃活动就使世界公民与仪表举止结合到了一起。他们用刻印好的名片和黑市汇票进行抢夺。他们再不用粗大笨重的拳头、酩酊大醉的面孔及上尉军人的粗野风格，而是手上戴着贵重的指环，从不修饰的额头上边戴着施了发粉的假发。他们对人观察仔细，像演员一样用脚尖旋转跳舞，用气势豪迈的宣叙调说话,像十足的哲学家那样,言谈举止都显得含混深沉。他们勇敢地掩藏心神不定的目光,在赌桌旁作弊,用机智的谈话和假珠宝向女人大灌爱情的迷魂汤。

　　无可否认,他们在精神上和心理上都藏有某种令人同情的特征,其中若干人可谓是天才。18 世纪的下半叶就是他们的英雄时代,他们的黄金时代,他们的古典时代。正如此前的路易十五时期里七星诗社①概括了法国的作家那样,又如稍后在德国的魏玛那个不可思议的时刻在不多几个经久不衰的人物身上体现了天才的创造形式那样,这个时期高超骗子及横扫整个欧洲世界的不朽的冒险家们组成的伟大的七星诗社闪耀着光辉。没过多久,他们就不再满足于去掏诸侯王爷们的衣服口袋了。他们以粗暴的态度和十足的气派干预起了时事,转动起了世界历史轮盘赌的巨大转轮。逃到这里来的爱尔兰人约翰·劳发行以土地做担保的纸币,使法国财政走向崩溃;性别与名声都令人起疑的两性人德昂领导起了国际政治;一个矮个子,圆脑袋的男爵诺伊霍夫的确当上了科西嘉岛的国王,后来当然在负债人监狱中结束了生命。一辈子没有真正读过书写过字的西西里农村青年卡格利奥斯特罗用声名狼藉的项链陷害王国,扼杀了王国。他们中间最有悲剧性的人是年老的特伦克,他是个没有卑劣行迹的冒险家,最后他的头意外地撞上了断头机,用红帽子使他这个自由的英雄悲剧化了。圣·日耳曼是个没有年龄的

---

　　① 据希腊神话,阿特拉斯所生七个女儿,总称为七星。后来 16 世纪以龙萨为首的法国诗人,把他们的团体命名为七星诗社。

魔术家,他谦卑地扑倒在地,仰视法国的国王,至今还用他无法揭开的出生之谜愚弄着科学的热情。他们手中掌握的势力比最有权威的人还大,他们迷惑学者,诱骗妇女,掠夺一个个王国。他们没有职务,不承担责任,却在暗中用提线操纵着政治木偶。他们中的最后一人,但并不是最坏的一人,就是我们的这位贾科莫·卡萨诺瓦。他是他们这一行同业公会的历史编写家,描述了他们所有的人,以最轻松有趣的方式使未被遗忘和难以遗忘的事情增加很多。他们每一个人都比当代所有的作家著名,都比当代所有的政治家——也就是已经衰落的世界里那些短暂的主人——更有影响。这是因为,这些胆大妄为、行为神秘的伟大天才的英雄时代从总体上看只延续了三十至四十年。后来那个时代就由于它最完美的典型,最卓越的天才,真正魔鬼式的冒险家拿破仑而毁灭了。在表现才能的地方,天才总是极其认真的。天才不满足于扮演插曲里的小角色,而是要求创造性地占有整个世界的大舞台。如果说矮个子的科西嘉人,不名一文的波拿巴称自己是拿破仑,那么,他的市民习性并不是像在卡萨诺瓦—塞恩加尔特身上,在巴尔萨莫—卡格利奥斯特罗身上那样还胆怯地隐藏在贵族的假面具后边,而是作为精神优越的权利堂而皇之地走在时代前边。他把胜利作为权利来要求,而不是用阴谋诡计去骗取胜利。冒险事业随着所有这些有才能的人中的天才拿破仑从诸侯们的客厅推进到了金銮宝殿。拿破仑在完成把非法的人提升到权力顶峰的同时就结束了这种提升,并给冒险事业戴上了欧洲的皇冠。

教养和天赋

据说，他是一个文学家，颇具阴谋才智，还听说，他到过英国和法国，在贵族和女士中间获得了违禁的利益，因为他的方法总是以牺牲别人为代价来取得轻信的人的偏爱……如果要对上边说的卡萨诺瓦有所了解，那么，就看看无信仰、欺骗、淫乱和纵欲以令人恐惧的方式在他身上的结合吧。

——1755年威尼斯宗教裁判所的秘密报告

卡萨诺瓦从来不否认自己是个冒险家。恰恰相反，他口出狂言，傲然自许，在拉丁人早已深知的这个任何时候都喜欢受欺骗的世界里，宁可扮演捉弄人的人，而不扮演被人捉弄的人，宁可扮演个剪毛皮的人，而不扮演被宰割的人。但是他对一件事严加否认，因此人们把他与战舰上的苦役工及绞刑架下的恶徒混淆在一起了，那些人都粗野地、毫不加掩饰地抢别人的口袋，而不是文明地、优雅地用魔术从愚蠢人手里骗钱。在回忆录中每当他不得不承认与赌博骗子阿弗利西奥或者塔尔维斯相遇（实际上是对半分的公司）的时候，他总要细心地拍打自己的大衣。这是因为，虽然他与他们是在同一个水平上相遇的，但是他们却是来自不同的世界。卡萨诺瓦来自上流社会，来自文化阶层。而那一些人都来自下层社会，来自微

三作家传

不足道的草民阶层。席勒的道德高尚的强盗首领，从前的大学生卡尔·摩尔蔑视自己的伙伴施皮格贝格和舒夫特勒。原因是他们把使他产生热情反应的事情只当作粗野与流血的玩意儿。同样，卡萨诺瓦也总是竭力与赌博骗子等无赖们划清界限，因为那些无赖使神圣的冒险事业失去了一切高尚和风度。我们的朋友贾科莫是在为冒险行为要求一种高尚的称号。他要了解被看作是非常精妙的艺术，就是江湖医生的那种喜剧演员的乐趣。如果倾听他的诉说，那么，对于哲学家们来说，人在世界上的道德义务就是，以牺牲一切愚蠢人为代价使自己得到消遣。诸如欺诈爱虚荣的人，诱骗头脑简单的人，使贪婪的人轻松，使丈夫们的头上都戴上绿头巾。总而言之，就是要作为神圣正义的特使惩罚世界上的一切愚蠢行为。对于他来说，欺骗不仅仅是艺术，而且是一种超越道德的义务。于是这位不受法律保护，但精明强干的王子便以纯洁的良心和无与伦比的、理所当然的态度来尽这种义务了。

实际上，我们是可以相信卡萨诺瓦的话的。他之所以成为冒险家，不是仅仅由于经济拮据和懒于工作，而且还是出于与生俱来的气质，出于无法拦阻的天才。父母把演员的行业压到了他的身上，所以他便把世界当作舞台，把欧洲作为布景。欺瞒、迷惑、诈骗和愚弄，对于他来说，就如同从前天生性格的作用对于奥伦施皮格尔那样。可以说，没有用假面具和说笑话造成的狂欢节般的愉快，他就不能生活。他有无数次机会去从事正当的职业，但是没有一种职业的引诱力能够留得住他。就是赠送给他百万财产，给他官职和尊严,他也不会接受,他也要逃回他原来无家可归、飘忽不定的生活环境中来。因此,对于他来说,正确的做法是用某种傲慢把自己与其他寻求幸运的人区分开来。卡萨诺瓦先生毕竟是婚生子,出身于一个还算受人尊重的家庭。他的母亲被称为"la buranella(布拉纳拉)",是一名在欧洲各地歌剧舞台上出类拔萃的著名女歌手。他弟弟弗朗西斯科·朱塞佩·卡萨诺瓦的名字在任何一部艺术史中都可以看到,他创作的那些重要的巨幅战役油画,至今还保存在各地基督教画廊里。卡萨诺瓦所有的亲戚都从事高雅的职业,都身穿令人肃然起敬的律师长袍、公证人长袍、牧师长袍。由此我们可以看到,我们的卡萨诺瓦绝非来自穷街陋巷,而是与莫扎特、贝多芬一样,来自具有浓烈艺术氛围的市民阶层。他也像莫扎特和贝多芬那样,享受到了人道主义的和欧洲范围的出色的语言教育。尽管他喜欢愚弄人的玩笑和过早地了解女人,他却出色地学会了拉丁语、希腊语、法语、希伯来语,还学了一些西班牙语和英语——只有对我们可爱的德语,他在长达三十年里始终不能进出牙缝来。如同在哲学方面一样,他在数学方面也是出类拔萃的。早在 16 岁的时候,他就以神学家的身份在威尼斯的一个教堂里做了初次演讲。他作为小提琴手在圣·撒缪尔剧院里混上一日三餐,吃了一年之久。据说他18 岁时在威尼斯的首府帕多瓦就得到了法律博士学位。这话是公正有据还是骗人的谎话,对于这个重要问题,著名的卡萨诺瓦的信徒们至今还在争论不休。但是无论如何,他学到了大学里的许多东西。他通晓化学、医学、历史、哲学、文学,而特别通晓的是那些因比较模糊不清而容易混得过去的学科,例如天文学、炼金术、点金术,等等。除此以外,这个漂亮而又机警的年轻人还在各种高雅艺术及体育艺术中显示了才干。例如跳舞、击剑、骑马、玩纸牌,他都比得上任何一个高贵的骑士,所有这些东西他都学得既快又好。除此还要加上他那简直是惊人的记忆力,在七十年间没有忘记一个人的相貌,而且对凡是听过、读过、说过、看过的东西都能牢记不忘。这一切汇总起来就表明了一种特别等级的才能:他近乎是个学者,近乎是个作家,近乎是个哲学家,还近乎是个骑士。

是的,但他只是近乎。而这个"近乎"就无情地标示出了卡萨诺瓦多才多艺才能的骨折。他在各方面都是近乎。他是个作家,但又不完全是。他是个窃贼,但并非职业性的惯窃。他涉及了最高级的精神领域,同样也涉及了战舰苦役。他没有充分发挥一种才干,没有完全投身于一种职业。作为最优异和最全面的业余爱好者,他熟谙许多艺术和科学,甚至多得令人难以置信。要达到实际上具有创作能力,他还欠缺一点:意志、决心和忍耐。他要是钻研一年书本,那么,就难以找到比他好的法学家,就难以找到比他更有才智的历史著作家,他能够当上许多学科的教授。然而卡萨诺瓦从来没有想要彻底干成什么事情。他什么也不想当,他满足的只是像什么:这个假象就把人们欺骗了。对于他来说,欺骗始终是一切活动中最轻松愉快的事。他知道,要迷惑傻瓜们,无须炫耀渊博深奥的学识。只要他在某一方面略微有点知识,马上就会有位很得力的助手来给他帮忙:那就是他极其惊人的厚颜无耻。如果有人给卡萨诺瓦提出什么任务来,那么,他是绝对不会承认自己在这一方面是个生手的。他总是非常认真,立刻摆出一副内行专家的派头来。他作为天生的骗子会机智地避开困难,而且几乎总是很体面地摆脱名声不好的事情。红衣主教德·贝尼斯在巴黎问他,是否对彩票有所了解。对于彩票他当然一无所知,但是对于他这个大言不惭的人来说同样当然的是:他对这个问题很严肃地做出了肯定的答复,并且用沉着坚定的滔滔雄辩辞令给一个专门委员会提出一套金融方案,仿佛他是一个从事二十年之久的、精明干练的银行家。在瓦伦西亚有一部意大利歌剧缺少唱词,卡萨诺瓦便坐下来,轻而易举地编出了唱词。如果有人请他作曲,那么,也毫无疑问,他能够用古老歌剧东拼西凑成一支乐曲。在俄国女沙皇那里,他的身份是历法改革家和学识渊博的天文学家。在库尔兰他以临时充当的专家身份对矿山进行了视察,他向威尼斯共和国推荐过一种新的丝绸染色法,在西班牙他以改良土地者和殖民者的身份出现。他曾经向约瑟夫二世①呈递过一篇包罗广泛、精心推敲的反暴利专论,他给冯·瓦尔德斯坦公爵编写过喜剧,他给冯·乌尔菲女公爵种植过月神狄安娜的树,制作了类似点金术的骗人硬币。他用所罗门的钥匙给罗迈恩斯夫人打开过金库,他给法国政府买过股票,在奥格斯堡他扮演过葡萄牙公使,在波伦亚他写过医学论战的小册子,在的里雅斯特他撰写过波兰王国历史,他还用意大利的八行诗节体翻译了《伊利亚

---

① 约瑟夫二世是奥皇玛丽亚·特蕾西亚的长子,1765 年即位神圣罗马帝国皇帝。

特》。——简而言之，他这个轻率鲁莽之徒没有什么特别爱好，但是他能够干交给他的一切工作。如果翻阅一下他遗留下来的著作目录，那么，人们就会相信：这是一个全才哲学家，一个新的莱布尼茨。现在有一本大部头的长篇小说放在《奥德修斯与喀耳刻①》这部歌剧的旁边，此外还有一篇关于正六面体加倍的论文和一篇与罗伯斯庇尔的政治对话。如果有人要求他在神学上证明神的存在或者撰写一首贞操颂歌，那么，他也不会迟疑两分钟之久。

这真是何等惊人的天赋呀！他的天赋若用到科学、艺术、外交、商务活动等各个方面，那么，都会取得足以令人赞叹的成就。然而卡萨诺瓦有意识地让他的天才在顷刻之间爆裂成碎片，他本来能够取得一切成就，现在却宁愿一事无成。一事无成——但是他自由自在。自由自在、无拘无束使他感到愉快。轻松漫游的内容比起在某一种职业中栖身、死守家园来是无限的丰富。"我一向觉得，把我固定在某一个地方的想法是令人厌恶的。有理智的生活变化是完全符合天性的。"因此，他自己认为，他真正的职业就是没有任何职业。他轻松地对各种行业和学科进行尝试，然后就像演员那样更换服装和角色。此外还可以确定无疑的是，他不想取得和保留什么东西，也不想涉及和占有什么东西。这是因为他那暴烈的激情所要求的不是在这一生中过一种生活而是要过上百种生活。他自豪地说："我最大的财宝：我是我自己的主人，还有我不害怕灾难。"——这

---

① 在荷马史诗中喀耳刻为埃亚岛上的女巫师，曾把奥德修斯的随从人员变成猪，然后与奥德修斯结婚，相处一年。

一句大丈夫气概的格言远比他向别人借来的贵族头衔冯·塞恩加尔特使得他这位勇士显得高贵。他不考虑其他人会对他有什么想法,他以吸引人的无忧无虑呼啸着超越了道德的藩篱。他只有在情绪昂扬和受到激励的状态里才感觉到自己生存的乐趣,而在平静和舒适的休息中却从来没有这种感觉。由于他轻浮放荡地超越了一切障碍,所以他从自己的鸟瞰中觉得一切诚实的人都是十分滑稽可笑的,那些人在一生里都是热情地只埋头于一种工作。对于无论是满脸胡子拉碴,佩剑叮叮当当,但在上级将领的申斥怒骂声中卑躬屈膝的战地指挥官,还是那些只知道一本书又一本书地除了啃纸咬纸就是嚼纸的蛀虫学者,或者那些心神不安地坐在钱袋上,眼盯着保险柜,彻夜难眠的财主,他都没有敬佩之感。因此没有什么地位,没有什么地产,也没有什么衣物能够引诱他。没有哪个女子能够把他留在怀抱里,也没有哪行职业能够把他留在枯燥乏味的工作中。他宁可冒生命危险勇敢地破开一切铅封的顶盖,也不愿萎靡不振。他要在幸福中纵情欢乐,在不幸中沉着冷静,无论何时何地都充满勇气和自信。这是因为勇气是卡萨诺瓦生活艺术的真正核心,是他天赋中的天赋。他不是在保护生活,而是在冒险地生活。于是在众人之中,在小心谨慎之中就有了一个敢于冒险,敢于冒一切风险的,扬言要掌握自己的一切希望及一切机会的人。命运给狂妄之徒的赠礼远多于给勤奋之人的。命运宁可给粗野的人赠礼,也不肯给忍耐的人赠礼。因此对于这样一个毫无节制的人的估量必须多于通常对整整一代人的估量。命运把他抓起来,抛上又抛下,让他到各个国家跑来跑去,把他推向高峰,又在他做最精彩的起跳的时候伸腿绊他。命运用女人喂养他,又在赌场上愚弄他,用激情使他发痒,又用实现愿望欺骗他。但是命运从来不放开他,而是让他陷于无聊之中。命运总是给他这个不知疲倦的人——这个命运的真正的和爱赌的伙伴——发现与发明不知疲倦的事情,发现与发明新的转折和冒险。因此,他的生活广阔,绚丽,多种多样,变换丰富,色彩缤纷,充满幻想,简直数百年难得一遇。他在讲述自己的命运时说,他只不过是要成为一个无与伦比的人生作家——当然不是用他的意志,而是用生命本身的意志。

肤浅的哲学

我是以哲学家的身份生活过来的。

——卡萨诺瓦的遗言

当然贫乏的心灵深度几乎总是与生活辐射的广阔程度相适应的。要想像卡萨诺瓦那样轻捷灵巧地在风口浪尖上跳舞,就必须首先像软木塞那样轻柔。严格说来,他那广泛被人称道的生活艺术特征根本不在于特别积极的品德和力量,而主要在于这样一种消极现象:在伦理上和道德上都完全没有任何顾虑负担。如果对这样一个充满活力、血气方刚、激情执拗的人进行心理学解剖,那么,就可以证实,他完全缺乏道德感觉器官。心、肺、肝、血液、脑子、肌肉,以及并非不值一提的精索系,这一切在卡萨诺瓦身上都得到了最正常乃至最强健的发育,只有在心灵上——道德特点和道德信念通常就在这个问题上凝聚成极其神秘的性格形象——在他身上却令人惊愕的是一片彻底的真空,是一个没有空气的空间,是个零,是虚无。我们甚至不能用各种酸和碱,用手术柳叶刀和显微镜在他非常健康的身体里证实有通常人们称之为良知的那种实体的残存器官。卡萨诺瓦的无忧无虑和天才的全部秘密从这里得到了说明:原来他这个幸运儿只有感性生活而没有感情,他觉得在其他人认为是神圣的,或者非常的东西中没有什么东西值一分硬币。如果想要给他讲道德责任或者时代责任,那么,就像一个黑人难以理解形而上学一样,他也难以理解这些责任。对祖国之爱?——他,这位世界公民,七十三年来没有自己的一个床铺,永远随处为家,对爱国主义早就置之不理了。Ubi bene, ibi patria!(凡是我感到舒适的地方,就是我的祖国!)凡是他把口袋装得最满的地方,凡是他最容易把女人弄上床的地方,他在那里就叉开双腿舒坦地伸到桌子底下,颇有家居一样的感觉。他尊重宗教吗?——只要忏悔能给他带来一丁点儿的好处,他就会接受任何宗教,听任给他剪去或者留起一条中国人的辫子。这是因为,对于一个不相信彼岸世界,而只相信今生温情的和无约束的尘世生活的人来说,宗教有什么用呢?"看来宗教背后什么也没有,到适当的时候,人们会知道这一点的。"他在陈述理由时表现出冷淡和很不感兴趣。所以他便凭着形而上学的种种蜘蛛

三作家传

网跑开了！Carpe diem（享受时光），紧紧抓住每一瞬间，把它吸干，就像吸一颗葡萄那样，然后就像扔掉葡萄渣那样，把它扔到母猪前边，这就是唯一的生活准则。他严格把守感性世界，守住看得见的东西，可以达到的东西，施加压力，压榨出每一分钟最大量的甜蜜和欢乐。卡萨诺瓦把哲学推到这个程度，再不向前推进一英寸了，因此他能够在放声大笑中把诸如名誉、地位、义务、羞耻和诚实——它们阻拦自由跑进直接事物——这些市民伦理学的铅弹全都抛到身后。名誉？对于卡萨诺瓦来说，名誉有什么用处？他认为名誉不过是肯定确凿事实的胖子福斯塔夫①而已。事实就是，名誉既不能吃，又不能喝。福斯塔夫作为精明能干的，并且在全体会议上提出过问题的英国国会议员，总是听到人们谈论身后名誉。因此他想彻底弄明白，后代为英国的福利与安乐做了些什么。名誉不让享受它，甚至还要用责任和义务阻止享受。因此，名誉证实自己是过剩的。卡萨诺瓦对世界上最憎恨的莫过于责任和义务了。用享受去喂养他强壮有力的身体，把可能同样多的情欲灵药施舍给女人，除了这种唯一舒服的本性的责任和义务以外，他既不承认也不愿去了解任何其他责任和义务。因此他根本不去过问，他那富有刺激性的生活对于别人来说，是善良还是邪恶，是甘甜还是酸涩，别人是否把他的言行举止指责为声名狼藉或者寡廉鲜耻。这是因为羞耻——又是一个多么稀罕的词儿，一个多么无法理解的概念！——在他的

---

① 福斯塔夫是莎士比亚喜剧中的一个人物，出现于《温莎的风流娘儿们》等剧。

生活词典里根本就不存在。他以流浪汉毫不在乎的态度在大庭广众的场合里脱下裤子。他看着别人的眼睛,在大笑声中显示他的生殖器,他肆无忌惮地满口乱讲一些别的人受刑也不会承认的事,例如他的欺骗行为,他的失信爽约,他的当众出丑,他的性器官损伤和梅毒医疗,等等。这是因为他缺少进行伦理学区分的任何神经系统,也完全缺少任何道德情结的感觉器官。如果有人指责他在赌博中骗人,他就会很惊讶地回答说:"是的,当时我的确没有钱呀!"如果有人指控他诱骗了某个女子,那么,他便只是笑着说:"不过我对她服务得可是很周到呀!"他从来没想到一个词来请求原谅他从精打细算的市民们的口袋里掏走积蓄。完全相反,在回忆录中他还用讥嘲的辩解大肆夸耀他的欺诈行为:"如果欺骗了某个笨伯,那就是对理智进行报复。"他不做自我辩护,他没有丝毫后悔,而且永远不懊恼。在圣灰星期三①他不抱怨自己的一生——随着彻底破产而在最悲惨的贫困状态和从属关系中了结的一生。他这个掉了牙的老獾有这样恬不知耻的、引人喜欢的话:"如果今天我是富有的,那么,我就会认为自己是有罪的。但是现在我一无所有,我把所有的一切都挥霍浪费光了。这就使我得到了安慰,这就表明我是正确的。"

由此可见,卡萨诺瓦的全部哲学都舒舒服服地钻进了一个核桃

---

① 大斋首日,又名圣灰礼仪日、圣灰日、灰日,是基督教教会年历的大斋期之起始日。当天教会会举行涂灰礼,要把去年棕枝主日祝圣过的棕枝烧成灰,在礼仪中涂在教友的额头上,作为悔改的象征。大斋首日在复活节的前四十天,最早可以是 2 月 4 日,最迟是 3 月 10 日。

三作家传

壳里。他的哲学是以这样的准则开始和结束的:完全过此岸的生活,无忧无虑,本能冲动,决不让自己受到任何可能但却是不确定的天堂远景的欺骗。有那么一个奇怪的上帝给我们摆下了这张世界赌桌,如果我们要到赌桌上消遣解闷,我们就必须接受赌博的规则,tel quel(全部照其原样)地接受,而不问它是否正确。事实正是:卡萨诺瓦从来没有为了进行关于世界本来可能是或者应该是另外一个什么样子之类问题的理论思考而丧失过一秒钟时间。"请您热爱人类,但是请您热爱现在这样的人类。"卡萨诺瓦在交谈中这样对伏尔泰说。切不可干预造物主的陌生事务,造物主对这种特别事件负全部责任。切不可搅拌旧的发酵面团,弄脏自己的手,而要简单麻利地用灵巧的手指摘取出精华来。卡萨诺瓦完全正常地觉察到,愚蠢人生活过得很糟糕,诚然上帝也不帮助聪明人,这就完全取决于他们自己了,取决于他们的自助了。如果说世界已经被做了如此畸形的安排,使得一些人乘豪华马车,穿丝绸袜子,而其余的人则都衣衫褴褛,饥肠辘辘,那理智的人便只有一个任务了:自己坐进豪华的马车里去。他从来没有发过雷霆之怒,也没有像约伯那样给上帝提出来为什么这样和怎么会这样之类的问题。这是因为他把一切事件都看得像实际上那么简单——真是惊人的感受经济学! ——而不给事实粘贴标签。15岁的荷兰矮小女清道工奥莫尔菲今天还满身虮虱躺在自己的床上,为了两个小塔勒银币就准备很愉快地出卖自己的少女贞操;两个星期以后这个女孩子就以最虔诚的基督徒国王的宠姬的身份在鹿苑里拥有了自己的宫苑,里边到处都有宝石镶嵌;不久以后她又成了某个善献殷勤的男爵的夫人。再说他本人吧,昨天还是威尼斯郊区一个可怜的小提琴师,到了后天就成了某个贵族的继子。于是他的手指戴上了钻石戒指,俨然成了一个阔少爷。他把诸如此类的事情都作为奇闻逸事记录了下来,却没有为这些事情激动不安。我的上帝,世界就是这个样子,它根本不公平,完全无法估量。也正因为世界永远是这个样子,所以他就不想为运货物的滑道构想什么重力定律或者复杂的机械装置。他用指甲和拳头搜索出自己最好的东西来,voilà toute la sagesse(这就是全部智慧),他只是个为自己的哲学家,而不是一个为人类的哲学家。在卡萨诺瓦的思想里这就是说:要坚强、贪婪、不假思索、不顾及下一个小时,在波浪的运动中迅速把握住潮水涌起的瞬间,加以充分利用,直到利用净尽。这位坚定的反形而上学者只觉得呼吸的东西,以情欲答复情欲的东西,用激情和爱抚回答并逼近激动的皮肤的东西,才是真正现实的和令人感兴趣的。就这样,卡萨诺瓦的世界好奇心可以归结为只是对生物体的,对人的:也许他在一生中从来没有在沉思中仰望一眼满布星群的苍穹,也许他对于自然界始终是完全不感兴趣的,以至他那颗容易冲动的心一直不能为大自然的肃穆宁静与宏伟壮丽而燃烧起来。不过我们还是要浏览一下他的十六卷回忆录:在这里边,一个目光敏锐、头脑清醒的人游遍了欧洲最美丽的地方,从波西利普①到托莱多②,从日内瓦湖到俄罗斯草原,但是我

---

① 波西利普是位于那不勒斯西南的一座山。
② 托莱多是西班牙的一个省城名。

们找不到一行字是他对那上百处美丽风光的赞赏。这是因为他觉得，军人酒家某个角落里矮小肮脏的使女比米开朗琪罗所有的艺术作品都更为重要；在空气醒醒不堪的酒馆里赌一场纸牌比在索伦多海湾①看落日更为美好。卡萨诺瓦对于大自然和建筑物之类的东西根本不予注意，因为他缺少感觉器官——正是借助这种感觉器官我们才有了宇宙的联系——完全缺少灵魂。对于他来说，那些拥有游廊和散步林荫道的城市才是唯一的世界。在那里到了晚上华丽马车隆隆奔驰而过，马车就是美丽女子在昏暗中摇晃不定的住所；在那里咖啡馆百般殷勤地恭候客人，在这里面能摆出一副纸牌供好奇者们施展身手；在那里有招揽顾客的歌剧院和妓院，进到里边人们便能迅速享受一夜之欢；在那里还有旅馆，厨师们在里边用鲜味汁和炖五香肉进行创作，用浅色葡萄酒和深色葡萄酒合奏音乐。对于他这么一个享乐的人来说，只有城市才是世界，在那里女人们生活在使他唯一中意的形式之中，有时是多数一起，有时是变动的复数。在城市里他最喜欢的是宫廷领域，是豪华场面。在那里性欲快感就升华成了艺术美感。这是因为，诚然卡萨诺瓦这个肩宽膀壮的小伙子像其他人一样是好色的，然而他却不是一个粗野的肉欲人。充满艺术感染力的咏叹调能使他着魔入迷，一首诗能使他异常喜悦，一场优雅而有教养的对话才真正使他有千杯叹少之感。与明理智慧之士谈论某本著作，狂热地偎依某个女子，从包厢的暗影中谛

---

① 索伦多是位于那不勒斯东南的海湾。

听音乐,这一切都能奇迹似的提高他的生存乐趣。但是我们切不可因此受到迷惑,在卡萨诺瓦那里,对艺术的喜爱从来没有超出游戏的水平,从来没有超出讨人喜欢的业余爱好者的水平。对于他来说,精神必须为生命服务,而决不许生命为精神服务。因此,对于艺术,他只是作为壮阳药,作为激起性欲的催情手段,作为粗野肉欲享受之前的文雅娱乐,才予以重视和进行观察的。他很喜欢写短小的诗,为的是把小诗与袜带一起呈送给他所倾慕的一位夫人,为了煽动起她的热情他会用咏叹调朗诵起诗来。为了证明自己善于思考,为了有智谋地证明自己的身份,也为了巧妙地掩饰对她的钱包的奇袭,他会与贵族人士颇有风趣地谈论伏尔泰和孟德斯鸠。但是这位南方的肉感主义者从来不理解艺术,不理解科学——只要这科学将会成为目的本身和生活意义。他这位赌徒出于本能,拒绝深度,因为他只想停留在表面上,做一分钟的人,做迅速变化的人。对于他来说,变动是"愉快的精华",而愉快又是生活唯一的意义。

由此可见,他如同蜉蝣一样轻微,如同肥皂泡一样空虚,只是事件的逆光闪亮耀眼,他就是这样颤动地穿越了时代。有时候人们几乎无法正确理解和把握时代,确定不停变化的灵魂形象,更不要说取出性格的核心了。卡萨诺瓦究竟是善良的呢,还是邪恶的呢?是诚实的呢,还是欺骗的呢?是一个英雄呢,还是一个无赖呢?现在,完全如时间的意愿那样,他从周围环境中染上了颜色,他随着环境变化而变化自身。他手头很宽裕,我们找不到一个比他更高雅的贵族。他具有令人着迷的狂傲气派,容光焕发,风度庄重而优美。他

　　　　　　　　三作家传

像大主教那样亲切可爱，又像侍童那样轻浮随便。他大肆挥霍金钱——"节约从来不是我的事"——他像身份高贵的恩主那样，邀请过很多素不相识的人到他的餐桌旁来，赠送鼻烟壶和杜卡特金币。他还提供贷款，用精神的火焰向那些人周围喷射。然而绸缎马裤宽大鼓胀的口袋已经空空如也了，而尚未支付的票据还在信夹中沙沙作响。然后我可就要奉劝每个人在用纸牌赌博的时候不要抵制这位彬彬有礼的绅士。不，他不是一个规矩人，可也不是一个卑劣人——他绝不是一个卑劣人。他的行为既不是道德的，也不是无道德的，而是天然非道德的。因此他的决定都是直接出于关节，他的动作反应都起于神经和血管，完全不受理性、逻辑与道德的影响。他一发觉到女人，血管就疯狂地跳动，盲目地顺着自己的性格方向往前急跑。只要一看到赌桌，他的手便颤抖着伸进了衣袋。他在自己不知道也不愿意的情况下已经哗啦一声把钱摆到了赌桌上。如果他雷霆大怒，静脉就突突暴起，仿佛要爆裂似的。他的嘴里涌出唾液，他的眼球充血，简直要滚出来。他的拳头不住地痉挛，在狂怒中乱捶乱打。他在自己愤怒的方向里猛冲，"像水蒸气一样"，正如他的同胞和兄弟本韦努托·切利尼①说的，简直是一头疯狂的公牛。"我从来没有自我克制的能力，将来也不会有这种能力。"他既不追思往事，也不预想未来。只有身处困境之中，狡猾而且常常是

---

① 本韦努托·切利尼（1500 — 1571），意大利文艺复兴时期的金匠、雕塑家、作家，多才多艺，曾因道德败坏而逃亡，著有《切利尼自传》，以及论述金匠技艺和雕刻艺术的著作。

天才的灵感才拯救性地为他凝聚起来。但是就连最小的活动他也从来没有做过计划,细加盘算,预先准备——他对那种做法极不耐烦。我们在他的回忆录里可以得到上百次的证明:他的一切具有决定意义的行动,最愚蠢的恶作剧举动以及最机智的欺骗行为,都是出于爆发情绪的同一条弹道,而从来没有出于精心的计算。有一天他突然脱下天主教教士的长袍,作为一名士兵骑上马向敌军猛冲而去,结果被俘了。他到俄国去,或者是到西班牙去,都是简单地往前走,没有自己的态度,没有人推荐。他也没有问一问自己,为什么去和干什么去,他的一切决定都是出于情绪,出于精神紧张无聊而在无意之中走火的手枪响声,因此很可能他为自己丰富多彩的经历只感谢这种鲁莽的无计划性了。如果他遇事更讲究逻辑,正规地询问了解,进行计算,那么,他就不会成为冒险家;具有战略体系,就不会成为这样惊人的生活大师。

因此,作家们费尽气力把我们的卡萨诺瓦这个本性冲动的人取作喜剧或者短篇小说的主人公,真是莫大的差错。这就像是给他安装了一颗清醒的内心,一个爱思考的东西,或者干脆是安装了一个浮士德—靡非斯特式的设备,然而他的魅力和热情活力却是来自凡事不加思考,来自非道德的无忧无虑。如果往他的血液里压进三滴多愁善感,把知识和责任感重压在他的身上,那么,他就不再是卡萨诺瓦了。如果把他装扮得令人感到沉闷乏味,如果用良心把他压到地下室里,那么,他也就面目全非了。因为只要添加那么一点点,这个放荡不羁的现世享乐者就与正常人无异了,就绝对不是疯狂的人

　　　　　　　三作家传

了。唯一驱动卡萨诺瓦的魔鬼具有一个地道的市民名字和一副模糊不清的粗糙面孔。这魔鬼的名字很简单,就是:无聊。他由于内心没有创作能力,所以只好不停地抓挠生活素材。但是这就使他无休无止地拥有一切的愿望远远离开了现实贪婪人的魔性。有个拿破仑,出于渴求无限而要求一块地方又一块地方,一个王国又一个王国。还有个唐璜,觉得自己是被鞭打着去诱骗妇女,为的是作为他自己世界的单独统治者去了解那另外一个无限:女人世界。单纯享乐主义者卡萨诺瓦从来不寻求登山者的最高攀登,而是享乐的持续性。因此他决不一人独处,决不在这种空虚的严寒中孤寂地战栗,绝对不要孤寂! 我们还是仔细看看卡萨诺瓦吧。如果他缺少了谈天娱乐这个玩具,那么,他的任何平静都会立刻变成可怕的惶恐不安。他在晚上到达一个陌生的城市,就不能独自一人或者看着书在自己的房间里待上一个小时。他会立刻向各个方向试探,看是否有偶然事件之风给他送来娱乐,是否至少会有个使女夜间充作暖水袋进行服务。他会到楼下小酒馆里和萍水相逢的客人开始闲聊,他会在下流酒馆里给可疑的赌场骗子们押上双倍赌注,他会与最可怜的妓女过夜。内心的空虚无论到哪里都把他有力地推向活生生的东西,推到人的跟前。这是因为,只有与其他人摩擦才能激发起他的生命力。他独自待着就很可能成为最忧郁沮丧、百无聊赖的年轻人中的一员。这个情况我们在他的作品(但是回忆录是例外)中可以看到,从他在杜克斯那个他称为"但丁忘记描述的地狱"的孤寂年月里也可以了解到。正如陀螺必须不停地用鞭子抽打,否则就会咕咕噜噜可怜地倒在地上那样,卡萨诺瓦也需要外部的刺激来推动他的热情活力。所以说,他(如同无数人一样)是一个缺乏创作力的冒险家。

因此生命的自然紧张一停止,他就总是开动艺术的紧张——赌博是因为,赌博以天才的微缩方式重现人生的紧张,赌博创造了艺术的危险和命运的缩写记号。所以说赌博是所有只顾眼前的人的避难所,是一切游手好闲者的永久性消遣。借助于赌博,感情的潮起潮落就像在玻璃杯中一样猛烈地激荡起来,成为内心无所事事者不可替代的活动。卡萨诺瓦对赌博的迷恋是无人可比的。虽然他看到一个女子不大可能不去追求,但是他却能够眼看着赌桌上滚来滚去的金钱而不把颤动的手指从口袋里掏出来,而且甚至在他认出来庄家是个臭名远扬的洗劫赌场的人,明知赌注会输掉,他还是敢押上他最后的一个杜卡特银币。最能说明他的无节制、无休止的赌博狂与赌博迷的莫过于这样的情况:因为他也无法抗拒最坏的运气,所以虽然他本人就是洗劫赌场者,却还接连不断听任别人的洗劫。他把费尽气力骗到手的战利品又在牌场上不断出现的新希望中输出去。这样的情况不是一次,而是几十次,或者上百次之多。但是正是这样的事实证明,他是一个真正的和天生的赌徒。他不是为赢钱而赌(无论他感到多么无聊),而是为赌而赌。他从来不寻求最后的休息,只是一味追求持续的紧张状态。他在红与黑的缩写中,在方块牌与爱斯牌中寻求永久的冒险,寻求颤动的牌来牌往。只有在这里边他才感觉到自己的神经,才感受到自己汹涌澎湃的激

三作家传

情。这牌来牌往就如同心脏的收缩期和舒张期一样。他就像需要呼吸愉快的空气一样,需要赌桌上输与赢闪射火花的对立,需要征服女人和抛弃女人,需要贫困和富有的对比,需要追求无限的冒险。甚至电影一样丰富多彩的生活还会因为突然性、出乎意料和天气骤变而出现间歇,所以他要用人为的牌运紧张性来填补间歇的空虚。由于疯狂地掷骰子他才达到了从高到低的突降曲线,高声呼喊着摔进破产之中。今天他的口袋还装满金币,身后是豪华马车,还有两名跟随仆役,是个一副贵族派头的阔佬,到了明天他便把钻石迅速卖给一个犹太人,把裤子押到苏黎世的一家公营当铺里——这不是说笑话,现在已经发现了收据。然而这个大冒险家想要的生活正是这个样子,而不是别的样子:想要被幸运和绝望的这种突然爆炸撕裂成碎片,散向远方。为了这样的爆炸,他不停地把全部激烈动荡的生活作为最后和唯一的赌注投给了命运。在决斗中有十次他已经站到离死亡只有一英寸的地方,有十二次几乎进监狱或者去大橹舰上当苦役。千百万财富向他涌过来,又舍他而流去,他甚至没有用手擦过一滴眼泪。然而正因为他始终热心地、全力以赴地对待每一次赌博,每一个女人,每一个瞬间,每一次冒险,所以这个作为可怜的乞丐死在外国收容所里的人最后赢了最大的赌局——他得到了无限丰富的生活。

好色之徒

> 我曾经引诱过人吗？没有，本性用优美魔术开始工作的时候，我在场。我也不离开它，因为我的心永远感激每一种本性。
>
> ——阿图尔·施尼茨勒①:《卡萨诺瓦在西班牙》

他对各种艺术确实都有业余爱好，但成就大多不佳。他写过磕磕巴巴的诗和给人催眠的哲学文字，他拉小提琴吱吱声响，水平一般，他最好的方面是健谈，如同百科全书派的人那样。他更加超群出众的方面是对魔鬼所发明的那些赌博的理解，诸如法老牌、纸牌、比里比牌、骰子、多米诺骨牌、欺诈钱财、炼金术、交际手段，等等。然而只有在情场中卡萨诺瓦作为术士和能手是出类拔萃的。他那上百种未出成果和恶作剧的才干都在创造性的化学中结合成了一个卓越情诗作者的纯粹人。在这方面，也只有在这方面，他这个不正规的业余爱好者才表现出了无可争辩的天才。他的身体好像生来就是为爱神服务的。平时节俭的天性为了振作起全部元气、性感、体力和美，便例外地挥霍浪费起来。他不惜一切，为的是重新给

---

① 阿图尔·施尼茨勒（1862－1931），奥地利小说家、戏剧家，享有"奥地利现代文学之父"的美誉。他也是德语文学界最大的"日记家"之一，从17岁开始到去世前两天他都坚持写日记。主要作品有《轮舞》《梦幻故事》《遁入黑暗》等。

寻求愉快的女人形成一个真正的男人，一个刚强的男人，一个伟岸的男人，或者一个可爱的丈夫——随人们去翻译好了——，是这个健康性别中非常重要而又具有弹性的标本，强壮而又热烈的标本。这是因为，用我们现在流行的细高挑儿型的体态美来看待卡萨诺瓦这个征服者是错误的。他这个 bel uomo（漂亮男人）不是奶油小生，完全不是。他是一头真正的种骆驼，具有法尔纳斯家族大力士的肩膀，罗马角斗士的肌肉，吉卜赛青年黝黑的健康美色，雇佣兵队长的冲力和鲁莽，还有蓬头乱发的森林之神那种强烈的性欲。他的身体像金属一样，精神饱满、体力充沛。四次患梅毒，两次中毒，十二次受到剑刺，在铅皮房子里和西班牙臭气熏天的监狱里度过极其可怕的年月，从酷热的西西里岛突然到严寒的莫斯科的旅行，都没有丝毫影响他生殖器的备用状态和威力。无论何时，也无论何地，只要目光稍微一扫，远远地触及女人身体的近旁，他的不可战胜的性欲便会熊熊燃烧，发挥作用。在忙忙碌碌的整个四分之一世纪里，他表现为传说的 Messer sempre pronto，也就是意大利笑话中的随时待命先生。他孜孜不倦地把高等数学作为最勇敢的情人讲授给妇女们，而且直到 40 岁时他才从传闻和流言中知道床上令人恼火的失败（司汤达在他的论文《论爱情》中有单独的一章，其重要性讲的就是这种失败）。他的身体如果被性欲唤醒了，便决不虚弱疲乏。另一方面这是一种永不停歇和神志清醒地准备伏击一切女子的性欲，是一种尽管疯狂地浪费但也不会枯竭的激情，是一种不惧怕任何投入的情爱游戏的冲动。实际上，天性很少把这种满弦的身体乐器，这样一种 Viola d'amore（抒情古提琴），交付给一位大师去毕生进行情爱游戏。

但是高超技能在适当的证实以外还要求特别的保证，就是完全委身，就是无保留的专心致志。只有一夫一妻制的情欲才能够达到激情的最高级，只有在一个方向中的完全结合才能创造出完美的成果，正如音乐之于音乐家，塑造形象之于作家，金钱之于贪婪的人，最高纪录之于体育迷一样，对于一个真正的好色之人，女人，追求女人，渴望女人和占有女人就成为最重要的，不，是成为唯一的人世财富。由于各种激情之间永久的嫉妒，所以他在众多嗜好中只能够献身于这样一种。他就在这种嗜好中，也只有在这种嗜好中，去领会生活意义和无限性。卡萨诺瓦这个永远不忠实的人却始终忠实于对女人的强烈情欲。如果给予他威尼斯共和国元首的戒指，富格尔家族①的珍宝，赠封证书、房舍，授予他职位，战地司令的头衔和作家的荣誉，他会为了清新皮肤的芳香，为了无可替代的甜蜜注视，以及为了顺从地满足的那个瞬间，而把手一松，扔开这些毫无意义的废物，这些没有价值的愚蠢玩意儿。为了一次艳遇，甚至只不过是为了一次艳遇的可能性，他就像吹烟雾一样，把世上的荣誉、职位、声望和时代的一切希望全都吹开了。这是因为他这个性欲赌徒对于他的渴求来说根本不需要热恋。想象，还没到清晰可见的艳遇跟前，那沙沙响的想象就已经使他的幻想燃烧起来。这里仅从上百次

————————————
① 15 世纪到 16 世纪德意志著名的工商业和银行业家族。

事件中举出一个例子：这个插曲在他的回忆录的第二卷刚一开始，当时卡萨诺瓦因为非常重要的事情乘加快驿车前往那不勒斯。这次旅途中间他住在一处客店里，看到相邻房间里有个匈牙利上尉坐在别人的床上，上尉身边有个漂亮姑娘。更加令人难以想象的是，当时他还不知道那个女子是否漂亮，因为他根本没有看到那个蒙盖着床单的女子。他只是听到一声富有青春活力的欢笑，一声女人的欢笑，他的鼻孔便已经掀动起来。对于那个女人他毫无所知，他不知道，她是否吸引人，是漂亮还是丑陋，是年轻还是年老，是会顺从呢还是会拒绝，是未婚还是已经订婚。然而他把装有各种计划的背包又扔到桌子底下，让人解开已经套上的马匹，他决定留在巴马不走了。只是为了这个微乎其微，简直是还未成形的艳遇机会，他这个一贯荒淫贪欢的冒险家便已经疯狂起来了。卡萨诺瓦的行动就其最独特、最顺乎天性的意义来说，既毫无意义又十分明智，时时处处都显得是这样。为了与一个不相识的女子相处一个小时，无论是在白天还是在黑夜，是在早晨还是在晚上，他肯定都准备去干任何愚蠢事。如果他有所追求，那么，他就不怕付出任何代价。如果他决心征服，那么，他就不惧怕任何抗拒。为了再次看到一个他觉得不特别重要，而且他也不知道能否使他幸福的女人，也就是那位德国的市长夫人，他厚着脸皮，在未受邀请和明知不受欢迎的情况下，到科隆参加了一个外国的社交聚会。他不得不咬着牙听凭主人的痛斥和其他人的嘲笑。可是他这匹种马在性欲非常强烈，受到噼噼啪啪一顿狠揍的时候有什么感觉呢？卡萨诺瓦忍饥挨冻，心甘情愿在冰冷的地下室里与老鼠及寄生小动物共处了一夜,在黎明前的黑暗中期待着根本不舒服的幽会。有十多次他都是冒着剑刺、手枪射击、辱骂、敲诈、疾病和贬低身份的危险。确切地说,情况都不是至少可以理解的那样,不是为了一个阿娜狄俄墨涅①,为了一个绝无仅有的、真诚的情人,而是为了一个普通的女子,为了一个到处都遇得到的女子,为了一个碰巧够得着的女子。只是因为她是个女子,是另外一个类型,是他所急切渴求的性别形态。只要他的性欲敏感激动起来,那么,每一个诱人通奸者,每一个姘妇都能轻而易举地把他这个举世闻名的诱骗者劫掠一空,每个通情达理的丈夫,或者乐于助人的兄弟都会把他弄到狼狈不堪的境地。但是什么时候他的性欲不敏感激动呢?卡萨诺瓦的性欲渴望什么时候完全平息下来呢? Semper novarum rerum cupidus(时时刻刻都在贪求新的猎物)。他强烈的性欲总是对一个不熟悉的人颤动。这个男人的身体不断地需要柔软而有快感的床垫子,他的不稳定的官能不断地需要冒险家颤动的焦急心情,就像他不断地需要氧气、睡眠和运动一样。如果没有女人,那么,他就没有一个月,没有一个星期,甚至没有一天,没有什么时候,没有什么地方,能够感到舒适。用卡萨诺瓦的词典来翻译,节欲干脆就是痴呆和无聊。

在胃口这么粗野和消费这么持久的情况下,他的女人的品质通常都不是高贵的,这就不足为怪了。对性欲具有这种骆驼胃口的人

---

① 阿娜狄俄墨涅是阿芙洛狄忒的别名,是希腊神话中的爱与美之神。

三作家传

不会成为美食家,不会成为酒类品尝家,而只会成为简单的贪食者,只会成为馋鬼。因此,曾经是卡萨诺瓦的情人,这话本身根本不是特别的介绍。因为,她必定既非海伦娜①,又非处女,既不贞洁,更谈不上修养见识、良好教育和能吸引人,不会使高尚的先生屈尊俯就。通常只是因为她是个女人,是先天形成的妇女,是有阴道的,是性别的另一极的人,这么一个事实,就足以使他这个易受引诱的人充满性欲了。因此人们乐于用当前的浪漫主义或者美学的想象,彻底清除这座辽阔的鹿苑。正如职业性的,也就是不加选择的好色之徒常有的情况那样,卡萨诺瓦搜集的货样也各有完全不同的价值,而且天晓得,那也根本不是美女展览馆。诚然有几个人物形态是温柔甜美的,具有青春少女的面庞。我们可能都知道他的同胞画家列尼②和拉斐尔的手笔吧,也有几个形体是鲁本斯所画或者是布歇③用柔软的红粉笔在绢面上绘制的。但是除此以外,也还有那样一些形如英国街头妓女的,她们厚颜无耻的丑恶嘴脸只有狂怒的贺加斯④的笔能够使之再现。还有那些生活放荡的老女巫,惹得戈雅⑤非常生气。还有图卢兹·洛特雷克⑥风格的染病少女的面容,以及农夫和家仆。这是美丽与肮脏、智慧与下流、五光十色的疯狂混杂。

---

① 喻"世上最美的女人",希腊神话中与特洛伊王子帕里斯私奔,引发特洛伊战争。
② 列尼(1575 — 1642),意大利学院派画家。
③ 布歇(1703 — 1770),法国洛可可风格的画家。
④ 贺加斯(1697 — 1764),英国画家、版画家、讽刺画家,欧洲连环漫画的先驱。
⑤ 戈雅(1746 — 1828),西班牙浪漫主义画派画家。
⑥ 图卢兹·洛特雷克(1864 — 1901),法国后印象派画家。

这是因为他这个泛性欲主义者在欢乐中有粗野的味觉神经,所以他的情欲半径令人忧虑地远远延伸到了稀奇古怪与不近情理的事物上去。在我们限定的时代里,卡萨诺瓦的艳遇开始于无情地使他与检察官发生冲突的年龄阶段,而且发展到去找吓人的骨骼架子和冯·乌尔菲公爵夫人,这个 70 岁的废物。在所有书写的言语中那是一个男人无耻地对后代倾吐的最令人毛骨悚然的幽会。这么一个绝非古典主义的瓦普几司之夜①旋风似的转遍了各个国家和各个阶级。最温情、最纯洁的人物形象由于初次的羞惭,恐慌得脸上泛红。高贵的夫人们,身上到处是针织的花边,珠宝首饰光彩夺目,个个都急匆匆地向妓院的残渣,也就是海员酒店里边那些面目可憎的家伙,伸出跳轮舞的手。玩世不恭的驼子,阴险的瘸子,品行不端的孩子,性欲强烈的老妇,都涉足到这场喧闹中来了。姑妈对侄女,母亲对女儿还温暖的床铺进行清理。拉皮条者支使开自己的孩子,乐于助人的丈夫把妻子推到永远愉快的人的家里,随军妓女与贵妇人交换同一个夜间和同样迅速的愉快——不,人们最后改掉了不自觉地用 18 世纪铜雕版画的方式,而用风姿妩媚、亲切热情、整洁高雅的方式来图锯卡萨诺瓦的风流韵事,——不用了,而且是绝对不用了。终于,人们有了勇气在这里去正视作为男子性感魔窟中的这种不加选择的性爱。像卡萨诺瓦的"力比多"这样用之不竭和不加选择地超越了种种障碍,尤其是什么都不放过。深奥的事物对他的

① 据德国民间传说,在 5 月 1 日前夜,女妖们聚于布罗肯山上荒淫作乐。

　　　　　　　　三作家传

吸引不小于日常事务,没有什么反常现象不使他的感情激动,也没有什么荒唐现象使他清醒。虮虱满床,内衣肮脏,令人生疑的谣传,与驱赶妓女者的伙伴关系,隐蔽的或者约定的观众在场,卑劣的压榨和习以为常的疾病,所有这一切对于这位想要拥抱欧罗巴姑娘的神圣公牛的又一个朱庇特来说,都是觉察不到的琐碎小事。他要十分隆重地和随随便便地以种种形象和全部骨骼来拥抱整个妇女界。他在混乱和近乎狂躁的强烈性欲中对于幻想的东西如同对于自然的东西一样非常急切好奇。有这种性欲的男子的典型情况是,性欲的潮涌尽管很经常,很猛烈,却从不泛滥到生理天性的床铺上。卡萨诺瓦的本能突然在性别的界线上停住了,在接触一个阉人的时候,厌恶之感震惊了他,于是他用棍棒打跑了那个变童。他的一切离谱的和反常的性行为都始终引人注目地忠实妇女界,这是他的完善与天生的领域。他的狂怒在这里当然不知道界限,不知道障碍,也不知道停步。这样的性欲不加选择、不计数量而且不间断地对每个女人闪射出希腊森林之神那种永远沉醉和为每个新女人都重新入迷的性欲力量。

然而正是卡萨诺瓦所追求的这种混乱、这种陶醉和这种天性,给予了他对于女人前所未有的威力。那简直是极大的诱惑力,女人们随着突然的直觉本能冲动便感觉他是一个雄性动物,是个燃烧着的、感情奔放的、正迎向她们快步走来的人。于是她们让他占有自己,因为他已经完全被她们占有了。她们归他所有,因为他已经归她们所有了。确切地说,落入他手中的不是某一个女人,而是多数女人,是对立面,是另一个极点。出于女性的直觉,她们感觉到,这里终于有了一个男人,对他来说除了我们女人没有更重要的了。他不像别的男人那样,为业务和责任疲于奔命,情绪愠怒,摆丈夫架子,只是有时候顺便地向我们求爱。他却是用全部本性——如同狂暴的溪水一样的动能迎着我们奔来的男人。这个男人不是要节约,而是要挥霍。他不犹豫,也不挑拣。所以说,他真的是懂得毫无保留地献身的。他为了一个女人——就因为她是一个女人,她能在眼前的瞬间满足他对女性的渴求——总是准备不假思索地献出自己身上的最后一滴性欲。这是因为,对于卡萨诺瓦来说,愉快地看到女人,感到幸福、惊奇、狂喜、兴奋、入迷,就是一切享受之中的终极享受。只要他还有钱,他就大量赠送精心挑选的礼物,用奢华和轻率讨好她们的虚荣心。他喜欢她们盛装丰盈,身裹精致花边。他在把她们脱光之前,先要用从未见过的贵重物品使她们惊讶,用挥金如土的浪费和情欲的狂热游戏使她们惊讶。的确,他是一个天神,一个赠送礼品的朱庇特。他用天性的热情感染她们,同时又用黄金大雨冲刷她们。然后他便也像朱庇特那样消失在云端里了——“我发疯地喜爱这些女人,但是我总是更想给她们以自由。”——这话并未降低,不,反而是提高了他的声望。这是因为,正是由于他突然降临和突然消失的雷雨现象,她们才保持着对他这么一个异乎寻常的人,对不会重现的和极其美好的艳遇的回忆。而且这样的回忆也不会清醒过来,不像与其他人习以为常的情况和乏味的同床共枕那样。这些女人中每个人都本能地感觉到像他这样的男人不可能成为丈夫,所以她只能在天性中把他作为情人,作为一夜的天神来回忆。虽然他离开了每一个女人,但是没有一个女人希望他改变原来的样子。因此卡萨诺瓦也就只需要像现在这个样子,也就是在他不忠实的强烈性欲中保持诚实,所以他会赢得每一个女人。

我刚才说到诚实,这在卡萨诺瓦那里是一个令人惊异的字眼儿,但这是没有办法的。我们必须判定这个受到惩罚的赌博骗子和狡猾的流氓的确在风月场中有一种诚实。卡萨诺瓦与女人的关系实际上是诚实的,因为仅是血液的亢奋,仅是肉欲。注明这一点是有失体面的,然而爱情中的谎言总是从混杂着比较高尚的感情开始的。迟钝老实的年轻人不欺骗自己的身体,从来不使自己的过分激动和好色达到超越本能许可以外的程度。只有在精神状态与感受混合在一起,并且与受到鼓舞的行为相适应进入无限之中的时候,一切激情才会夸大,才会在我们人世的关系中幻想到永恒。卡萨诺瓦从来不超越身体的限度而沉迷下去,因此他很容易遵守他的诺言。他从自己性感的豪华库房里交出性欲换取性欲,交出身体换取身体,所以从来没有拖欠下感情的债务,因此他的那些女人过后都不觉得自己是在柏拉图式的空虚等待中受了欺骗。这个看来轻浮的家伙不把他的那些女人吹嘘成感情的无限境界,所以他向她们除了要求性器官的痉挛以外不要求别的陶醉,这样他就永远避免了使她们失望。每个人都可以随意把这样的性爱称之为低级的爱情,单纯的性爱,肌肤之爱,无感情之爱,畜生之爱,但是谁也动摇不了这种性爱的诚实性。这个放荡的轻浮人具有公开与直爽的占有欲望,他对女人的行为不是比浪漫主义的空想者们更为真诚,更使人舒畅吗? 在歌德与拜伦的人生道路之后,一大批女子是作为伤透心的、扭曲变形的、撞得头破血流的人留下来的,因为爱情中更高级的和宇宙的本性不自觉地把一个女子的感情扩大了,以至于她们再不能感受到这种火热的气氛,再找不到自己的人世形态了。与此同时卡萨诺瓦的煽情本来就是诚心实意,很少造成心灵的伤害。他没有引起崩溃,导致绝望。他使得许多女人愉快,却没有使得一个女人变得歇斯底里。她们全都从单纯的性爱艳遇中不受伤害地退回到了日常生活里,不是回到了自己的丈夫身边,就是回到了其他情人跟前。他像热带的一阵风轻轻掠过了她们,于是她们便活跃起更强烈的性欲。他炽热通红,但是并未烤焦她们。他征服了她们,但是并未毁坏她们。他诱骗她们,但是并未伤害她们。正因为他的这种性爱发生在比较结实的表皮组织里,而不是发生在真实内心易受伤害的组织里,所以他进行的征服并未导致灾祸。

他的激情作为单纯性爱是不知道要那种一次性的极度兴奋的。因此如果亨利埃特或者漂亮的葡萄牙女子离他而去,使他陷入可怕的绝望,那么,不会使他感到不安,他不会去拿起手枪来的。事实上两天以后我们就会看到他已经到了另外一个女子身边,或者他已经进了妓院。如果修女 C. C.不能再从围墙里到娱乐场来,而由半出家的修女 M. M.代替她出现,那么,安慰也就立即来到了,因为每个修女都能代替另一个修女。于是人们就不难发现,他作为真正的好色之徒从来没有热恋过他那众多女人中的某一个女人。他热恋着永久的多数，热恋不断更换的艳遇，也就是众多的艳遇。他甚至有一次脱口说出这么一句危险的话："当时我就模模糊糊地感觉到，爱情不过是一种或多或少强烈的好奇心。"所以要想理解卡萨诺瓦就得抓住这个定义，并且深入分解好奇心这个词：好奇心①，是永远贪求永远新的东西，是永远在另一些女人那里贪求永远另一些体验。刺激他的从来不是个体，而是变体，是在异常丰富的性爱棋盘上不间断更新的组合。他的取得和放开都是不假思索的，都是顺从天性的，就如同吸气与呼气一样。这种纯粹官能上的享受说明了，为什么身为艺术家的卡萨诺瓦却没有使他那上千名女子中的某一个女子给我们留下真实的精神形象。平心而论，他的种种描述都使人产生怀疑：他可能根本没有看清楚过他那些情人的面孔，而只是在某一个位置上，用某个极为平庸的观点观看过她们。依据真正南国的风格来看，使得他兴奋鼓舞和"激发"他的热情的始终是那些粗俗的、土里土气的和可以触摸到的东西，还有就是跃进眼帘的女人动情的瞬间。反反复复总是（直到厌倦时为止）"雪白的胸脯""美好的臀部""端庄威严的形象"，还有不断通过偶然事件而显露出"最神秘的魅力"。正是这些东西使得好色的文科中学生对一个使女看得瞳仁发痒，于是从无数亨利埃特、伊雷妮、巴贝特、马里乌齐莎、埃默丽娜、马尔科丽娜、伊格纳齐亚、卢齐亚、埃斯特尔、扎拉和克拉拉（必定能写满一整本日历）中间所留存下来的只不过是温暖放荡的

---

① 德文好奇心由 Neu 和 Gierde 两词组成，Neu 是新之意，Gierde 是贪婪之意。

女人身上肉皮色的美肤香膏，一种酒神式的号码与数量，成果和热情的混杂物——他的样子完全是醉鬼在早上的表现，他昏沉沉的脑袋已经清醒，他全然不知昨天晚上饮了什么酒，在什么地方饮的，还有与谁在一起饮的。对于那众多的女子，他只是享受到了肌肤，感受到了外表，仅仅认识了她们的肉体。在这里精密的艺术标尺比生活本身给我们更清楚地显示了单纯的好色者与真正的热恋者之间的重大差别，显示了获得一切却无所保留的人与取得很少但全力以赴把转瞬即逝的东西提升为经久不变的东西的人之间的重大差别。司汤达这位实际上相当悲惨的爱情勇士从唯一的一次经历中通过升华分离出来的精神内容，比卡萨诺瓦从这里的三千个夜晚里分离出来的精神内容还多。在精神极度兴奋的什么范围内性爱可能升高，关于这一点，卡萨诺瓦的全部十六大卷的回忆录所给予的概念还不如歌德的一首四个诗节的短诗。因此，从更高的意义上来看，卡萨诺瓦的回忆录主要是统计数字的报告，而不是长篇小说，主要是征战的经历，而不是虚构创作，是一部在肉欲中漫游的《奥德修纪》，是一部男子对永恒的海伦娜永久贪求的《伊利昂纪》。卡萨诺瓦的回忆录的价值在于它的量，而不是在于它的质。它是以多种变体而不是以单个事例，是通过各种形式而不是通过含义深邃的思想，显示出它的价值的。

正是由于他这种经历很多，我们这个几乎总是只登记记录而很少测算精神力量的世界就把贾科莫·卡萨诺瓦提高成了阴茎胜利者的象征，并且给他戴上了世界上最宝贵的荣誉桂冠，使他有了谚

三作家传

语的性质。今天在德语中，甚至在所有欧洲语言中，说某人是一个卡萨诺瓦，这就意味着他是一个无法抗拒的骑士，是一个女色的馋鬼，诱骗能手，他在男性的神话中所体现的价值就如同海伦娜、弗里娜①、尼农·德·朗克洛②等在女性神话中所体现的价值一样。人类为了用自己千百万个短暂的假面具创造出一个不朽的典型，就必须给普遍情况一个具体面孔的缩写记号。因此这个威尼斯的演员的儿子就成功地取得了意想不到的声望，变成了千秋万代爱情英雄的化身。当然他还得与一个第二位的，但甚至是传奇的伙伴共同登上这个最令人羡慕的宝座。他的西班牙对手唐璜与他并肩而立，而且表现出更高贵的气质，更深沉的风格，以及更疯狂的魔力。经常有人暗自将这两个引诱妇女的高手进行对比。尽管对达·芬奇与米开朗琪罗、托尔斯泰与陀思妥耶夫斯基、柏拉图与亚里士多德之间进行精神对比已经趋于枯竭——原因是每一代人都对他们进行类型学的重复——但是这两个性爱原型之间的对比却一直层出不穷。这是因为，他们两人虽然是在同一方向里冲向前方，是两只捕捉女人的苍鹰，不断闯进羞愧或者极为幸福的惊恐队伍中去，但是就精神仪表的特征来看，他们却属于完全不同的火热性格。唐璜是绅士，是贵族，是西班牙人，而且甚至在造反的时候，感情上还是个天主教徒。他的全部思想都是纯血统西班牙人以荣誉为中心的思

———————————

① 弗里娜是公元前 4 世纪希腊雅典的高级妓女，因渎神罪被审判，又因其身体之美无罪获释。

② 尼农·德·朗克洛(1620—1705)，17 世纪法国社交界名流，才女。

想。他作为中古的天主教徒不自觉地听从把一切肉欲视为"罪恶"的教会价值观。从基督教的先验性观点来看,婚外恋(因为具有双倍的刺激)就意味着某种魔性,是对上帝和禁条的亵渎,而女人,妻子,就是这种罪行的工具。女人的本质,女人的存在本身就是引诱和危害。因此妻子身上看起来最完美的道德正是假象、迷惑和蛇的假面具。唐璜不相信这个魔鬼性别中任何一个女人的纯洁和贞操,他了解每个女子衣服里边的裸体都可以引诱。他会用一千零三个事例来揭示女人的这种脆弱性,他会向世界和上帝证明,所有那些难以接近的夫人,那些貌似忠实的妻子,那些狂躁热情的半成熟的姑娘,那些誓为上帝献身的基督徒新娘,无一例外,都可弄到床上来,都不过是 anges à l'église und singes all lit——在教会里是天使,而在床上全都像猴子一样淫荡好色。这一点,也只有这一点驱使他这个女人狂不住地和热情地进行诱骗。

因此,最大的蠢事莫过于把女性最大的死敌唐璜说成是 amoro-so(多情的),说成是女人之友,说成是倾慕的求爱者了。这是因为,驱动他的从来不是对某个女子的真正钟情和爱慕,而是男性的原始憎恶使他像魔鬼一样对待女人。他的取得从来不是要为自己占有,而总是想要夺走她的东西,抢夺她最宝贵的东西:贞操。他的性欲不像卡萨诺瓦那样起源于精索,他的性欲起源于头脑。这是因为,这个精神的色情虐待狂人想在每一个女人身上贬低全体女性的身份,使全体女性羞惭,使全体女性受辱伤心。他的享受完全间接的是使被伤害即被奸污的女人陷于绝望的一种幻想的预享受。因此

　　　　　　　　　　　　三作家传

追求的诱惑力(与最善于快速脱去女人衣服的卡萨诺瓦相比)对于唐璜来说就提高了难度。对于他的论点来说,一个女人愈是难以接近,那么,他的最后胜利便愈有价值,愈能显示出力量。在没有遇到抗拒的地方,唐璜也就没有了任何动力。他不可能设想自己像卡萨诺瓦那样待在妓院里,凶恶的侮辱行为不可能对他产生刺激。诸如进行犯罪、一次的和不重复的通奸行为或者强奸修女,等等。如果他占有了一个女人,那么,这次试验便结束了。被诱奸者在记录簿上只留下个符号和数字。实际上他就是记录簿的专职记录员,就是记录的莱波雷洛①。他从来没有想过,在绝无仅有的一夜里,对最新的情人再看上最后一眼。这是因为,正如猎人很少待在被射死的野兽身边一样,他这个职业诱奸者在结束试验之后也很少停留在他的牺牲者身旁。他总是还要继续不断地追寻其他女人,追寻尽可能多的女人。这是因为他的原动力——这种原动力把他的凶恶形象提升成了魔鬼——驱动他奔向无法完成的使命和情欲:这就是在所有女人身上,从而也就是要彻底地向世界证明妇女的脆弱性。唐璜的性爱是既不寻求也找不到宁静和享受的,他作为一个男人发誓要在一场血亲复仇中对妇女进行永远的战争。因此魔鬼就给了他最完善的武器:财富、青春、贵族身份、优美体态以及最为重要的——冷若冰霜,毫无感情。

　　因此妇女只要在沉迷中受到了他的冷酷技巧的制约,那么,就

---

　　① 莱波雷洛是莫扎特的歌剧《唐璜》中唐璜的仆人。

会一想到唐璜就像想到魔鬼一样,她们用昨天相好的全部热情来憎恨这个第二天早上就用嘲笑的冰水浇注她们激情的骗子大坏蛋(莫扎特把这样的事替我们不朽地留传下来了)。她们为自己的懦弱羞惭,她们愤怒,她们咆哮,她们吵闹,她们陷入对于这个蒙她们、骗她们、欺侮她们的无赖恶棍的无可奈何的气愤中。因此她们把对全体男性的憎恨都集中到了他的身上。每一个妇女,不管是堂娜·安娜还是堂娜·埃尔维拉,所有那一千零三名屈服于他那精心设计而就范的女子都在内心里中了毒,永远停留在女性的感情里。与此相反,曾经委身于卡萨诺瓦的妇女们像感谢上帝一样感谢卡萨诺瓦,因为他不仅没有从她们的感情中取走什么东西,没有伤害她们的女性感情,而且赠送给了她们生存的一种新的安全感。亲切温柔的artium eroticarum(性爱艺术)大师卡萨诺瓦教给她们认识的真正意义和妇女天性最神圣的责任,正是那个西班牙魔鬼唐璜迫使她们蔑视为恶魔瞬间的肉体与肉体的热烈拥抱,在那种感情冲动中不由自主地委身。他用轻轻抚爱的手在剥掉这些年轻女人的衣服的同时,也剥掉了她们的一切胆怯、一切恐惧——当她们屈服,才完全变成女人——他在自己得到幸福的时候,也使她们得到了幸福。他以自己感激的极度兴奋状态为她们参与享受进行了辩解。这是因为对于卡萨诺瓦来说,对一个女子的享受,只有当他知道,他的女伴把这种享受分配到了神经里和血管里,而且与他一起感受到的时候,才是完美的。"对于我来说,享受的五分之四总是在于使女人们幸福。"他需要对他的性欲回报性欲,正如需要另外一个人对他的爱情

三作家传

回报爱情一样。他那惊人强大的效能不是使自己的身体，而是使被拥抱的女子的身体精疲力竭和心醉神迷。吸引他的绝不是粗野的和体育式的获取——像他的西班牙对手那样——而完全是付出。因此，每个曾经委身于他的女人都变得更是女人了，因为她变得知识更多，性欲更强，更没有障碍了。所以她们便寻求起这种使人幸福的教育的新信徒了，于是姐姐把要成为温情牺牲品的妹妹引向了祭坛，母亲把女儿领到了这个亲切的导师跟前，每一个女情人都催促另一个女情人进入上帝恩赐的礼拜仪式和圆舞中。每个被唐璜诱奸的女子都出于女性这种准确无误的本能警告新被他引诱的女子要预防女性的这个大敌。（总是白费力气！）一个女子却把卡萨诺瓦作为女性的真正崇拜者介绍给另一个女人。就这样，正如他超越个别形象喜爱全体女人那样，女人们也超越了他，喜爱起这个热情男人和大师的整体了。

昏暗的年月

在我的一生中，我很经常地做些我自己感到厌恶，而且我自己也不理解的事情。但我受到了我有意不进行抗拒的一种神秘力量的驱使。

——回忆录中的卡萨诺瓦

公平而论,我们根本不可以责备那些主子不进行抗拒就迷恋起他的这个大诱奸者。可如果遇到了他,我们自己也会每次都屈服于他的诱惑,屈服于他那诱人的和激情如火的生活艺术。这是因为,男人在读卡萨诺瓦的回忆录的时候心中没有焦躁不安的嫉妒是不容易的。在某些令人不耐烦的失望时刻里,我们就感觉到这个冒险家的疯狂的存在,感觉到他在夺取和享受,忙得不可开交,感觉到他那疯狂吮吸全部生活的伊壁鸠鲁主义①比我们在精神上的短暂漫游更为明智,也更为实际,感觉到他的哲学比叔本华全部无限苦闷的说教和康德长老石头一般冷酷的教义学更加充满生命力。与他的那些瞬间相比,我们的这些瞬间中只是碰碰撞撞的生活,用放弃权利换得稳定的生活,显得多么可怜呀;我们有先入之见和事后的判断,我们每走一步都在叮叮当当地磨光良心的链子锁,我们是自己的俘虏。因此,当他那颗轻浮的心,他那个轻薄的人,在捕捉到女人,飞跃过各个国家,并且在呼呼风响的偶然事件秋千上忽而钻天、忽而入地的时候,我们可都是正在步履维艰之中。如果不撒谎的话,没有一个实实在在的人在读了卡萨诺瓦的回忆录以后,能够不感到与这个杰出的生活艺术大师相比,自己是笨拙的。有时候,不,可能会有千百次,人们宁愿做一个卡萨诺瓦,而不愿去做歌德、米开朗琪罗或者巴尔扎克。如果在开头人们会略带冷酷地嘲笑这个进行哲学装扮的骗子在文艺上的爱好和冗长的东拉西扯,那么,到了

_____

① 伊壁鸠鲁学派认为快乐是生活的目的,是最高的善,这种学说后来发展为享乐主义。

　　　　　　　　三作家传

第六卷、第十卷、第十二卷，人们就会想把他看作极为明智的人，把他那肤浅的哲学看作是最有智慧和最令人着迷的学说。

然而幸运的是卡萨诺瓦本人使我们改变了这种过早的赞赏，这是因为他的生活艺术记录簿有个危险的漏洞：他忘记了衰老。像他那样要求性生活的伊壁鸠鲁主义享受技术完全是以青春活力的性感为基础的，以身体的元气和精力为基础的。因此，只要血液中的火焰不再熊熊燃烧，那么，全部享受哲学就会立刻蒸发，并且冷却成淡而无味、无法享用的烂糊粥。所以说，只有清新健壮的肌肉，只有坚实、洁白的牙齿才能像享受哲学那样控制生活。但是如果肌肉和牙齿开始衰减和脱落，性感官开始失灵，可就糟了。那样的话，使人愉快和自我愉快的哲学也就会突然失灵。对于粗鄙的生活享受者来说，生命曲线肯定是要向下落的，因为挥霍浪费者的生活是没有储备的。他生活放荡，在片刻之间丧失掉他的全部热量。而有智慧的人，表面上自暴自弃的人，则仿佛是蓄电池一样，在自身中防止热量丧失，使热量持续增加。凡是誓为精神献身的人，即令是在阴影笼罩的年月里，而且还常常是在宗法制的时代里也能得到净化和美化（例如歌德）；他还沉着冷静地把生活提升成理智的解说和意外的惊喜，并且给减少精力的身体补偿勇敢的、振奋人心的概念游戏。但是事件的推动却使得处于激流中的纯官能的人如同水磨的轮子一样留在干涸了的小溪里。对于这样的人说来，衰老是进入虚无的陷落，而不是进入新生的过渡。生命，是一个不讲情面的债权人，它要连本带利收回被难以驾驭的性欲过早和过快取走的东西。这样卡萨诺瓦的智慧也就与他的幸福一起完结了,他的幸福也就与他的青春一起完结了。只要他是漂亮地、胜利地和精力充沛地出现,就总还显得是聪明的。如果有人暗自羡慕40岁以前的他,那么,从他40岁时起,人们对他便只有同情了。

卡萨诺瓦的狂欢节——所有威尼斯狂欢节中最绚丽多彩的——过早地而且是凄凉地在一个忧伤的圣灰星期三结束了。阴影十分缓慢地爬进了他充满欢乐的生平故事,就像皱纹慢慢爬上衰老的面容一样。他只能愈来愈少地述说胜利,愈来愈多地记述烦恼。他愈来愈经常地被牵连进——当然他是无辜的——推迟汇款、伪钞、典当珠宝之类的事件里,而且愈来愈难得在侯门王府受人接待了。他不得不在深夜的大雾里逃离伦敦,因为要是晚走一两个小时他就会被逮捕,被送上绞刑架。在华沙他受到像追捕罪犯一样的追捕,在维也纳和马德里遭到驱逐,在巴塞罗那他被投入监狱长达四十天,在佛罗伦萨他被驱赶出境,在巴黎他收到了 lettre de cachet(盖有国王封印的监禁或放逐通知书),被命令立刻离开这个可爱的城市。这时再没有人喜欢卡萨诺瓦了,人人都推他走开。人人都要摆脱他,就像要从毛皮衣物上抖掉虱子那样。人们首先会吃惊地考虑,这个善良的年轻人犯了什么罪,以致全世界在骤然间对这个大家的宠儿表现得如此严厉,道德上不予宽恕? 是他变得恶毒了吗? 是因为他欺骗成性了吗? 是他改变了那令人喜爱得可疑的性格,以致大家都避开了他吗? 不,他依然是原来的样子。他还将永远是原来的样子,而且直到最后一口气的时候,他都是一个以外貌

三作家传

迷惑人的人,是一个江湖骗子,是一个寻开心的人,是一个文艺爱好者。现在他只是缺少了使他显得精力充沛、神色美好的一个因素:他的自我意识,也就是青年人确信必胜的感觉。在犯罪最重的时候,他受到了惩罚:首先是女人离开她们的这个宠儿,一个矮小瘦削的大利拉①把这位性爱的参孙用猎刀捕捉了,那是一个狡黠的轻佻女人。这个插曲由于它最真实和最有人情味,所以就成了他全部回忆录中最生动精彩的插曲,就成了一个转折点。他这个久经考验的诱奸者第一次受到一个女人的诈骗,确切地说,那不是一个高贵的、难以接近的、出于道德而拒绝他的女人的诈骗,而是一个狡猾的、年纪很轻的妓女的诈骗。她善于使他纵情发狂,骗取他口袋里的全部金钱。尽管如此,她却不让他靠近自己淫乱放荡的身体。这个卡萨诺瓦,虽然他付款了,而且是超额付款了,却还是被轻蔑地拒绝了。这个卡萨诺瓦受尽鄙弃,还不得不眼睁睁看着那个矮个子妓女如何无偿地,用他贪婪的情欲和投入的金钱、计谋和力量所白白追求的一切,去使一个愚蠢粗野的小子,一个理发师的助手幸福起来。这件事对于卡萨诺瓦的自我意识是致命的一击。因此,从这个时候起,他坚信胜利的态度就显出了某种不稳定和动摇。在年届40的时候,他不得不惊恐地过早确认:使得他胜利地冲进世界里来的发动机再不能令人满意地工作了。于是他第一次感到了恐惧,竟然说不出话来:"使得我最为苦恼的是,我不得不承认,通常与老年临近

---

① 在《圣经》中,大利拉是犹太人领袖大力士参孙的妻子,她贪图重金贿赂,把丈夫出卖给了敌人,使丈夫被俘。

连在一起的疲倦开始了。青春和力量意识所给予人的那种无忧无虑的自信,我再也没有了。"然而没有自信心的卡萨诺瓦,没有了准备随时使女人陶醉的征服力的卡萨诺瓦,没有了漂亮仪容,没有了性交能力,没有了金钱,没有以男性生殖器与幸福女神的宠儿的身份来做粗野傲慢、意志坚定、确信胜利的炫耀,他一旦在世界赌博中丧失了这张王牌,还算什么呢?"一个到了一定年龄的先生,"他忧伤地自己回答说,"幸福不再对他感兴趣,女人们更是不。"他成了一个没有翅膀的鸟,成了没有男子气概的男人,没有幸福的情人,没有资本的赌徒,没有精气与美色的惨淡无聊的身躯。关于胜利和享受的独家智慧的喇叭都吹破了,于是一个危险的字眼儿"放弃"第一次进入了他的哲学。"我使女人们热恋我的时代过去了。我只能要么放弃她们,要么收买她们的殷勤。"放弃,这对卡萨诺瓦来说是最无法理解的思想,现在变成了现实。这是因为,要收买女人,他就需要金钱,然而历来都是女人给他送金钱的。这个奇妙的循环停顿了,赌博即将结束。对于这位艳遇能手来说,无聊的危机开始了。就这样,年老的卡萨诺瓦,贫穷的卡萨诺瓦,这个享乐者变成了寄生虫,这个对世界好奇的人成了侦探,这个赌徒成了骗子和乞丐,这个欢乐的爱交游者变成了孤独的抄写员和讽刺文作家。

令人震惊的现象是:身经无数情场战役的老英雄,这个奇妙的厚颜无耻者和肆无忌惮的赌徒,现在变得谨慎了,谦逊了。这个走运的伟大喜剧演员悄悄地、抑郁地、平心静气地离开了他曾经取得成功的舞台。他脱下"与我的处境不再适应的"豪华服装,摘下戒指、钻石佩带扣和鼻烟壶。与此同时他还去掉了庄严的傲慢,并且把他的哲学如同一张被吃掉的牌一样扔到了桌子底下。他在钢铁一样无情的生命规律面前苍老衰颓,低下了头。因此,容颜憔悴的妓女必定变成老鸨子,赌徒必定变成赌场骗子,冒险家必定变成寄食于人下者。自从他的血液不再那么热乎乎地在身体内循环流动以来,这个衰老的世界公民就在他极其喜爱的无限世界里突然感到寒冷难支,便非常感伤地渴望回到家乡。于是这位昔日的狂傲者——可怜的卡萨诺瓦,他认识到不可能有高贵的结局——便悔恨地低下有罪的头,悲惨地向威尼斯政府请求宽恕。他给异端裁判所的审讯官们写出了阿谀奉承的报告,还写了一篇爱国主义的论战文章,是对攻击威尼斯政府的"反驳"。在这篇文章中他毫不感到羞惭地写道,他在里边忍饥受饿的威尼斯监狱的房子都是"空气很好的房子",而且简直就是人道博爱的天堂。关于他生平中那些可悲的插曲,在他的回忆录中只有这么多,因为回忆录结束太早,没有来得及继续讲述不光彩的年代。他退回到了昏暗中间,也许这是为了隐蔽他的脸色变红吧。人们几乎对此感到高兴,因为这只剥了皮的公鸡,这个停唱了的歌手多么可悲地在模仿我们长久所羡慕的胜利欢歌。

此后有几年之久,一个胖胖的、性格粗犷的先生悄悄地溜进服饰商店。他没有贵族人的穿戴,他勤奋地倾听威尼斯人讲话。为了便于观察可疑的人,他坐在酒柜里边。到了晚上,他就花很多时间给异端裁判所的审讯官们写侦察报告。在这些不光明正大的情报上署的名字都是安格洛·普拉托利尼。这是一个被减刑的密探与过分殷勤的小特务的假名字,此人为了几个金币把一些陌生人送进了同一座监狱,这是他自己在青年时代就很熟悉的监狱,而且他对这座监狱的描写使他早已成名了。是的,这是从穿戴华贵的骑士冯·塞恩加尔特、女人们的宠儿,从油光闪亮的诱奸者卡萨诺瓦,变成了赤裸裸的低级暗探和恶棍。从前戴钻石戒指的手现在在肮脏的事务中挖掘,对身边接近的人喷洒墨水毒汁,发泄狠心,直到威尼斯一脚把这个纠缠不休的无事生非之徒踢开为止。在此以后的若干年里一直没有关于他的消息,因此谁也不知道,这辆半旧的残破车子在最终撞毁在波希米亚之前,是走在哪一条悲惨的道路上的。我们只知道,这个老冒险者还曾经又一次在欧洲漂泊流浪。他在贵族面前欢蹦乱跳,围着富人们巴结奉承,还很想展示一下赌博骗人、犹太人的神秘教义和撮合通奸的旧有伎俩。然而他的青春、厚颜无耻和自信的保护神都已离他而去,女人们都在恶意地讥诮他长了满脸皱纹。他再不能攀附高门,他苟延残喘,艰难度日,到驻维也纳领事那里当了个秘书(很可能又是当侦探)。可怜的抄录员,在欧洲各个城市里他成了没有用途,不受欢迎,不断地被警察勒令出境的客人。最后他想在维也纳与一个卑微的女人结婚,为的是借助她的有利可图的职业而在某种程度上得到保护,但是这件事他也失败了。后来有个富有的伯爵瓦尔特斯坦,也是神秘学的信徒,在卡萨诺瓦曾经寄食过的巴黎的一个布告牌旁偶然间很同情地结识了这位——

三作家传

从海岸到海岸漂泊的诗人，

　　波涛的可怜玩物和遇险后的废品。

　　他对这个健谈、落魄但依然很愉快的玩世不恭者很感兴趣，便出于怜悯收他作为图书馆员——换句话说就是宫廷丑角——带往杜克斯了。年薪是一千古尔登，不言而喻早被债权人扣掉了，无须多付款就买到这么一个古怪东西。于是他便在杜克斯生活了，或者更好的说法是：消逝了十三年之久。

　　他的形象从多年渺茫难寻的阴暗中突然出现在杜克斯了。卡萨诺瓦，或者不如说是引起对卡萨诺瓦回忆的东西，也就是他的木乃伊，已经风干了，干瘪了，瘦削如柴了，只是通过自己的胆汁还保存了下来，这是伯爵老爷喜欢给客人们看的一件特别展品。客人们都认为，这是一个燃烧完了的火山口，是一个好玩的，没有危害的，由于其南方人的狂暴易怒而使人感到滑稽的侏儒。在波希米亚的这个鸟笼里，由于无聊，他慢慢走向毁灭了。然而，这个骗子老手又一次愚弄了世人，就在大家都认为他已经了结了，已经是进公墓和棺材的候补人的时候，他却用回忆又一次建立起了他的生活，并且施展阴谋，冒险进入了永存不朽。

老年卡萨诺瓦的肖像

> 这是我给现在世界的另一副面容。寻找我吧！但不要找现在的我，不要找从前已经结束了的我，不要找过去腐烂了的我，而要找未来的我。
>
> ——卡萨诺瓦为自己的老年肖像题词

1797 年,1798 年,残酷的革命扫帚结束了骑士风度的世纪。信仰基督教最虔诚的国王和王后的人头都落进了断头机的筐篓里。一个科西嘉人小个子将军把数以百计的大小王公诸侯,连同威尼斯的审讯官先生们都赶去见鬼了。人们都不再去读百科全书,不再去读伏尔泰和卢梭,而是读起了厮杀残酷的战事公报。圣灰星期三那天尘埃弥漫了整个欧洲,狂欢节结束了。还有洛可可风格,连同钟式裙子和施发粉的假发,还有银质纽扣和布鲁塞尔的精工针织花边都结束了。人们都不再穿天鹅绒裙子,而只穿军装或者市民服了。

然而奇怪的是,现在完全躲在波希米亚最昏暗角落里的那个矮个子老人忘记了时间。正如 E. T. A. 霍夫曼的传奇里那个骑士格鲁克先生一样,在天气晴朗的日子里,这个色彩绚丽的怪人在那里笨重地步行。他身着镀金纽扣和黄色圆领口花边的天鹅绒背心,脚穿的是纯丝的绣花袜子,上边有装饰花纹的吊袜带,头上戴的是豪华的白色翎羽帽。他从杜克斯王宫经中间拱起的鹅卵石路面正向城里走去,这个怪人还依照旧习惯,头后边戴着一个发囊。说实在的,上发粉的技术很差劲。(他已经再没有用人!)他气派威严地用颤抖的手拄着一根老式的金尖藤子手杖——就像1730年皇宫里所使用的那样。千真万确,这个人就是卡萨诺瓦,或者不如说,是他的木乃伊。他还一直活着,尽管他贫困、烦恼和患有梅毒。他的皮肤如同羊皮纸一样,不住颤动的嘴巴流淌着涎水。嘴巴上边是钩状鸟喙一样的鼻子,眉毛如丛生的杂草,显得蓬乱,而且已经银白。所有这一切都散发出衰老、腐朽和在胆汁与书卷尘土中枯干的气味。只有漆黑的眼睛还流露出原有的焦躁不安,并且还向低垂半闭的眼睑前边射出凶狠而锐利的目光。但是他很少左顾右盼,只是嘴里粗暴地咕咕哝哝,向前走去。自从命运把他抛到波希米亚的这个粪堆上以来,卡萨诺瓦的心绪一直不好,再也没有好起来过。这里有什么好看的,对这些傻乎乎的看热闹的人,对这些长个大嘴巴,波希米亚—德意志的吃土豆的人,看上一眼也是太多了。他们鼻子向前伸出从来没有超出过村子里的粪堆,对于这位冯·塞恩加尔特骑士——他曾经追击过波兰的侍从长官,而且还一枪打中了那位侍从长官的肚子,为此教皇曾经亲手授予了他金马刺——也从来没有表示过相称的敬意。尤其令人气恼的是,女人们也都不尊重他了,而且还用手捂住嘴,为的是不爆发出土里土气的粗野笑声。她们都明白自己为什么要发笑,原来使女们都给牧师讲过,说这个年老的风湿病人喜欢在裙子下边抓摸她们,还用令人难懂的语言喋喋不休地给她们的耳朵里灌些废话。但是无论如何,这群粗俗的人总还是比家里的那些可恶的无赖狗腿子要好一些。他得听任他们摆布,"必须忍受驴子们拳打脚踢",这首先是指总管家费尔特基希纳和他的左右手韦德霍尔特。那真是一伙流氓!昨天他们又故意给他的菜汤里加盐,给他烧煳通心面,从他的房间里撕下画像并且挂到厕所上边。他们这些坏蛋还胆敢打罗根多夫伯爵夫人送给他的那只有黑花斑的小母狗,就因为那个可爱的小动物到各个房间里拉屎撒尿。啊,美好的时代哪里去了? 在那个时候,决不容忍这帮无赖用人如此无礼骄横,而是会把他们隔离起来,砸烂这些坏蛋的骨头。然而由于有了这个罗伯斯庇尔,这些无赖都到了最上面。雅各宾派把时代弄成了一团糟,因此,他也就成了一只掉了牙的可怜老狗。现在他整天诉说,嘟嘟囔囔,叽叽咕咕,于事无补。——因此,最好还是唾弃这些无赖,回到上面房间里,读他的贺拉斯去吧。

可是今天这个木乃伊丢开一切烦恼,像个木偶似的颤抖着,迈着沉重脚步匆匆忙忙从一个房间走向另一个房间。他穿上旧时的宫廷服装,佩戴着勋章,梳理装束都清洁整齐,连一点灰尘也没有。这是因为伯爵老爷通知说,他的大驾今天要到特普利茨这里来,要把德·莱恩亲王送来,此外还有几位贵族老爷同行。他们在餐桌上都要用法语交谈,为此那一伙心怀嫉妒的侍役都对这个木乃伊气得咬牙切齿,但还是得给他服务,低头哈腰好好地把杯盘食品端上来,而不是像昨天那样把烧焦烧煳、粗劣发酸的东西给他扔到桌子上,如同给一条狗喂骨头那样。的确,今天中午他要与奥地利的宫廷侍臣们一同坐在大餐桌旁边。这是因为如果有位连伏尔泰先生也曾屈尊关注，国王和王后都格外重视的哲学家到场，那么，宫廷侍臣们还是会尊重他有教养的谈话，会洗耳恭听的。很可能等到女士们一退席，伯爵和亲王就会亲自来请我朗读一份手稿里的东西了。肯定的，他们会来请我，费尔特基希纳先生，您这个坏东西，高贵的瓦尔特斯坦伯爵和德·莱恩亲王元帅会请我把我那非常引人入胜的经历中的某个章节朗读一下，我兴许会那样做的——兴许会的！这因为我不是伯爵老爷的仆役，所以我没有听从呼唤的义务。我不属于仆役那一伙，我是客人，我是图书馆员，因此，我与他们在地位上是 au pair（平等的）。——现在，你们不知道，这意味着什么，你们这些雅各宾无赖。不过我要给他们讲几个名人逸事。啊呀！是讲我老师克雷比荣的几件有趣小事呢，还是讲几个威尼斯类型颇有刺激性的故事呢？——现在我们都是贵族，所以我们彼此都能够理解得很精细。他们会爽朗大笑，会畅饮深黑色浓浓的勃艮第葡萄酒，就如同在基督教国王陛下的宫廷里一样，会谈论战争、炼金术和书籍，而尤其会让讲讲某个老哲学家关于世界和女人的事情。

这个矮小、干枯和恼怒的怪人由于诽谤和傲慢而两眼闪射光芒，他激动地穿过了敞开门的大厅。他把假宝石——一个英国犹太人早已占有了真宝石——围镶在他的十字勋章上，他小心翼翼地给假发上发粉，还在镜子前边练习路易十五时代宫廷里原先表示尊敬和行鞠躬礼的方式（和这些庸俗人待在一处使他已经忘记了各种礼貌教养）。当然他的脊背已经严重弯曲了，他把自己这辆旧手推车放到各种邮车上,拉来拖去,纵横全欧,三十七年之久没有受过惩罚。而且天晓得,女人们还从他身上取得了多少精力。但是至少他脑袋里的机智还没有流失点滴,他还会给老爷们消闲解闷,还能引起老爷们的重视。他的书法是螺纹状圆曲线形的,略微有些震颤。他还在手工制的粗纸上用法语为德·雷克公主抄写了一首欢迎短诗,此外他还为票友舞台上演他的新喜剧作了一幅气势宏伟的画。在杜克斯他也没有忘记,哪些是属于他的,他懂得以一个骑士的身份受到一个文学爱好者集会的充满敬意的接待。

实际上,就在车声辚辚,贵客临门,他那有风湿病的双腿一瘸一拐地走下高高的台阶的时候,伯爵和他的宾客们都已经漫不经心地把帽子、外套和皮大衣扔给了仆役们。他们都按照贵族的方式拥抱他,并且把他以著名骑士冯·塞恩加尔特的身份介绍给了应邀出席集会的先生们,同时盛赞了他的文学功绩。于是妇女们争先恐后地前来与他相邻而坐,同桌进餐。杯盘还没有撤离,笛声已经开始。正如他所预料的那样,在他令人无比兴奋地讲述生平以后,亲王就宣布说,先生们和女士们异口同声地请求从这些无疑要成名著的回忆录中选出一个章节进行朗读。对于一切伯爵中这个最值得尊敬的伯爵的愿望,对于他的仁慈的恩主的愿望,他怎么能够拒绝呢?于是这位图书馆员先生便急忙上楼回到房间里,从十五个大开本中取出来那个带丝绸带子的本子,因为这里边说到首饰和室内艺术珍品。这是很难得不必顾忌女士在场听的一本,它讲的是逃离威尼斯的监狱。这段无与伦比的冒险,他已经多次给大家讲过了,给巴伐利亚和科隆的选帝侯们讲过，给英国的贵族社会讲过，给华沙的宫廷也讲过。然而他们应该看到，像卡萨诺瓦这样的人所讲的，与人们大肆吹嘘自己监狱生活的那个令人生厌的普鲁士人冯·特伦克所讲的是不同的。这是因为新近他又增添了几处转折，内容便显得错综复杂，令人惊异。最后他选取神圣的但丁著作中一段引语作为结束。这次朗读博得了暴风雨般的掌声，伯爵拥抱了他，同时左手还把一袋杜卡特金币装进了他的口袋。鬼才知道他会不会恰当地使用这些钱，因为即令全世界都忘记了他，他的债权人也会对他跟踪追寻，直到天涯海角。现在看呀，这是真的，就在公主亲切友好地为他祝福，大家都为他这部著名杰作即将完成而向他祝酒的时候，几颗大泪珠从他的面颊上流了下来。

　　但是到了第二天，啊，可就糟了。马匹都已经迫不及待地套上了马车，有些单驾四轮轻便马车已经在门外等候了，原来高贵的女士们和先生们就要启程前往布拉格去。图书管理员先生尽管做了三次深情的暗示，他乐于到他们去的地方接受任何紧急任务，但是还是没有人带他走。他只得留在杜克斯的这所空旷、冷清、破旧、穿堂风不停的石头房子里，被移交给了那个粗暴的波希米亚人仆役头目。这个头目刚刚还在马车后边低头哈腰地给伯爵送行，现在就又满脸堆出来愚蠢的嘲笑。周围都是些野蛮人，再没有人会讲法语和意大利语了，再没有人懂得谈论阿里奥斯托①和卢梭了。他又不能总是给那个在萨斯

----

　　① 路·阿里奥斯托(1474 — 1533)，意大利著名诗人，写有大量的诗歌和戏剧，其代表性作品为叙事长诗《疯狂的罗兰》。

劳的妄自尊大的种马奥皮茨先生和那几位还乐于给他通信荣幸的夫人写信。于是无聊又像灰色的烟雾一样沉闷,笼罩在无人居住的房子上,令人昏昏欲睡。昨天忘掉了的风湿痛现在加倍猛烈地在腿里边发作起来,卡萨诺瓦嘴里嘟嘟囔囔,他脱下宫廷服装,又把土耳其式的粗毛线晨服裹在冻得疼痛难忍的骨头上。他喃喃自语,钻进他唯一的避难所也就是回忆里去了。他走到写字台后边,写字台上展放着大开裁好的白纸,纸的旁边是削好的羽毛笔,纸张被翻得沙沙作响,等候使用。现在他在呻吟中坐下身来,用颤抖的手持续不断地——这是隐蔽的无聊在驱使他——写出他自己的生平史实。

原来在这个骷髅般的额头后边,在这层木乃伊一样枯干的皮肤里边,还清新旺盛地活跃着天才的记忆力,就如同在核桃骨质的外壳里有白净的核桃仁一样。在前额与头的后部之间这个小小的骨头容积里,一切都还是完整无损和洁净得一尘不染地存放着。那就是他闪烁有神的眼睛,呼吸的宽大鼻孔,还有强硬而且贪婪的双手在千百次冒险艳遇中所贪得无厌地攫取到的东西。他的患风湿关节炎的手指每天要用鹅毛笔奋笔疾书十三个小时("十三个小时,我觉得过十三个小时如同过十三分钟一样"),他还能回想起从前纵情享受地抚摸过那些女人光滑柔嫩的身体。他当年的情人们那些已经发黄了的书信、备忘录、卷发器、账目和纪念品都杂然并陈,堆放在桌子上。正如火焰熄灭以后银灰色的烟气还飘荡不止一样,现在从他褪了色的回忆中也还飘散出看不见的云气和温馨气味。每次拥抱,每次接吻,每次委身都从他这个色彩绚丽的魔术幻影中摇曳而出。不,这种对往昔的召唤可不是工作,这是乐趣——"回忆肉体享乐的愉快"。这个患风湿关节炎的白发老人目光炯炯,急迫而激动地颤动着嘴唇,他喃喃地自言自语,这是新编造的半回忆性的对话。他不由自主地模仿起了当年的声音,甚至还为自己的戏谑之言放声大笑起来。当他面对镜子进行回忆,梦想自己变得年轻起来,亨利埃特、巴贝特、特蕾泽都笑盈盈地飘然来临的时候,他就忘记了饥饿、贫穷、不幸、屈辱、阳痿,忘记了种种痛苦和老年的可憎之处。也许他对招魂术中显现的她们比亲眼看到过的她们更为欣赏。他就这样写呀,写呀,用手指和鹅毛笔谈情说爱,就像当年与光彩照人的肉体交欢一样。他迈着笨重的脚步来回走动,他朗诵,他放声大笑,他完全忘乎所以了。那些笨蛋仆役都站在门前,咧开嘴瞅着他笑:"这个外国佬傻瓜是和谁在房子里说笑呢?"他们讥讽地指点他的前额,嘲笑他的思想杂乱无章。然后他们便闹闹哄哄下楼饮酒去了,留下这个老头儿独自一人待在他的屋顶阁子间里。世界上再没有人了解他了,最邻近的人不了解他,最遥远的人也不了解他,他这只年老而愤慨的苍鹰独居在杜克斯的塔楼里,就像立在雪山的巅峰上一样。没有人想到他,也没有人认识他。最后老人耗干了破碎的心,在 1798 年 6 月底砰然爆裂了。在他那被上千名妇女热情拥抱过的身躯殡葬入土的时候,教堂还不知道如何在登记簿上填写他的真实姓名。他们填写的是个假名字:"卡萨纳斯,威尼斯人,终年84 岁。"这个年龄也是错误的,邻近的人对他也是很陌生的。没有人关心他的墓碑,也没有人关心他的著作。在遗忘中他的身体腐烂了,在遗忘中他的书信腐烂了,在遗忘中他的许多卷作品都流散到各地盗窃成性但又不知重视的人的手里。在从 1798 年到 1822 年这四分之一个世纪里,好像没有什么人是像他这个精力充沛的人中精力最充沛的人这样死去的。

自我描述的天才

问题就取决于要有勇气。

——序言

他的生平是离奇的,他的复活也是离奇的。1820 年 12 月 13 日——这时还有谁知道卡萨诺瓦的情况呢?——颇有名气的出版商布罗克豪斯收到一位默默无闻的根策尔先生来的信,问他是否有意发表《我在 1797 年以前写的诗》——作者是一位同样默默无闻的卡萨诺瓦先生。无论如何,出版商还是让他把大开本子的手稿送了过来,并且交给专家们进行研读。人们可以想见,专家们是多么兴奋鼓舞呀!于是手稿立刻被出版商收购了下来。接着便是进行翻译,很可能还做了重大的改动,为了适应习俗做了修整,贴上了无花果树叶。出到第四册的时候,成功的名声已经遐迩皆闻了,以至有个精明的巴黎盗版商人把这本由法语译成德语的作品又回译成了法语,当然这样就加倍地失真了。布罗克豪斯这方面是野心勃勃

　　　　　　三作家传

的,于是就用自己的法译本对巴黎的法语回译本展开了攻势——简而言之,这个变年轻的贾科莫又活跃地生活在各个国家和所有的城市里了。只有他的手稿被隆重地装进布罗克豪斯先生的保险箱中了。因此,也许只有上帝和布罗克豪斯知道,这么多卷大开本的手稿是通过什么秘密途径和盗窃方式而能够到处流传二十三年的,其中有多少已经遗失了,多少是被断章取义地使用,多少是被掺假伪造了,以及多少是被改头换面了。这整个事件,作为卡萨诺瓦的真正遗产,渗透了神秘、艳遇冒险、欺诈等不法行为的气味。然而现在我们拥有了这么一部在古今历代里最肆无忌惮和精力最盛的艳遇冒险长篇小说,这件事本身就是一件令人十分兴奋的奇迹呀!

卡萨诺瓦本人可从来不相信这种怪异现象。"七年以来,我除了写我的回忆录以外,什么事情也没有干过。"这位患风湿病的隐居者曾经坦白地说,"把这项工作进行到底,对于我来说,已经逐渐变成了我的需要,尽管我很懊悔,自己开始写回忆录。但是我写回忆录的希望是:我的历史将永远不会与公众见面,此外,卑劣的书刊检查——精神灭火器——是永远不会允许印刷的,这样,我希望在我最后的疾病中能理智起来,让人当着我的面把我所有的本本都一焚了之。"幸好,卡萨诺瓦是忠实于自己的,他从来没有变得理性起来。而且他那"瞬间的脸红"——正如他曾经说过的那样,本来就是因为他不曾脸红过而脸红的——没有能够阻止他去墨水瓶中用劲蘸饱鹅毛笔,日复一日地每天花费十二个小时,用美观、圆润的字体,在新裁的大尺寸纸张上不停顿地编述虚构的荒诞故事。这些回忆确实就是"使人不精神错乱，或者不因为恼怒而死的唯一灵药——这些恼怒是因为那些与我一起生活在瓦尔特斯坦伯爵宫殿里的嫉妒心重的无赖引起的不愉快和日常烦恼而造成的"。

宙斯做证，这是出于卑微的动机，写回忆录被当作是驱赶无聊的蝇拍，被看作医治脑力老化的手段。然而我们切不可轻视无聊是塑造形象的脉搏和活力。为了堂吉诃德我们感谢塞万提斯在监狱中度过的那些沉闷空虚的岁月，为了许多精美的篇章我们感谢司汤达在奇维塔韦基亚的沼泽地带的流亡岁月。只有在 Camera obscura 即人造的暗室里才能形成色彩最美的生活图像。如果瓦尔特斯坦伯爵把善良的贾科莫带到了巴黎或者维也纳，给他过量的饮食，让他闻到女人肉体的气息，如果在沙龙里人们对他表示有风趣的敬意，那么，这些轻松愉快的故事就可能在用巧克力和冰水果汁的时候仅供闲聊，也就永远不会形诸笔墨了。

但是现在这头老獾坐在波希米亚的本都①，冷清清独自一人不住地讲述，仿佛他是刚从死亡的王国里返回来一样。他的朋友都死去了，他的艳遇冒险都忘却了。再没有人向他表示尊重和敬意，也没有人再听他说话了。于是这个老魔术师为了向自己证明他还活着，或者是至少他生活过——"vixi, ergo sum"——才又一次施展犹太神秘教的本领，把过去的人物形象召唤出来。饥饿的人用烤肉的香味来养活自己，战争和性爱的伤残人则以讲述自己的艳遇冒险来

---

① 本都，现土耳其北部临黑海地区，亚历山大于公元前 4 世纪末在这里建立本都王国，后来被庞培定为罗马帝国的一个行省，历来被用作比喻遥远荒僻的地方。

养活自己。"我在想到那些事情的时候,就重温到了当初的愉快。但是我嘲笑过去的穷困,因为现在再也感觉不到那些穷困了。"卡萨诺瓦只是给自己端正地放上了过去时代的五光十色的西洋镜,这是个白发老人的玩具。他想通过色彩缤纷的回忆来忘却当前的不幸,除此以外,别无他求。也正是对于一切事情和一切人的这种完全无所谓态度赋予了他的作品一种作为自我描述的独特的心理学价值。这是因为其他人讲述自己的生平几乎总是有自己的目的,总是有些解剖实验室的味道。他站在舞台上,观众就确信无疑,他会无意识地熟练表现出一种特别姿态,一种令人感兴趣的性格。著名的人物在所写的自我描述里从来不是无所顾忌的,这是因为他们的传记从一开始就与在无数人的幻想中和经历中已经存在的一部他们的传记形成了对比。因此他们被迫违背本意,使自我描述的风格靠近那部已经存在的传记。名人为了自己的荣誉,必定要顾及他们的国家,他们的子女,顾及道德、敬畏和声望——可见情况总是这样:谁属于许多人就要受到许多约束。然而卡萨诺瓦却可以享受到最彻底狂放不羁的奢侈。他不为家庭担心,不为伦理道德担心,也不为事业担心。他把他的子女作为布谷鸟的蛋都下到陌生的巢穴里了,曾经和他睡过觉的女人都在意大利、西班牙、英国、德国等国家的地下边早已腐烂了。他自身不受祖国、故乡及宗教的约束——见鬼去吧!现在还让他去爱护谁呀!至少他该爱护他自己吧!他所讲述的东西对他不会再有什么用处,也不会对他再有什么危害。因此他便质问自己:"为什么我不可以是真诚的呢?人永远欺骗不了自己,所以我只是为自己写作的。"

对于卡萨诺瓦来说，做到真诚并不是要做出绞尽脑汁和深思熟虑的样子，而是十分简单：做到无拘无束，无所顾忌，不怕羞耻。他脱下衣服，赤身露体，使自己愉快。他把枯萎的身体又浸泡在性欲的暖流里，他便在他自己的回忆中高兴得放肆地拍打戏水，而对现有的观众和想象中的观众都表现出极度的毫不在意。他不是像作家、元帅或者诗人那样，用讲述自己的冒险艳遇来取得荣誉，而是如同一个流氓无赖那样来讲述自己如何持刀斗殴，又如同一个年老色衰、感情郁结的交际花那样来讲述自己的幽会时刻，完全没有羞愧的障碍，也没有复杂的思虑。"Non erubesco evangelium（我不为我的信条脸红）"——就是他的 Précis de ma vie（《生平记略》）所遵奉的格言。他既不鼓起腮帮子自吹自擂，也不懊悔地斜着眼偷看未来，他直截了当开门见山。因此他的书就成了一部最不加掩饰、最朴实无伪的世界史，具有非道德者身上那种直率、真实、古代的坦诚，这是不奇怪的。但是他的书可能产生粗鄙淫荡的影响，并且使男子以运动员自我欣赏的虚荣心对温柔体贴的女子有时候过分显露生殖器的肌肉。不过这种厚颜无耻的炫耀比起卑怯地想法子消除性欲和对艳遇殷勤得腰酸背痛来要好上一千倍。他那个时代其他的性爱小册子诸如什么格雷库尔、克雷比荣或者某些法布拉的那些有玫瑰颜色和麝香气味的、伤风败俗的东西，在他们那里性爱穿的是乞丐似的牧羊人衣服，而爱情是作为淫荡的补空凑戏的东西出现的。那是一出既生不了孩子，也得不了梅毒的风流剧。我们将那些小册子同这些对人性和基本天性进行深入评价而做出直率的精确的和从健康而且放肆的享乐中膨胀起来的描述比较一番。在卡萨诺瓦的笔下，男人的爱情不是表现为轻柔的，蓝色的，可供仙女们取凉嬉戏的溪水，而是表现为巨大的，自然形成的洪流。这洪流在水面上映照出世界，同时在水底深处挟带着人间的种种污秽和泥沙。他对男子性欲引起的惊恐混乱和产生的疯狂膨胀所做的说明是任何其他作家所比不了的。现在终于出现了这么一个人，他有勇气描述男性爱情中灵与肉的混杂。他不只是讲述多愁善感的事件，如闺房内私通之类，而是也讲述烟花柳巷的艳遇中赤裸裸的纯肌肤之亲的性关系，讲述每个真正的男人都经历过的全部性的迷宫。这并不是说其他伟大的自传作家——例如歌德或者卢梭——所做的自我描述都完全是不真实的。但是由于讲一半留一半和隐而不露，那里边也是有不真实的。这两位作家或是有意遗忘，或是驰心旁骛的遗忘，都小心翼翼地绝口不提他们爱情生活中不大体面的纯性爱的插曲，为的是详加论述他们与克勒尔欣及格蕾特欣等人之间多愁善感或者激情满怀的谈情说爱。然而他们这样就不自觉地把男人性爱的真实形象理想化了。歌德、托尔斯泰以及通常不大拘谨的司汤达对于无数次赤裸裸的床上艳遇和与流浪美人幽会——世俗的，过分世俗的幽会——都是一带而过，或是心有愧疚地跳过。如果没有这么一个放肆而真诚，华丽而无耻的家伙，这个现在完全揭开帷幕的卡萨诺瓦，那么，世界文学中就会缺少男子性行为的一个完全诚实和非常复杂的形象。人们终于在卡萨诺瓦的笔下看到了全部性欲传动机构在性行为中的活动情况。在淫荡变成了肮脏、泥泞和沼泽的地方,连世界也是在肉体中的。卡萨诺瓦在性感生活中不仅讲的是真实情况,而且——这是无法估量的差别!——说出了他的爱情世界的全部真实情况,只是真实得如同实际一样。

卡萨诺瓦讲的真实吗?——我听到语文学家们愤怒地从座位上往前移动了,在最近这五十年里他们把机关枪冲着他的历史性谬误开火,并且使得许多重大谎言都失去了效力。但是不要急,慢慢来!毫无疑问,他这个精明过人的骗子,这个职业性的谎言老手和车轮修理工在回忆录里的洗发牌上也做了手脚——il corrige la fortune(他修改了命运)——他使得常常是慢腾腾的偶然事件迅速活跃起来了,他用被贫困研磨成粉末的幻想给他那些刺激性欲的有趣故事进行装扮和修饰,添加胡椒粉和香料,至于那些故事甚至他自己也是不知道的。不,不能认为他是个别真实情况的狂热信仰者,不能认为他是一个可以信赖的历史学家。愈是仔细地考核我们善良的卡萨诺瓦的科学性,那么,他便愈是深刻地欠缺科学性。然而所有这些零碎骗局,例如年代差错,故弄玄虚,轻浮放肆,这些随心所欲的和常常是有理由的遗忘,全都抵不上回忆录中惊人的,而且几乎是唯一的生活整体的真实性。毫无疑问,卡萨诺瓦集中了艺术家、时代和空间三者无可争辩的权利。他使得重大事件更为感性化了,对个别事件他还进行了充分利用。但是,这与他把自己的生平和时代作为一个整体来看待的那种诚实、公开、眼光敏锐的风格相比算得了什么呢。不只是他自己,而是还有一个世纪都突然活跃在舞台上了,同时把社会与各民族的所有阶级

　　　　　　　　三作家传

和阶层,把一切地方和领域都色彩斑斓地卷进了戏剧性的,因对比而紧张的,带电的插曲中,形成了一幅无与伦比的风俗画和粗俗画。他有一个显而易见的缺点,就是见识不深,这使得他的观察方式对于文化研究来说很有文献性。卡萨诺瓦不是有所领悟地从丰富现象中发掘出根源来,并且进而使现象的总和失去感性。不,他让一切事物都在偶然事件中如同生活本身一样真实地杂然并陈,松散无序,不进行储存,也不进行晶化。在他的笔下,只要能使他感到愉快,那么,对于一切事物的重要性他都是等量齐观的——这就是对他的世界的唯一的价值判断! ——他不懂得重大和轻微,在道德方面不懂,在实际生活方面也不懂,他也不懂得善与恶。因此,他对与腓德烈大帝的谈话所进行的描述,一点不比此前对一个普通妓女的谈话所做的十页描述更为详细。他同样实事求是和完全彻底地来描写巴黎的妓院和女沙皇卡捷琳娜的冬宫。他觉得在法老牌中赢了几百个杜卡特金币,或者在与他的杜布瓦或海伦娜相处的夜间有多少次是胜利者,这与给文学史保存下来的与伏尔泰先生的谈话是同样的重要。他不给世上的事物添加道德的重要性或者美学的重要性,因此重要性一直美妙地处于自然的均衡状态。就理智上说,卡萨诺瓦的回忆录并不强于一个聪明的普通旅游者穿越最引人入胜的现实生活地区的笔记。

诚然正是这一点使得他的回忆录没有深邃的哲理,但是同时却使他的回忆录成了一部历史导游手册,一座18世纪的宫廷,一种有趣的丑闻纪事,一个世界编年的完整的横切面。通过其他任何人都不如通过卡萨诺瓦来了解18世纪的日常生活现象,也就是文化现象,当时的舞会、剧院、咖啡馆、城堡、旅店、赌场、妓院、狩猎场、修道院和要塞。通过他,我们可以了解到在那个时候如何旅行,如何进餐,如何赌博,如何跳舞,如何居住,如何谈情说爱,如何消遣娱乐,风俗道德如何,教养举止如何,言语风度如何以及生活方式如何。而在这些丰富多彩的事实,也就是客观的生活现实情景之外,还可以了解到那些喧哗嘈杂,不住地轮番出现的各色人物。那些人物足够写作二十部长篇小说,可以供一代的,不,可以供十代的中篇小说家使用。那些人物是多么丰富呀!有士兵和亲王诸侯,有教皇和国王,有流浪汉和赌场骗子,有商人和公证人,还有阉人,驱赶妓女者,歌手,少女和娼妓,作家和哲学家,贤明人和愚蠢人。这是把一个个人物聚集在一本书的围栏里最有趣和最丰富的人物大汇展。数以百计的中篇小说和戏剧都借助于他的作品才写出了最好的人物形象和场景。这一座题材矿山至今依然是取之不竭的,正如曾经有十代人为了新建筑而从罗马广场取用石材一样,还会有好几代的文人学士要从大挥霍者那里借用基础和人物。

因此,对于他那不正派的天才嗤之以鼻,或者为了他非法的寻欢作乐行为而对他进行道德指责,或者干脆吹毛求疵地指评他在哲学上的琐碎问题,都是毫无意义的。毫无意义,毫无意义!现在这个卡萨诺瓦已经属于世界文学了,就像他绞刑架上的弟兄维庸①和其他形形色色大不光明正派的人一样,而且他将比无数有道德的作

①　弗朗索瓦·维庸(1432—1463?),法国诗人,曾因犯罪、杀人多次入狱,1462年因斗殴被判死刑,后被赦免,被逐出巴黎。

　三作家传

家和法官的生命更长久。正如在生活中那样,在节庆之日过去以后,他就把各种通用的美学规则引向荒谬了,把问答体的道德教科书放肆地弃掷于桌子下边了。他的影响的长期存在就证明了,一个人要闯进不朽的文学圣殿,并不是必须有异乎常人的天赋、勤奋、文雅、华贵和高尚。卡萨诺瓦证明了:一个人不是作家,但可能写出世界上最使人感兴趣的长篇小说;一个人不是历史学家,但可能编写出最完整的时代画像。因为最后的判决从来是不问方法,而是只问效果的;从来是不问德行,而是只问力量的。每一种彻底的情感都可能变得有创造性,厚颜无耻和羞愧的感情一样,性格刚强和没有个性一样,恶毒如同善良一样,道德如同不道德一样。对于永存不朽起决定作用的从来不是一个人的感情形式,而是一个人丰富充实的程度,只有感情的强度能够使其永存不朽。一个人生活得愈是坚定刚强,充满活力,始终一贯,卓尔不群,那么,他便能使自己表现得愈是完美充分。这是因为永存不朽对于合乎道德与不合乎道德是不感兴趣的,对于善良与邪恶是不感兴趣的。永存不朽只衡量工作和力量,它要求的是人的统一一致,而不是人的纯洁、典范和形象。对于永存不朽来说,道德一文不值,精神强度才是一切。

申文林　译　高中甫　校

司汤达

我过去是什么人？

我现在是什么人？

我无法说清楚。

——司汤达:《亨利·布吕拉尔》

爱好撒谎和喜欢真理

我最喜欢的是戴上一个假面具和改变我的名字。

——摘自书信

很少有人比司汤达说的谎话更多和更狂热地蒙骗世界了,也很少有人比他更好和更深刻地说出真理了。

他的假面游戏和欺骗行径多得不可胜数。还在人们打开一本书之前,第一个骗局就从封面或从前言中蹦了出来,因为作者从来就没有老老实实和直截了当承认亨利·贝尔是他的真名实姓。他时而擅自给自己加了一个贵族称号,时而装扮成"凯撒·邦伯"或者给他起首的两个字母 H. B.添加上一个神秘的 A. A.,没有一个魔鬼能猜到极度简单的 A. A.竟是"ancien auditeur",用最好的德语表达是:前国家法庭助理办案人员。只有在隐姓埋名中,只有报个假名假姓他才感到安全。有一次他扮作一个奥地利领养老金的人,另一次他装作一个"前骑兵军官",而他最喜欢用使他的同胞迷惑不解的名字:司汤达(这是一座普鲁士小城的名字,它以它的狂欢节多变无常而不朽)。如果他写下一个日期,那可以发誓说,它肯定不正确,如果他在《巴马修道院》的序言中称这本书是他自 1830 年,而且是在离巴黎二百英里远的地方写就的,那这种恶作剧并不能掩饰,实际上这部长篇是他在 1839 年,并在巴黎市中心创作的。就是在一些事实上也矛盾百出。在一份自传里他夸耀地说,他曾在瓦格拉姆、阿斯帕恩和奥依劳上过战场;但这话没有一句是真的,因为他的日记无可争辩地证明了,就在这同一时刻他还舒舒服服地待在巴黎呢。有几次他谈到他与拿破仑有过一次长时间的重要的交谈,但,简直是场灾难,就在他日记的下一卷里人们读到极为可信的自白:"拿破仑不与我这类的傻瓜谈话。"这样人们就必须对司汤达的每一种单独的表述小心对待,而他的书信出于对警察局的所谓畏惧尤其令人怀疑,信上的日期基本上都是错误的,每一次署的都是假的名字。当他惬意地在罗马散步时,他肯定把寄信的地点写为奥尔维多;当他说他是从贝藏松发信时,他在那一天却真的是在格勒诺布尔。有时是年代,多是月份都是错误的,而署名却几乎是有规律地弄虚作假。但他这样做并不是像某些人所认为的那样,仅仅是出于对奥地利警察局中黑囚室的恐惧,是警察局迫使他玩这套装疯卖傻的把戏;而是出于对诈骗的一种天生的、原始的乐趣,喜欢出人意料、乔装打扮和把自己隐藏起来。他玩起故弄玄虚和隐姓埋名来就像出色地舞起一把闪闪发亮的宝剑一样,只为了不让任何好奇者靠近他,他从没有隐瞒过他对欺骗和诡计的一种狂热的嗜好。有一次,当一个朋友在一封信里愤怒地责备他不光彩地欺骗了他时,他泰然自若地在抱怨者的来信旁边注上:"对的,是这样的!"他头脑灵活和怀着嘲弄的乐趣虚构出他的供职年限,他时而效忠于波旁王朝,时而是对拿破仑忠贞不贰,在他所有那些印出的和私下保存下来的文章中,不准确地方之多有如沼泽中的鱼卵。他故弄玄虚的骗人之举,其最后——所有谎言之最——就是按其遗嘱表明的希望甚至把它刻在蒙马特尔公墓他的大理石墓碑上。在那儿直到今天仍然可以读到这段骗人的碑文:"阿里戈·贝尔·米兰人,他的安息地,他的法语名字亨利·贝尔,生于寒酸的省城格勒诺布尔(这令他恼火)。"他还要戴着面具出现在死亡面前,他自己要为它进行浪漫主义的打扮。

但尽管如此,很少有人像这个善于伪装的大师那样向世界坦白地承认了那么多关于自己的真情实事。司汤达懂得在必要的情况下,百分之百地说真话,如他喜欢百分之百地说谎话那样。他以先是令人目瞪口呆的,经常却是令人惊愕的,随后才是超乎寻常的无所忌讳、从未有过的勇敢,大声地说出了某些最隐秘的经历和自我观察;同时另外一些经历和自我观察就在意识的门槛上匆忙地给它们披上伪装或者变戏法似的变没了。因为司汤达有同样那么多的勇气,甚至可以说是厚脸皮,像去说谎一样去说真话,他不管在哪儿都能以一种出色的果断跃过社会道德的全部樊篱,他能穿越内心检查的所有边界和关卡贩运私货;在日常生活中羞怯,在女人面前腼腆,可一当他拿起笔来,他马上就变得勇敢起来;没有什么"障碍"阻挡他了,正相反:凡是他在自身发现这样的抵抗的地方,他就抓住它们,把它们抛出来,以高度实事求是的精神去解剖它们。恰恰是生活中最妨碍他的东西,他在心理学上能最出色地加以控制。凭着直觉他幸运地——一种真正的天才运气——在 1820 年前后就已经砸开了心灵机制中一些极为精致的门闩和门锁,直到一百年之后心理分析学才用其复杂的和精巧的仪器把它们拆卸开来和重新装上。他那天生的和训练有素的心理学家的勇气一下子就超前了这门缓缓推进的科学有一个世纪之多。而他做到这点除了自己的观察之外没有任何其他实验室可供支配;他唯一的工具就是,也一直是一种锋利坚硬的磨砺得尖尖的好奇心。他观察他感受到的;而他感觉到的,他就直言不讳地和无所顾忌地说出来。越大胆越好,越是隐秘的就越是富有激情。他最喜欢的是,探究他卑劣的,他最深藏不露的情感:我只回忆;他如何经常地和如何狂热地吹嘘自己对父亲的仇恨,他如何嘲弄地写道,整整一个月他都在无望地努力,设法去感受听到他死亡消息时该是怎样的痛苦。对自己性障碍的令人极为难堪的坦承在女人方面的不断失败,毫无节制的虚荣心的危机,他把这一切是那么丝毫不差和思虑缜密地摆在读者面前,像总参谋部的地图一样:这样人们在司汤达那里就发现某些最隐秘最细微的报告,它们写得一丝不苟,袒露无遗,临床般的冷静;在他之前还从没有人说出来或者被迫泄露出来。心灵的一些最珍贵的知识在他那才智的清澈透明、自私冷酷的晶体里永远地冰封起来并保留给后世,这就是他的事业。没有这位伪装的大师我们会对情感宇宙和它的底层世界的真相所知无多。因为谁若是只有一次对自己是真诚的,那就会永远的真诚。谁若是猜出了自己的秘密,那他就为所有人认识了这个秘密。

画像

你很丑陋,但风貌不凡。

——加农舅舅对年轻的亨利·贝尔说

在黎塞留大街的一间小阁楼里,黄昏时分。书桌上两支蜡烛在燃烧,从中午时司汤达就在写他的长篇小说。现在他把羽毛笔一下就甩掉了:今天写够了! 该清醒一下,出去走动,美餐一顿,参加社交活动,谈天说地,跟女人在一起散散心!

　　他准备停当,穿好上装,戴上假发。现在他还匆忙地向镜中瞥上一眼!他打量自己,立刻就看到一道讥讽的皱褶把嘴角拉得斜斜的,不,他不喜欢自己。一张怎样平庸的,粗糙的巴儿狗的面孔,圆乎乎的,通红的,肥胖的小市民气的,啊,那个人的鼻子是那么令人厌恶的肥厚和蒜头般地横在一张外省人的嘴脸中间!那两只眼睛,虽然只是那么难看,它们不大,乌黑,炯炯有光,充满了不安的好奇,但在沉重的、方形的前额上面,在浓重的眉毛下面陷得太深了,显得太小了:像一个中国人,那时在军团里他们就因此嘲笑过他。在这张脸上还有什么好的呢?司汤达愠怒地望着自己。没有什么是好的,没有什么是温柔的,神采奕奕的,一切都是沉重的,平庸的,最恶毒的资产阶级,在这个令人厌恶的躯体上或许那颗用棕色胡须围起来的圆脑袋是最好的了:因为就在颈部下边粗大的脖子太短了,再往下,他简直没有胆量去看上一眼,因为他憎恨他那愚蠢而装模作样的肚子以及那两条短小而丑陋的大腿,它们吃力地承受着亨利·贝尔的全部重量,就是这个缘故,他的同学总是叫他“行走的塔”。司汤达还一直在镜子中寻找某些安慰。无论怎么说,这两双手值得一提,女性般的温柔,尖尖的,修饰得光滑的指甲非常灵活,它们显示出少许才气和贵族气派;还有皮肤,少女般的敏感和柔和,它们向柔弱的心灵透露出少许的高贵和细腻的情感。但是有谁看到,有谁去注意一个男人身上这样一类女性的琐细之处呢?女人一向只关注面孔和体形,她们是不可救药的俗气,缺乏教养,他50岁时就一清二楚了。奥古斯丁·菲隆称他的脸是一个裱糊匠的脑袋，蒙泽勒则形容他"有着一张药店老板的脸"；但就是这样的评语似乎对他也过于友好了，因为司汤达现在这样评判自己，他快快不乐地凝视着那面冷酷无情的镜子："Macellaio italiano.（一张意大利屠夫的面孔。）"

但这一个肥胖的大块头，至少是粗野的和男性化的就好！——有那么一些女人，她们信赖的是背阔臂壮的男人，某些时候她们伺候一个哥萨克比伺候一个纨绔子弟会更好。然而可鄙的是他知道，这副粗犷的农夫形象，这种血性贲张在他身上只是一种样子货，一种虚假的表象。在这个大块头的身上，这个男人在震颤，在摇动一束极为细腻的、几乎是病态的灵敏的神经。所有的医生惊奇地把他当作一个"敏感的怪物"。这样一种蝴蝶心灵里——简直是场灾难——竟装进去那么多的东西和脂肪；一定是某个夜魔在摇篮里换错了躯体和灵魂，因为这颗敏感得病态的心灵每一次激动时都在它那粗糙的外壳下面发冷和发颤。邻居的一扇敞开的窗户，就吓得他布遍精细血管的身上起一片鸡皮疙瘩；一扇关上的门，就会使他的神经立刻狂暴地撕裂开来；一种难闻的气味，就会使他头晕目眩；一个女人的靠近，就会使他不知所措，胆怯羞赧，或由于恐惧交往而变得粗鲁和缺乏教养。这样一种大杂烩简直不可理解！这么多肉，这么多脂肪，这么样的大腹便便，这么副笨拙的车夫骨架内竟有着一种如此精细和易受伤害的情感，这有何用；这么一个如此迟钝的、笨重的、没有情趣的躯体里竟有着一个如此复杂的和敏感的灵魂，这

三作家传

有何用？

　　司汤达从镜前转过身去。他从青年时代就知道了，这副外表不可救药。一个裁缝给他在马甲后面加了一条围腰，把那鼓起来的肚子灵巧地挤压到上面去；他用里昂的丝绸做了条出色的半截裤，以便掩盖住他那可笑的短腿，可就这样一个魔法师似的裁缝还是无济于事。能使业已发白的连鬓胡须上方富有阳刚气的眉毛变得浓黑的染发剂也于事无补；护住光秃秃前额的时髦假发没有用处，镶有金边的领事制服以及精心磨得闪闪发光的指甲依然徒劳。这些大大小小的手段只能支持一时，修饰少许，它们掩盖了脂肪和衰退，但林荫道上的女人依然没有眷顾他，从没有一个女人怀着热情望他一眼，如瑞那夫人望她的于连或夏斯特勒夫人望她的吕西安·娄万①那样。没有，她们从没有注意过他，从他青年时当少尉那会儿就没有过，何况现在——灵魂藏在肥肉里，年龄已使前额布满了皱纹。一切都过去了，完结了！这样一副面孔怎能得到女人的垂青，事已至此，没有别的可能！

　　剩下的就只有一个办法了：聪明，灵活，精神上吸引人，有情趣，把对面庞的注意引向内心，借助惊喜和言谈来进行迷惑和引诱！"Les talents peuvent consoler de l' absence de la beauté"（法文：美的缺欠可由才能弥补），机智或许能够替代美貌。人在有着一种不幸外貌时那就得从才智上去捕捉女人，因为单是审美并不能去燃起她

---

　　① 于连、瑞那夫人系《红与黑》的男女主人公；吕西安·娄万、夏斯特勒夫人系《吕西安·娄万》（又名《红与白》）中的男女主人公。

们的情欲。于是呢,在多愁善感的女人身边,要做出伤感的样子,在轻佻的女人跟前,要恣肆放纵,有时要反其道而行之,要永远地警醒,永远地机智。"让一个女人快乐就能得到她。"聪明能捕捉住每一个弱点,如果自己感到冷时,那就装作热;如果热呢,那就装作冷;通过这种转换使人瞠目结舌,通过这种伎俩,使人目瞪口呆,要永远表现得与众不同。而主要是不要失去任何机会,不惧任何冒险,因为某些时候女人会忘记一个男人的长相,甚至狄坦尼亚在一个奇特的夏夜里曾去吻过一个驴头呢①。

司汤达戴上时尚的帽子,戴上黄手套,朝镜子里试着露出一丝冷酷的揶揄的微笑。是的,他今晚就要以这副样子出现在德·T夫人的家里,讥讽的、放肆的、轻浮的和冷漠的;令人惊诧、令人关注和令人迷惑不解;说的话要像罩在令人恼火的面貌上的一个闪光发亮的面具一样。要使人目瞪口呆,立刻一下子就把注意力吸引到自己身上,这是最好的方法,把内心的胆怯掩藏在声音洪亮的夸夸其谈后面。他已经想好了一种令人为之一惊的出场,如何走下台阶:今天要由仆人在沙龙里通报商人凯撒·邦伯先生到,然后自己再出场,装作是一个喜欢饶舌、口若悬河的羊毛商人,不让任何人插嘴,喋喋不休地和厚颜无耻地炫耀他想象中的生意,直到他完全赢得了开心大笑的好奇心,直到他使女人们都习惯了他的面孔为止。然后还有趣闻逸事助兴,强烈的和愉悦的,它们燃起她们的情欲,一个黑

---

① 狄坦尼亚:仙境女王,吻驴头事见莎士比亚《仲夏夜之梦》。

三作家传

暗的角落,这有助于遮掩他那不雅的体态,一两杯潘趣酒,在午夜时分,女人们或许,或许发现他是可爱的了。

他生活中的电影镜头

1799 年,从格勒诺布尔驶向巴黎的驿车在内姆尔斯换马。激动的人群,标语牌,报纸:年轻的将军波拿巴昨天在巴黎扼住了共和国的脖子,把国民议会踩在脚下,自己做了执政官。所有的旅客激烈地争论起来,只有一个 16 岁的年轻人,宽宽的肩膀,红红的面颊,对此很少在意。共和国或执政府与他何干,他要到巴黎去,到一所综合工艺学校读书,实际上是逃离开外省,来体验巴黎,巴黎,巴黎!巴黎这个庞大的外壳里装满了五光十色的梦境。巴黎,它就是奢华,优雅,愉快,与外省相反,自由,而主要是女人,许多女人。他会突然用一种浪漫的方式认识某一个年轻的、漂亮的、温柔的、时髦的女人(或许就像格勒诺布尔那个女演员维克多莉娜·卡布里一样,他只能胆怯地从远处爱她),他要迎向惊奔的马匹把她从一辆破碎的轻便马车里救出来,他要为她做出某种事,她就成了他的情人,他沉入这样的梦想。

驿车颠簸地继续前进,无情地碾碎了这些过早的梦幻。这个男孩几乎没有向车外的风光瞥上一眼,几乎没有与他的旅伴说上一句话。驿车终于在路口的木栏杆前停了下来。随后车轮隆隆地穿过起伏不平的街道,驶入湫隘的、龃龉的、高大的房屋狭谷之中,浓烈的腐肉烂菜的气味和贫穷的汗臭扑面而来。这个失望者惊愕地望着他的梦中之地。这就是巴黎,"就是这个样子"?巴黎就是如此?他后来一再地重复这句话:在第一次战斗之后,军队越过圣·伯纳德①,在第一个爱情之夜里。在如此过分狂热的梦想之后,对这种极端的浪漫主义欲求来说,现实总是显得平淡乏味,浅薄无聊。

在圣·多米尼克大街一座不显眼的旅馆门前,驿车把他放了下来。在六层的阁楼里,代替窗户的是一个大窗,这是产生恼怒的忧郁的真正温床,小亨利·贝尔在这儿只住了个把星期,连一眼也没有看他的数学书。他在大街上整小时地闲逛,看那些女人:她们穿着新浪漫主义时尚的袒胸露背服装,诱惑味十足;她们与她们的崇拜者打情骂俏;她们善于嬉笑、诱人和轻佻。但是他不敢去靠近一个女人,这个身穿绿色外省上衣的笨拙愚蠢的青少年,一点也不漂亮,更缺少的是胆量。那些围在路灯四周徜徉招徕客人见钱眼开的女人,他一次也没有去跟她们打招呼,为此他极为嫉妒那些大胆的伙伴。他没有朋友,不参加社交,没有工作。他快快不乐地穿过肮脏的街道,梦想着浪漫主义的艳遇。在期盼中他忘掉了自己,有时会陷入被一辆车撞倒的危险。

终于,他熬不下去了,他渴求交谈、温暖和亲近,他去拜访他的

---

① 指法意边境意大利一侧的一个出口。

三作家传

亲戚,有钱的达吕①一家。他们对他很好,邀请他住到他们那幢漂亮的住宅里:但他们来自外省,这对亨利·贝尔来说是种继承下来的罪孽! 他因此不能原谅他们;他们过的是资产阶级生活,富裕,惬意,而他却囊空如洗,这令他光火。他闷闷不乐,寡言少语,笨手笨脚,成了他们家中的敌人,他与他们同坐在桌旁;在他那紧绷绷的和嘲讽的固执后面遮掩的是他对温情的火一般的渴求:这是一个令人不快和忘恩负义的家伙——可能老达吕夫妇私下里就这样断言过。皮埃尔·达吕(后来成为伯爵)是手握重权的波拿巴的左右手,家族中的英雄,他很晚才从国防部回来,疲惫不堪,精疲力竭,沉默寡言。从他最内在的爱好来看,这个喜欢战争的人宁愿成为这个小作家的可爱同行(因为这个家伙自己封闭起来,缄口不语,达吕把他当作一个笨拙的傻瓜——主要是像条鲤鱼似的缺乏教养);达吕闲暇时翻译贺拉斯,撰写哲学论文,后来,当他一脱下军服,就去写一部威尼斯的历史,但现在他生活在波拿巴的阴影里,承担着很重要的任务。这个永不疲倦的工作狂,夜以继日地在总参谋部的密室里制作计划,思考,写信,没有人知道他为了什么目的。小亨利憎恨他,因为他要帮他向上,可他不想向上,他要回到自身。

可有一天皮埃尔把这个懒虫喊到自己跟前,要马上带他去国防部,给他找个职位。在达吕的皮鞭下,这个矮小肥胖的亨利从上午10

---

① 皮埃尔·达吕(1767 — 1829),拿破仑时代的军事行政官,历任陆军部秘书长、陆军大臣等职,著有《威尼斯共和国史》等。

点到凌晨 1 点不断地写信，写信，写信，起草报告、文件，他手指都嘎嘎作响了。他还不知道，写这些令人恼火的东西是干什么用的，但不久世界就都一清二楚了。他不知不觉地参与了这场在马仑哥开始进军意大利的战争，这场战事以一个帝国的建立而结束。终于，这位"导师"讲出了秘密：已经宣战了。小亨利·贝尔喘了口气，上帝保佑！现在折磨人精神的达吕得去大本营，无聊的写信工作结束了，他可以歇口气了；战争虽然依旧是世界上最可怕的事情，可他情愿要战争，也不要他最为憎恨的两件事：工作和百无聊赖。

1800 年，波拿巴的意大利远征军在洛桑的后卫部队。

一两个骑兵军官策马并行，他们大笑起来，笑得军帽上的羽饰都抖动起来。一幅滑稽的景象：一个短腿的胖小伙子，半像平民半像军人趴俯在一匹桀骜不驯的马上，像一个猴子笨拙地抓住马鬃不放，与这头倔强的畜生撕扯着，它正要把这个业余的御者摔到地上去啃泥呢。他那巨人的重剑斜挂在身上，总是击打着马的屁股，刺激这匹可怜的战骑，最终它耸立起身躯并猛然地飞奔起来，摇晃着这个可悲的骑兵越过田野和沟渠。

军官们开心至极，拍手称快。"骑过去，"富有同情心的上尉布列维尔终于命令他的一个部下，"帮帮这个倒霉家伙！"这个小伙子纵马尾追，猛抽了那匹陌生的马儿几鞭，直到它安静地停了下来，随后他抓住缰绳，把这个新兵拽了回来，新兵的脸上由于愤怒和羞愧变得熟虾一样的通红。"你们要我怎样？"他激动地问上尉，这个永远的幻想者梦想着被禁闭或者去决斗。但这个喜欢开玩笑的上尉一听到他是手握重权的达吕的一个表弟，就做得十分客气，请他加入他的圈子，并问这个可疑的新兵，此前在何处公干。亨利脸红了起来，我可不能在这些老粗面前承认：我曾站在日内瓦卢梭的故居门前，两眼饱含泪水。于是他做得果断而放肆，以一种十分笨拙的方式装作勇敢者的样子，博得他们的好感。军官们十分友好地先是教他高难度的技巧，在马上如何正确地用食指和中指握住缰绳，笔直地佩戴战刀，此外还有一些当兵的秘密。亨利·贝尔立刻觉得自己是一个兵，是一个英雄了。

他觉得自己是英雄，至少他不容许别人怀疑他的勇敢。他宁愿管住他的舌头，也不愿从他的嘴唇里提出一个愚蠢的问题或吐出一口畏惧的叹气。在穿过圣·伯纳德的著名跨越之后，他在马鞍上懒散地转向上尉，几乎是轻蔑地提出他那个老问题："就是这些?"当他在巴德要塞听到几发枪弹轰鸣时，他又一次惊奇地问道："这就是战争? 除了这个还有什么?"不怎么样，他闻到了火药的味道，在生活面前他失去了某种类型的童贞，他不耐烦地用马刺刺马，朝意大利飞驶而下，把其他人抛在后面，穿过战争的短暂冒险，向着没完没了的艳遇冲去。

1801 年，米兰，东方大门旁的盛装大道。

战争把皮蒙特的女人从她们的束缚中解脱出来。自从法国人来到这个地方，她们每天就坐在低矮的马车里，在蓝天下沿着明亮的大道驶来驶去,有时停下来,与她们的情人或她们的追求者聊上几句,朝年轻而放肆的军官心甘情愿地投送媚眼,用扇子和鲜花调情做戏。

一个17岁的下级军官躲在狭长阴影里,贪婪地朝这些妩媚的女人望去。是啊,亨利·贝尔突然就成了第六龙骑兵团的士官了,他连一次战斗也没有参加过;作为手握重权的达吕的表弟他什么都能得到,法国龙骑兵的黑色马鬃头饰在额上飘动,被光亮的金属闪得摇摆不已;巨人的战刀悬在他那白色的骑兵斗篷后面,吓人地铿锵作响;在他军靴的翻口处,马刺发出嘎嘎的响声。真的,他看起来好勇斗狠,这个从前矮小肥胖、营养良好的年轻人。

他本来想待在他的连队里,在明乔河后面去帮助追击奥地利人,而不是在这儿的盛装大道上四下游荡,每天佩着重剑在碎石路上闲逛并色眯眯地看着女人。但是这个17岁的人不喜欢平庸无奇,他早已发现,"有那么一点点才智就够劈砍战刀用的了"。伟大的达吕的表弟根本就不必去干粗野的大兵们干的活儿,最好是留在富丽堂皇的后方米兰,在野外的宿营地没有这么漂亮的女人来打情骂俏,更主要的是没有斯卡拉大剧院,神圣的斯卡拉演出奇马罗萨①的歌剧,有那么多出色的女歌唱家。亨利·贝尔在这儿扎下了他自己的大本营,而不是在意大利某个沼泽地的帐篷里。每当斯卡拉剧院六层上的包厢慢慢亮起来的时候,他总是晚上第一个到达,

---

① 奇马罗萨(1749—1801),意大利作曲家,写有六十多部歌剧,名噪一时。

贵妇人走了进来,在蝉翼般的轻纱后边,她们裸露出大半个胴体,身穿闪闪发光制服的军官在她们雪白发亮的肩膀前躬下身来。啊,她们多么美啊,意大利的女人!她们多么活泼,多么讨人喜欢,若是享受她们该多么幸福,波拿巴把五万小伙子带到意大利使米兰的丈夫们感到痛苦,可也减轻了他们的负担啊!

但遗憾的是,在这些女人中还一直没有一个人想到在这五万人中间去挑选这个来自格勒诺布尔的亨利·贝尔。丰满的安格拉·彼德拉格鲁瓦,这个布商的女儿,喜欢在客人面前露出洁白的胸脯,愿意用她的嘴唇去温暖军官们的小胡子;她怎么会知道,这个长着一双闪闪发亮、紧紧眯缝起来的黑眼睛,顶着一个小圆脑袋的家伙——她嘲笑地和略带冷漠地叫他"中国人"——竟然爱上了她。他的确不是一个硬心肠的人,他日日夜夜像去梦想一个无法得到的偶像那样去梦想她,并使她——这个胖胖的市民少女——借助他那浪漫的爱情而一下子变得不朽。当然喽,他每天晚上与另一些军官玩法老牌,缄默和羞怯地坐在角落里,每当她与他说话时,他面色就变得苍白起来。但他什么时候握过她的手,用他的膝盖轻轻地去碰过她的膝盖,或者给她写过一封信,或者向她悄声说过一句"我喜欢"呢?法国龙骑兵军官们习惯的却是直截了当,乳峰高耸的安格拉几乎没有注意到这个矮小的下级军官,于是这个笨蛋就错过了她的垂青,根本就没有想到,她多么高兴和情愿把她的爱分给每一个追求她的人。尽管他佩戴长剑,皮靴上挂有马刺,可这个亨利·贝尔依然是那么腼腆,像在巴黎一样;这个羞赧的唐璜依然是个处男。

每个晚上,他都在盘算去大胆勇敢地出击,他细心地在他的笔记本上写下老兵们的教导,如何用手脚去征服一个女人的道德感。但刚一靠近可爱的、神圣的安格拉,这个理论上的卡萨诺瓦就立刻变得面红耳赤,不知所措,像个姑娘一样。为了成为一个完整的男子汉,他做出决定,他终于要牺牲他的童贞了。某一个米兰的职业妓女(他后来在他的笔记中写道:"我完全忘了她是谁,她长得怎么样。")为他提供了这样的祭坛,但遗憾的是她对他献出童贞的回报却是一种极为肮脏的病,据说这种病是由波旁家族康内塔布尔的人带到意大利的,从那以后就叫法兰西病;现在她把这种病还给了这个法国人。于是这个寻找爱神维纳斯温柔服务的战神马尔斯的仆人,为严厉的赚钱之神墨丘利做出了长年的牺牲。

1803 年,巴黎。他又住在六层楼的一间阁楼里,又成了平民。战刀不见了,马刺和腰带,少尉的委任状,被抛到了墙角。他从士兵的游戏中得到的足够了,够吐出来用了。"我腻歪透了",那些傻瓜还来不及指望他在龌龊村庄的军营里规规矩矩地驻防,洗刷战马和听从调派,亨利·贝尔就溜之乎也。不,听从调派不是这个任性人的事,他最大的幸福就是"不命令任何人,不做任何人的下属"。于是他就写了辞职的短信呈递部长,同时给十分吝啬的父亲写了封要钱的信;父亲真的就每月都给他寄了钱来,而这个父亲,亨利·贝尔在他的书里曾极其放肆地诽谤过他(或许他就用同样呆板和拘泥的方式像爱那些女人一样爱他的儿子),他在自己的札记里总是嘲弄地称他为"Father"（英文：父亲）、"Bâtard"（法文：私生子，杂种）。虽然钱不多，但足够用了，给自己做一身过得去的衣服，买几条华丽的领带和写字用的白纸，用来创作喜剧。一个新的决定：亨利·贝尔不再学习数学了，而是要成为剧作家。

他首先用的是这种方式：经常去法兰西喜剧院，从高乃依和莫里哀那儿学习。对一个未来的戏剧家十分重要的是第二个经验：必须有女人方面的知识，必须去爱，去被爱，必须找到一个"美丽的灵魂"，一颗"多情的心"。于是他就向小阿戴勒·莱鲍夫大献殷勤，并享受不幸情人的浪漫主义全方位乐趣。好在丰满的母亲（他在日记中是这样写的）在一周里有几次用古老的方式对他进行了安慰。这是愉快的和有教益的，但毕竟还不是真正的、心醉神迷的、伟大的爱情。于是他不停地去寻找崇高的偶像。终于，法兰西喜剧院的小演员洛阿松桎梏住了他那越来越沸腾的情欲并容许他的膜拜，但开头时仅是如此，不容许他得到更多。除非一个女人拒绝他，否则亨利是从不会很好地去爱她的，因为他爱的只是得不到的，这个 20 岁的人不久就这样处于爱的火焰之中了。

1803 年，马赛。令人为之一惊的转变几乎难以置信。

亨利·贝尔真的是拿破仑军队的前少尉，巴黎的花花公子？昨天还是个诗人？这个坐在马赛港左侧一个湫隘胡同中一家经营殖民地货物公司——它位于狭隘的底层，潮湿的地下室散发着油和无花果的气味——里的就是亨利·贝尔？这个昨天还在以极其崇高的情感写作押韵的诗行,今天却在出售葡萄和咖啡,食糖和面粉,给顾客写催款信,与海关职员讨价还价的人,他真的就是那个有着细腻灵魂的亨利·贝尔?对,就是他,这个圆脑袋,这个硬脑壳。如果说特里斯坦化装成乞丐,是为了去接近伊索尔德,如果说国王的女儿穿上了侍童的衣服,只是为了跟随可爱的骑士去参加十字军东征,那他,亨利·贝尔也做出了英雄般的壮举,他成了一家经营殖民地货物商店的伙计,面包坊的助手,柜台营业员,就是为了陪伴他的被招聘到马赛剧院的洛阿松。白天他的十指沾满了食糖和面粉,晚上就去剧院接回一个女演员并把她当作情妇带到床上,这有什么不好?

美妙的时刻,美妙的满足!但遗憾的是,对一个浪漫主义者来说,没有什么比太接近他的理想更危险的了。随后他发现,这个梦境般的东方城市马赛在南部的喧嚣特色下完全与格勒诺布尔一模一样,它的街道恶臭扑鼻,污秽龌龊,像巴黎的街道一样。甚至,就是同心中的女神生活在一起,他也会失望地感受到,这个女神尽管还是那样美丽,但总会变得心智愚钝,他也就开始觉得百无聊赖。到最后,若是有一天女神被剧院解聘了,并像云彩一样飘回了巴黎的话,他甚至都会高兴起来:一个幻想破灭了,那就明天不倦地去找下一个。

1806 年,布伦瑞克。又一次换装。

他又穿上了军装,但不再是只能在女商贩和缝衣女工那儿得到尊敬的粗鲁的大兵。现在他成了大军的军需副代表,亨利·贝尔军需副代表先生,每当他与斯特罗姆伯克或某一另外的布伦瑞克公司杰出的代表穿行马路时,德国的绅士们都尊敬地从头上齐刷刷地摘下他们的帽子。但是不对,他不再是亨利·贝尔,人们喜欢做一点小的改正:自从他在德国并身居如此显赫的职位以来,他签署的名字是冯·贝尔先生,法文是"亨利·德·贝尔"①。虽然拿破仑没有授予他贵族称号,也从没有给他一枚小型的荣誉军团徽章或其他的什么纽扣孔上的装饰,但是亨利·贝尔,这个敏锐的观察者注意到了,老实的德国人对头衔情有独钟,肃然起敬。若是个平庸的市民,那就不要想着在贵族的社会里去勾引一个妩媚的和吊人胃口的金发美人与之共舞。虽然只是字母表上的两个字母②,却有着给华贵的军服再增加一道特殊光环的魔力。

交代给贝尔先生的是一些令人难堪的任务。他还要从掠得一干二净的地区里再搜刮出七百万战争税,维持并整顿秩序。他用左手就把这一切做得井井有条,应付裕如,而让他的右手自由自在,去打台球,去狩猎,还要用来去做愉悦的娱乐;因为在德国也有令人惬意的女人。面对一个金发和贵族的少女的闵欣,他只能满足他那柏拉图式的爱情饥渴;而一个有着美丽名字的克纳伯尔胡伯——她是一个朋友的女友——却是个粗俗的放纵的可人儿,她成了夜间的安慰。这使亨利又感到舒服惬意了。他对所有那些元帅和将军毫无

---

① 德文的"冯"与法文的"德"都是贵族的标志。
② 指法文中的"de"。

嫉妒之心,他们在奥斯特里茨和耶纳①的阳光下烧他们的菜汤,而他则安静地坐在战争的阴影里,读书,翻译德文诗,给他的妹妹保琳娜写优雅的书信。他越来越有意识地,越来越出色地去发展自己,成为一个生活的艺术家,成为所有战场上的一个姗姗来迟的观光者,一个所有艺术的聪明的业余爱好者,越来越自由,越近于自身,他对世界认识得越广泛,他就能学会更好地观察它。

1809 年,维也纳,5 月 31 日。肖顿教堂,昏黑,空荡荡的,凌晨时分。

在第一排凳子上,有一对老年人:一个男人、一个女人跪在那里,身着黑色的褴褛的丧服。他们来自罗劳②,是善良老爹海顿的亲戚。法国的燃烧弹突然在他亲爱的维也纳呼啸起来时,这个已是风烛残年、颤颤巍巍的老人因惊恐而亡。谱出国歌的作曲家死时不忘爱他的国家,他结结巴巴地说:"上帝保佑弗朗茨皇帝!"他们在军队推进的混乱中非常匆忙和急迫地把轻得像孩子一样的尸体从古彭多夫郊区的一所小房子送到墓地。维也纳的音乐家在肖顿教堂为他们的大师补做庄严的追魂弥撒。为了向他表示敬重,为数众多的人从被占领的房屋里勇敢地前来参加;在他们中间也许有那个两腿短粗、头发杂乱无章狮头般的怪人范·贝多芬先生,也许在合

① 奥斯特里茨和耶纳均为发生重大战役之地。
② 是一个位于奥地利下奥地利州的村庄,著名作曲家弗朗茨·约瑟夫·海顿的出生地。

唱队里有那个来自里希滕塔尔、名叫弗朗茨·舒伯特的12岁男孩在歌唱。但现在没有人注意他们，因为突然间进来了一个身穿全副军装，看来是个高级军官的法国人，由另一个身着学院绣花锦袍的先生陪同。所有人都不由自主地恐慌起来，难道法国入侵者终归是要禁止人们在这儿对善良慈祥老爹海顿做一次最后的追悼吗？不是这样，根本不是这样。大军的高级法官亨利·贝尔先生的出现完全是私人性质的，他在军营里听到了，这次悼念活动安排演出莫扎特的《安魂曲》。为了听莫扎特或奇马罗萨，这个令人心疑的战争仆从会从百里外骑马赶来，因为这些亲爱的大师的四十个节拍，对他来说胜过一场死四万士兵的壮观的和富有世界史意义的战役。他小心翼翼地走进教堂的凳子中间，倾听现在慢慢响起的音乐。他并不特别满意这首《安魂曲》，觉得它"过于嘈杂了"，这不是"他的"莫扎特，他的莫扎特应是羽翼般的轻盈，无沉重之感。凡是艺术超越了清澈和歌唱的底线时，凡是它超出了人的声音而进入永恒元素的狂暴粗野和恣肆放纵的地步时，他便觉得陌生。晚上在凯仑特纳剧院，他才慢慢地对《唐·乔万尼》有所理解，若是他的邻座范·贝多芬先生（他对他一无所知）在大厅里能有一次倾泻他的热情，朝他呼啸而来，司汤达会在这种神圣的混沌前大为惊愕，比起他那在魏玛的伟大诗人兄弟歌德先生其程度一点也不会有所减轻。

弥撒结束了，亨利·贝尔面带欢快的表情，从教堂里走出来，他的军服闪闪发亮，他洋洋得意，沿着墓地信步而行。他觉得这座美丽洁净的维也纳城和它的人民迷人极了。他们创造出美好的音乐，一点也不像北部的另一些德国人，他们琢磨得那么艰苦，那么伤脑筋。他现在本来应当去办公事，为大军筹措粮食供应，但他觉得这并不重要。达吕表兄工作起来像一匹马，拿破仑会赢得胜利，感谢上帝，他创造出了这类怪物，工作使他们感到快乐；靠他们的付出人们就能过上很好的生活。这个表弟贝尔，他从青年时代起就在忘恩负义的魔鬼艺术上受过出色的训练，于是他宁愿去做更舒服的工作：安慰在维也纳的达吕夫人，她对工作狂的丈夫恼怒不已。一个人如何去报答施恩于己的人，除了用情感和温柔对其妻子予以回报之外，还有比这更好的吗？他们共同骑马去普拉特公园，在颓败的亭台楼阁里亲昵的感情迅速地得到发展，他们参观画廊、珍宝馆和贵族们壮丽的乡间宫殿，乘坐弹性很好的轻便马车飞驶前往匈牙利，这期间士兵们正在瓦格拉姆喋血鏖战，勇敢的达吕正忙得精疲力竭穷于应付呢。下午属于爱情，晚间属于凯仑特纳剧院，最好是莫扎特，永远是音乐。这个藏身在军需官制服后面的奇特的人逐渐地懂得了，对他而言，全部生活的意义和甜蜜就寓存在艺术之中。

1810 年到 1812 年，巴黎。帝国的鼎盛年代。

情况变得越来越美好。有钱而没有职务。上帝知道，我毫无功勋可言，可由于温柔的女人纤纤素手我就成了国务会议的成员和皇室家具总管。但幸运的是拿破仑并不真的需要他的国务会议的委员们，这样他们就有时间去做更多的散步了。不对，是乘车兜风！这个突如其来的高官薪俸使亨利·贝尔的钱袋鼓鼓的，他现在乘着他自己的漆得闪闪发光的轻便马车,他在德·富瓦咖啡馆里大吃大喝,雇用了一流的裁缝,与他的表嫂有着一层暧昧的关系,此外他还养着一个名叫伯劳特的舞女(这是青年时代的理想)。多么奇怪,30岁时在女人那里得到比20岁时更多的幸福,多么不可理解,对她们越是冷淡,她们就越是热情;就是曾在穷大学生眼里显得那么可憎的巴黎,现在也慢慢令他喜欢起来了;真的,生活变得美好了。而最美的是他有钱,他甚至有时间去做愉快的事情——为了去回忆可爱的意大利,写一本关于那个世界的书,一本《绘画史》,仅此而已。啊,写艺术史著作,这是一种如此惬意、如此无拘无束的愉快,特别是,如果像亨利·贝尔这样的人如此舒舒服服地去做:干脆从其他书里抄四分之三,而其余的就用趣闻逸事和笑料噱头把它填满。仅是作为一个享受者就能跻身智者之列,该是怎样的幸福!亨利·贝尔在想,也许年纪大了,自己就能写书了,那是去捕捉失去的时光和回忆中的女人。但现在做是为什么,生活太丰富了,太多彩了,太美了,怎么能待在书桌旁错过享受呢!

1812年到1813年。小的干扰:拿破仑又一次进行战争。可这次在几千里之外。但俄罗斯,这个遥远得令人想去冒险的国家却吸引了这个永远好奇的旅行者。难得一遇的机会,也去看看克里姆林宫和莫斯科人,用国家的钱去东方逛一逛,当然是在后翼部队里,舒适而又安全,就像那时候在意大利、德国和奥地利一样。事实上,他给玛莉·路易泽带了一个大的口袋,里面装满了给她那位伟大的夫君的信件;他郑重地接受这项委托,乘坐快速马车和镶有皮边的雪橇,把这秘密的邮件带到莫斯科。贝尔从经验中知道,在近处看战争对他来说永远是无聊得要死的事情,于是他私下里带了些用于个人消遣的物件:绿色摩洛哥羊皮装帧的十二卷手稿《绘画史》的一份复制件和他近年来开始创作的喜剧。有哪个地方比在大本营里工作更好呢?最终塔尔玛①和伟大的歌剧也会到莫斯科来的,人们不会感到太无聊的,随后还有一个新的变化,波兰的,俄国的女人……

　　贝尔中途只在有演出的地方停留,就是在战争中,在旅途中,他也不能缺少音乐,在任何地方艺术都是他的伴侣。但一场惊奇的戏剧还在俄国等待着他:莫斯科成了世界上一座燃烧的都市,这样一个全貌,自尼禄以来还没有一个诗人看到过呢。只是亨利·贝尔在这样一种热情激越的机遇中没有写出一首颂诗,他的书信中也很少提到这件令人不快的事件。对于这位细腻的享乐者来说,世界上军事的厮杀扭打早就不再像十拍节音乐或一本聪明的书那么重要了。心灵的精细颤动远比波罗的诺的大炮轰鸣更令他震惊。他认为自己的生活比其他的历史事件更有意义。于是他从大火中拣出了一本包装很美的伏尔泰的著作,带着它表示对伏尔泰的怀念,这是莫斯科的纪念品。但是这次,就是这个躲在后方耽于空想的人也被战争用严寒的腿狠狠踩了一脚。在伯列希纳,法官贝尔还有时间把胡子刮得干干净净(他是军队中想起这类事情的唯一一位军官),但

----

① 塔尔玛(1763—1826),法国著名悲剧演员,受拿破仑的器重。

随后就匆忙地跨过摇摇欲坠的桥，否则就大难临头了。日记,《绘画史》,精美的伏尔泰,马匹利皮大衣以及行囊都留给了哥萨克。身上只穿着破衣烂衫,满身污垢,严寒裂肌,逃向普鲁士。他喘出的第一口气又是在歌剧院,像其他人冲向浴室一样,他立刻就冲向音乐,好使自己复苏过来。对亨利·贝尔来说,这场俄罗斯远征,大军的被消灭,只不过是两个晚上之间的一个插曲:出发时在德累斯顿演出的《秘婚记》和返归时在柯尼斯堡演出的《狄托的仁慈》。

1814 年到 1821 年,米兰。亨利·贝尔又成了平民,他已经够了,终于够了。一场战役从近处看跟其他战役一样,每场战役都没什么不同,"就是说什么都没看到"。他对所有的任务和职务,对祖国和杀戮,对公文和军官都够腻味的了。随穷兵黩武的拿破仑再次征服法国好了,好嘛,但他这样做,得不到法官亨利先生的协助。贝尔除了不去命令任何人和不服从任何人以外别无所愿,他除了最最自然的和最最困难的东西,别无所求。他终于,终于过上他自己的生活了。

早在三年之前,在两场通常的拿破仑战争之间,口袋里装有两千法郎,那时他就像一个孩子那样幸福快乐,飞快地去意大利度假。那种思念自己青年时代的怀旧已经开始了,日益变老的贝尔直到临终时刻就再也没有离开这种思绪了,他的青年时代是意大利:意大利和安格拉·彼德拉格鲁瓦。他那时是一个下级军官,羞怯和腼腆地爱过她,自从马车沿着古老的关隘驶下,他就不由自主地一下子想到了她。晚间他到了米兰,迅速擦净手脸,换上另外的衣服,就去心灵的故乡,去斯卡拉剧院听音乐。真的,用他自己的话来说,"音乐唤醒爱情"。

翌日清晨他就直奔她而去,让人通报;她出现了,依然那么妩媚动人,她客气地表示欢迎,但不知他是何许人。他做了自我介绍,他是亨利·贝尔,她对这个名字仍旧茫然。现在他开始提起尤维尔和其他伙伴。终于,这可爱的、梦里千回见到的面庞露出了一丝微笑。"啊,啊,您是那个中国人。"这个轻蔑的绰号就是安格拉·彼德拉格鲁瓦对她的浪漫情夫记得的全部。当然,亨利·贝尔不再是 17 岁了,也不再是一个处男了。他大胆地坦承他那时和今天的激情。她惊讶地说:"是啊,您为什么那时不对我说呢?"她定会心甘情愿与他春风一度,这对一个慷慨大方的女人来说是不值一提的小事。但幸运的是还有时间,不久这个浪漫主义者——当然十一年后太迟了些——就在他的裤背带上让人绣上了 9 月 21 日中午 11 时半的字样,这是他在爱情上战胜安格拉·彼德拉格鲁瓦的时刻。

但随后他们又一次把他召回巴黎。又一次,是最后一次,1814 年,他得去为这个科西嘉的战争狂管理行省,去保卫祖国。但幸运的是,真的幸运,令这个恶劣的法国人亨利·贝尔乐得要死的是,玩弄战争的把戏好在结束了,尽管是以一次失败完结的;三个皇帝进占了巴黎。现在他终于能一了百了地去意大利了,永远脱离开职务和祖国。这真的是美妙的岁月,只献给音乐、女人、交谈、创作和艺术。与情人在一起的年代,当然是与一度卑劣地欺骗过他的那些女

　　　　　　　　三作家传

人,如过于大度的安格拉,或出于保持贞洁而拒绝他的女人,如美丽的玛蒂尔德。但这确是生活在人们能越来越多地感觉自我和认识自我的年代,每个晚上都到斯卡拉剧院用音乐去洗涤自己的灵魂,有时与时代最高贵的诗人拜伦先生进行一场谈话,这是一种享受啊;从那不勒斯到拉维纳,河山的全部秀美,艺术瑰宝的全部财富,都集于自身。不听命于任何人,任何人不得妨碍他,他是自己的主人,不久就成为主宰自己的大师。自由的无与伦比的年代!"自由万岁!"

1821 年,巴黎。

自由万岁?不,在意大利谈论自由可不再是件好事,奥地利的大人和官府一听到这句话就可怕地发起火来。也不可以去写书,甚至那些全是剽窃的书都不行,如《论海顿的书信》,或者四分之三是从别的作家那里抄来的,如《意大利绘画史》和《罗马、佛罗伦萨、那不勒斯》;人们在不经意间就会把盐和胡椒粉撒在字里行间,它们会使奥地利官府的鼻子发痒,不久严厉的审查官瓦布卢施克(找不到更美的名字了,但他真的就叫这个名字,上帝才晓得呢)就把"无数该谴责的段落"呈报给维也纳的警察大臣谢德尔尼茨基。于是这个人,自由思想者和自由迁入者,就很容易陷入危险之中:被奥地利人当作是一个烧炭党人抓起来,被意大利人当作是一个间谍。最好是少一些幻想,一走了之。还有一点,为了自由还有一种东西不可缺少,这就是钱,而这个杂种父亲(贝尔很少比这更礼貌地称呼他了)

现在终于表明他是一个怎样的笨蛋，连一点微薄的年金都没有留给他那个冷酷无情的儿子。那么到哪儿去呢？到格勒诺布尔感到窒息，自从波旁家族的鸭梨脑壳肥大懒散地印在硬币上以来，在战争后方惬意出游的日子遗憾地已成为过去了。那就回巴黎去，回到阁楼里去，去做那些此前仅是出于消遣和业余兴趣的工作：写书，书，书。

1828年，巴黎。在哲学家妻子德·特拉西夫人的沙龙里。

午夜。蜡烛几乎烧尽了。男士们在玩惠斯特牌。德·特拉西，一位上了年纪的夫人，坐在沙发上与一位侯爵夫人及她的女友聊天。但是她听到有人在交谈，听得不大清楚，她一再不安地竖起她的耳朵。从那后面，另一个房间的壁炉旁，传来了令人可疑的声音，一阵尖厉的女人笑声和一个男士的低沉而洪亮的怪声喊叫，此后又是愤怒的呼喊，"不，这太过分了"，随之又是这种特有的笑声的爆发和迅速地憋了回去。德·特拉西夫人变得神经质，这一定又是那个可恶的贝尔，他在给女士们说浑话。平素倒是一个聪明的、感情细腻的人，放荡不羁，饶有风趣，但是与女演员们的交往，特别是与这个意大利女人帕斯塔的厮混，败坏了他的名望。她道声歉就匆忙地碎步奔过去，请他们规矩些。一点不错，他站在那儿，缩在壁炉的暗影中间，大概是为了掩饰他那圆鼓鼓的肚子，手里拿着一杯潘趣酒，兴致勃勃地讲些奇闻趣事，一个火枪手听了这种"段子"都会脸红的。女士们看来要准备逃走，她们大笑，提出抗议，可却停在那里,被这个出色的讲述者吸引住了,一再好奇和激动地留了下来。他看起来像一个西勒诺斯①,满脸通红,肥胖,两眼炯炯有神,心地善良,聪明;现在,当德·特拉西夫人走近时,他在她严厉的目光下倏地停了下来,女士们利用这个好机会,笑着跑了出去。

不久灯光熄灭了,仆人们擎着滴着烛泪的枝形吊灯把客人送到楼下。有三四辆马车候在那里,夫人们带着她们的男人进入车内,只留下贝尔孤单一人,他的心绪不佳。没有女人带他走,没有女人邀他同行。他在讲述奇闻趣事方面还算不错,此外他在女人那里就什么也不是了。伯爵夫人居里阿尔与他中断了关系;像从前那样养一个舞女,可缺少钱,他慢慢变老了。他快快不乐地冒着11月的苦雨慢腾腾朝着黎塞留大街他的住处走去。衣服都已经脏了,可钱还没付给裁缝,这怎么办?他深深地叹了口气,生活中最美好的已成为过去,本来是该结束了。他上气不接下气地(现在他的短脖子有时令他呼吸困难)爬上最高的一层,点起灯,翻开票据和账单。悲惨的账目!财产已消耗殆尽,书没有带来任何收益,《论爱情》几年了,到现在只售出二十七本("人们把它称为一本神圣的书,因为没有人敢于去触动它",昨天他的出版人讥笑地告诉他说)。白天就只剩下五个法郎的年金了,也许这对一个朝气蓬勃的年轻人来说够多了,但对一个肥胖的,喜欢女人的,自由的老先生却少得可怜了。最好是作个了结。亨利·贝尔拿起一张对开的纸头,在这忧郁的月

---

① 西勒诺斯(锡仑),希腊神话中的精灵,酒神狄俄尼索斯的养育者和教师,能预见未来。

份里第四次写他的遗嘱："我,立嘱人,把我在黎塞留大街71号我居住的旅馆里所有的一切都遗赠给我的表弟罗曼·科仑布。我希望直接被送往墓地,我的葬礼的花费不应超过三十个法郎。"附笔上还写有:"我请求罗曼·科仑布先生原谅我给他带来的一切不快,我首先恳求不要因这种不可避免的意外而感到伤心。"

"因这种不可避免的意外"——如果朋友们明天被叫过来,看到子弹不是在手枪里而是在他的头骨之间,那他们就会明白这句谨慎的用语了。但幸运的是亨利·贝尔先生今天累了,他在等着自杀的一天,翌日清晨朋友们来了,这使他高兴起来。一个朋友在房间里四下走动,他看到书桌有一张双开纸,上面写有"于连"的标题。这是什么,此人好奇地问道。啊,他要写一部长篇小说,司汤达回答说。朋友们十分兴奋,他们鼓励这个忧郁的人。真的,他正开始着手写了。《于连》的题目被抹掉了,用一个尽量变得不朽的题目来代替,这就是《红与黑》。事实上,从那天起亨利·贝尔先生已经不存在了,另一个名字开始了并永远地持续下去:他叫司汤达。

1831年,奇维塔维基亚。新的变化。

炮舰庄重地鸣放,信号旗殷勤地示意,现在一位肥胖的先生身穿华丽的法国外交官制服下了轮船。致敬! 这位先生是法国领事,亨利·贝尔先生,身着绣花马甲,镶有金银边的裤子。一个翻天覆地的事件又把他扶上了马,就像从前的那场战争一样,现在是七月革命。做一个自由主义者,坚定地反对愚蠢的波旁王朝是值得的。

由于女人的不断美言说情,他立即就被任命为领事,在可爱的南方,即在特里斯特,但遗憾的是梅特涅先生声称这位写出令人恼火的书籍的作者不受欢迎,拒绝给予签证。于是他就成了奇维塔维基亚的法国代表,虽差强人意,但毕竟是在意大利,并且每月有五千法郎的薪俸。

若是人们不知道奇维塔维基亚在地图上位于什么地方,会感到羞愧吗?根本不必,在所有意大利城市中它大概是最最可怜的一个小巢了,一个白色的丑恶的孵卵锅,里面散发着非洲的炎热的高温,一个狭窄的罗马时代帆船的启碇港口,一座地瘠民贫的城市,荒凉,单调,空荡荡的,"人们会由于百无聊赖而完蛋"。但令亨利·贝尔极为满意的是在这个流放地有一条通向罗马的公路,它只有十七英里那么长,而贝尔先生立即就做出了决定,经常地利用它,以此来显示他的高贵。他本应坐在他的职位上工作,写报告,进行外交活动,但是坐在外交部里的蠢驴们根本就不会读他的呈文,为什么要把才智浪费在这种办公座位上的艺术上呢?他更愿意把所有的文件加到他的下属里希马库斯·卡夫坦留·塔韦尼身上,这是个流氓,一只凶恶的野兽,他恨他,可他给他弄了个荣誉军团徽章,这样就能使这个无赖对他的经常不在闭上嘴巴。就是在这儿,亨利·贝尔也宁愿轻轻松松地工作,把一个诗人放置到如此可憎的泥潭里的一个国家,去欺骗它这对一个忠诚的个人主义者看来是一项值得尊敬的义务。与聪明人一道去罗马看画廊,在诸多的借口下乘车去巴黎,不是比在这儿慢慢地必然变成傻瓜好得多吗?难道总得去一家旧书店主布奇先生那里,总得与那些无聊的半贵族胡扯一通?不,最好是自己独处。从老图书馆里买一卷往事,从中取材写些最优美的故事,人都50岁了,变老了,他得设法使灵魂保持年轻。对,这样做是对的:为了忘却时间,人得回顾自己。对这位身宽体胖的领事来说,他描述那个从前的羞怯的男孩太遥远了,这使他在写作过程中相信"发现了另一个人"。于是亨利·贝尔,笔名为司汤达,写他的青年时代,用暗号,使人猜不出这个H.B,亨利·布鲁拉是谁,他写了厚厚的几本,他在返老还童的自欺欺人的艺术游戏中忘掉了自己,大家也忘掉了他这个人。

　　1836年到1839年,巴黎。

　　妙极了!又一次复活,又一次返回到光明。上帝保佑女人,所有的善事都来自她们。她们长时间向变成了部长的德·莫勒伯爵讨好,献殷勤,使他乐意对亨利·贝尔危害国家的事实闭上了眼睛;那个奇维塔维基亚领事竟然厚颜无耻和心安理得地把三周的假期拖长到三年,从不想回到他的岗位上去。一点不假,这位领事不是在他的泥潭里工作,而是在巴黎优哉游哉,让下面那个希腊骗子代替他去执行公务,并让人在这里给自己发薪金。他有时间,也有好心情,再次重返社交活动。再一次,已经非常羞赧地试着去拈花惹草。他能做他喜欢做的,主要的是在他看来是生活中最美好的。他在他的旅馆房间里踱来踱去,口授一部长篇小说:《巴马修道院》。不用工作就得到一笔丰厚的国家薪金,这当然能过上奢华的生活。

逆着时尚,写一部没有甜味和木樨草香气的长篇,因为他终于自由了。对亨利·贝尔来说,除了自由在地球上没有别的天堂。

但这个天堂不久就破裂了。正直而宽厚的部长德·莫勒伯爵,他的庇护者正准备为他建立一座纪念碑的时候,他下台了。一个新的法老进了外交部,他是个士兵之帅,名叫苏尔,他对司汤达一无所知,只是在花名册上发现了一位亨利·贝尔领事先生,此人在一个教会国家代表法国,领取薪俸,可三年来却坐在巴黎的剧院里逍遥自在。这位将军大人先是感到奇怪,随后就对这个懒散的官员发起火来,不去关心公事,却过得如此潇洒。立刻下达一道严厉的命令,要他马上动身,不得拖延。亨利·贝尔郁闷地穿上制服,作家司汤达的生活结束了,在烈日炎炎的夏天,这个 54 岁的人,不得不重新去往流放地,疲惫不堪,怏怏不乐;他感觉到了,这是最后一次。

1841 年,3 月 22 日。

一个肥胖且笨重的男人费力地在可爱的林荫大街上蹒跚而行。但那美好的时代何在,那时他还能在这儿等候女人,像一个纨绔公子一样卖弄手上那根雕花的手杖,可现在发颤的手臂每走一步都得撑在这根坚实的木棍上。司汤达,他变得如此苍老,从前炯炯发亮的眼睛在沉重的和布满蓝色阴影的眼皮下面显得松弛乏力;嘴唇四周由于神经的撕扯而抽搐不止。在一两个月以前他第一次中风,他恼怒地回想他在米兰第一次云雨之欢便得到的那件礼物;他们给他放血,用药膏和混合液来折磨他,到最后部里终于同意把这个病人从奇维塔维基亚召回。但现在巴黎对他毫无帮助,巴尔扎克那篇谈论《巴马修道院》的热情洋溢的文章于事无补,畏畏葸葸绽放出第一批花蕾的荣誉对一个"虚无一度光顾"的人,对死神业已用他的枯指试探过的人已无济于事了。这条悲哀的影子继续朝他的住处踽踽而行,几乎没有朝熠熠闪光的华丽马车望上一眼。对那些闲聊无事的散步者和那些花枝招展卖弄风情的女人来说,这条影子不过是傍晚时分车水马龙的大街上闪烁的灯光中一个缓慢移动的黑色的显得悲哀的斑点。

突然一群好奇的人乱糟糟地拥了过来。这位胖先生刚巧倒在交易所的门前,他躺在那儿,双眼僵硬地鼓了起来,脸色发青。第二次,致命的中风发作了,他发出微弱的呼噜声,有人把卡住他脖子的衣领扯了开来,抬他到药店里,然后抬他到他那间旅馆小房里,里面摊放着数不尽的纸张、笔记本、开了头的作品和日记本。在这些东西之中有一句奇怪的富有先见之明的话:"我觉得死在大街上没有什么可笑,只要不是故意的。"

1842 年。箱子。

一个巨大的木箱颠簸着,这是件便宜的货物,从奇维塔维基亚穿越意大利运往法国。人们把它拖到罗曼·科仑布那里,他是司汤达的表弟和遗嘱执行人。出于敬重他要出版这个怪人的一套全集。(还有谁来关心这个死者,报上只给登了六行的讣告!)他让人把箱子撬开,噢,上帝,这么一大堆纸张,乱七八糟,上面涂写着暗码和秘密记号，一个无聊之人弄出来的乱糟糟的东西！他把一些最不费事的和完稿的作品拣了出来，进行复制，可随后这个最忠诚的人自己也累坏了。在长篇小说《吕西安·娄万》上他写了句沮丧的话："无从着手。"自传《亨利·布吕拉尔的一生》他也认为不合适而放了回去，就这样搁置了几十年。拿这些"破烂"，这样一堆废物，这些碎纸头怎么办？科仑布把这一切重又放进箱子里，寄给司汤达青年时代的朋友克洛采。克洛采又把它寄到格勒布诺尔图书馆，作为它最后的安息地。按照古老的图书馆惯例，在每一份卷宗上都贴上字条和数字，盖上印章，登记在案，安息吧灵魂！六十卷双开本，司汤达的毕生作品和自己塑造的生活，正式地封棺，停放在书籍的巨大停尸间里，不受干扰，积满灰尘。因为四十年来没有人想到触动这些沉睡的对开本去弄脏自己的手指。

1888 年,巴黎,11 月。

人口增多了,城市在吃力地扩展,巴黎已经有八百万条腿了,可它们不愿意老是走路。于是公共汽车公司计划开一条通向蒙马特尔的新线路。遗憾的是一个令人恼怒的障碍横在路上,这就是墓地,蒙马特尔墓地。技术为克服这种不利处境想出了办法,在死者上面为生者建造一座狭桥。这样就避免了移动几座坟墓。就在这当儿人们在第四列十一号发现了一座完全被废弃的荒芜的坟地,上面写有奇怪的碑文:"阿里戈·贝尔,米兰人,他写过,爱过,生活过。"一个意大利人埋葬在公墓里？奇怪的碑文,奇怪的人！但偶然一个路人经过这里,他记起来，从前有一个法国作家亨利·贝尔，他要用这样的假名字安葬自己。很快就建立了一个委员会，募集少许的钱，为这句老的碑文买一个新的大理石板。这个失踪的名字突然就又在腐朽了的肉体上发出了光辉，时为1888年，在被遗忘了的四十六年之后。

在这一年，也是令人诧异的偶然，就在人们忆起他的坟墓并再一次把尸体从深处挖出来时，一个年轻的波兰语言教师斯坦尼拉斯·斯特里恩斯基流落在格勒诺布尔，他百无聊赖，有一次去图书馆闲逛，看到在角落里一些陈旧的、尘封的双开本手稿，开始读了起来，并把他的密码破译出来。他越读就越感到兴趣盎然；他试着去找一个出版人；日记，自传《亨利·布吕拉尔的一生》，《吕西安·娄万》重见天日。这样一来，真正的司汤达第一次为人所知了，他的真正的同时代人热情地认识到了兄弟般的灵魂，因为他的作品不是为了他身边的和与他的时代接近的人，而是为了即将到来的下一代人而写的。"我将在1880年出名"，这句话多次出现在他的书里，那时它是一句毫无用处的空话，而现在成了令人惊奇的现实。他的尸体从土里被挖出来，他的作品从死亡中升起来，这发生在同样的历史时刻。这个通常是不可信的人宣告了恰恰到这一年他才复活，作家一向是并且他的每一句话都表明是一个预言家，而在这句话上他也是一个预言家。

　　三作家传

我和世界

没有人喜欢他,他太异于常人了。

创作上的矛盾性在亨利·贝尔身上早就从双亲那里继承下来了;在双亲那里两个不相称的一半糟糕地结合在了一起。谢鲁邦·贝尔——提到这个名字不会想到莫扎特,绝对不会!——是父亲或如他那恶毒的儿子和敌人总是恶意地称呼的"杂种",他完完全全代表了顽强的、吝啬的、见钱眼开的外省资产者,就像福楼拜和巴尔扎克用愤怒的拳头把他掷到文学的墙壁上一样。亨利·贝尔从他身上承袭下来的不仅仅是体型粗壮,肥胖,而且也有渗入头脑里和血液里的唯我主义的自我狂热。母亲亨利埃特·加农则相反,来自浪漫主义的南方,就是从心理上观察也是罗曼语民族。拉马丁可能写过她,或让-雅克·卢梭把她伤感化了:一种温柔——音乐般的,情感放纵的,南方性感的性格。亨利·贝尔的激情,情感上的亢奋,痛苦的和几乎是女人般的敏感神经,皆归之于她,这个早逝的女人。这两种相对立的潮流在他的血液里不停地来回撕扯着,这个分裂性格的特殊产物毕生都动摇在父亲的遗产和母亲的遗产之间,现实主义和浪漫主义之间。因此这个未来的作家亨利·贝尔永远是矛盾的和双重性的。

小亨利·贝尔从小就决定了他的同情属于谁。他爱母亲，甚至，如他自己所承认的，带有一种危险的早熟的激情方式，他嫉妒地仇恨和蔑视"father"，怀着一种西班牙式的冷酷的憎恶，嘲弄般的沉默不语的仇视，异教审判般的窥探的恚恨。心理分析几乎找不到比在司汤达自传《亨利·布吕拉尔的一生》头几页中更无瑕疵的俄狄浦斯情结在文学上的表述了。但这种过早的紧张却突然中断了，因为母亲在他 7 岁时就撒手人寰离他而去。当这个男孩在 16 岁乘上驿车离开格勒诺布尔时，在他心中，父亲就已经死去：从这一天起他用沉默、仇恨和轻蔑去结束他和埋葬他。然而就是浇上碱水，灌上轻蔑的石灰，这个顽强的、冷酷无情的和就事论事的市民父亲贝尔，依然五十年栩栩如生地活在亨利·贝尔的皮肤下面，继续流动在他的血液里；五十年来他灵魂中的两个种类的祖先，贝尔家族的和加农家族的，在他身上相互厮打着，务实的和浪漫的精神还一直不停地在他身上纠结在一起，没有一个能完全战胜另一个。在这一分钟司汤达是他母亲真正的儿子，在下一分钟，还经常在同一时刻，他是他父亲的儿子。时而是羞怯——腼腆，时而是冷酷无情——嬉笑怒骂，时而是心醉神迷——浪漫主义，时而又是疑虑重重——工于心计，甚至在一秒奔向另一秒的瞬息而过的间隔中，寒冷和酷热交织在一起哑哑作响。情感淹没了理性，理智又粗暴地阻拦住感情。这种对立的产物从来就没有完全隶属于这一个或另一个领域：在精神和情感的永恒战争之中，很少发生比伟大的心理战斗——如司汤达所称——更漂亮的战役了。

121

三作家传

但要立刻先做一点说明:没有决定性的战役,没有毁灭性的战役。司汤达没有被战胜,没有被他的矛盾所撕碎,在每一种真正的悲剧命运面前,这种伊壁鸠鲁般的本性保护了一种明确的伦理上的冷漠,一种冷静观察的警觉的好奇。这个本质上警醒的才子毕生都在谨慎地规避所有毁灭性的,所有恶魔般的威力,因为他的聪明的第一信条就是自我保护,就如他在实际的战争中,在拿破仑战争中任何时候都善于躲在后方,远离开射击,于是司汤达在他的灵魂战斗中宁愿选择观察者的安全可靠之处,也不愿参加到决定生死的战斗中去。他完全缺少一个帕斯卡尔,一个尼采,一个克莱斯特所具有的那种最后的道德上的自我牺牲,他们把他们的每一种冲突都强迫地提升到生死存亡的关头。可他,司汤达却在情感遭受矛盾折磨的同时,愉悦地把它当作是一场富有美感的戏剧来加以享受,确保他精神上的安全。因此他的本性从来就没有被他的矛盾所完全左右,他从没有一次严肃地憎恨他的这种二元性,他甚至喜欢它。他爱他的能切割金刚石的精确的理智,把它作为非常宝贵的东西,因为它使他懂得了这个世界。但另一方面司汤达也爱他的情感的激越,他的过分敏感,因为它们使他与平庸的日常生活中的愚蠢和鲁钝区分开来。他同样也认识到与这两种本质一道而来的危险,理智的危险在于恰恰使最最崇高的时刻冷静下来、清醒下来,而情感的危险在于被诱入过分的朦胧和不真实的状态,从而就毁灭了他视为生活条件的清晰。这样他最喜欢的这两类灵魂能彼此学习对方的特性。司汤达不停地做出努力,使他的情感懂得理智,反之使理性变得富有激情。他整个一生都是一个浪漫主义的理智论者，是一个理智的浪漫主义者，这两者紧张而敏感地集于一身。

这样一来，司汤达的每一个公式总是一个两位数，从来不是完整的统一体，只有在这样一个双重世界里他才完全感受到了自己。他永远把他最强力的时刻归功于他的原始的矛盾的渗透和并存。"没有激情他就没有才智。"有一次他这样自言自语，这是说：没有感情的激动，他就不能很好地思考；反之，如果不能立刻测出他自己激动的心的跳动，他就无法精确地进行感受。一方面他神化了梦幻，把它视为他生活情感的最宝贵的条件，"我最热爱的就是幻想"，可没有其对立面，没有警觉，"如果不能看清楚，我的整个世界就化为乌有"，那他就不能生活。正如歌德曾坦诚地说道，人们通常称之为享受的东西，"对他而言永远飘荡在官能和理智之间"，只是由于精神和血液火热般地混合一起，司汤达才感受到世界的富有意义的美。他知道，他的对立的经常摩擦才能产生灵魂的电火花，那种在神经通道中的痛痒和闪光，那种噼啪作响的、紧张的和激发起来的勃勃生气，我们今天一接触到司汤达的一本书、一页纸，依然能感受到它。只是由于这种生命力从一极到另一极的跳跃，他才能享受到他本性中创造性的和发光的力的热度，他那永远清醒的自我提升的本能，投入全部的激情以保持这种持续的紧张性。在他对心理学所做的无数的出色观察中，正如我们的肌肉需要经常的体育锻炼一样，为了不使之松弛无力，也必须对心理力量进行不断的训练、提高和完善。司汤达以一种比任何一个人都更顽强的自始至终的精

三作家传

神来从事他的这项求全求美的工作。为不停地进行认识上的斗争，他保护和关怀他的本性中的两端，怀着像一个艺术家对他的工具，一个士兵对他的武器的同样的爱。他不断地训练他灵魂中的"我"。为了暗暗地保持情感的高度紧张性和"道德的激发"，他每晚在歌剧院借助音乐来激发起他的扩张能力，并且到了老年依然强行地不断追逐新的恋情。为了加强他的记忆——他已经感到衰弱的迹象了——他进行了特别的训练，就像每天早晨磨他的剃须刀一样，他在自我观察的磨刀石上砥砺他的洞察力。他用书籍和谈话每天为自己补充"几立方米新思想"，他充实自己，他激发自己，他使自己紧张起来，他控制自己，达到更细致的强度；他不停地锐化他的理智，不停地使他的感情变得灵活。

借助这种熟练和精湛的自我完善技巧，司汤达达到了理智上和感性上的一种异乎寻常的心灵的细致感受的高度。为了去寻找附在水一般清澈和水一般冰冷的理智上这样一种极为敏感的，而同时又是精神犀利的感知能力，一种皮肤如此细腻，神经如此震颤的情欲，那得对几十年的世界文学史进行一番回顾。如果一个人在皮肤下面有着如此柔细和颤动的神经末梢自觉地、肉欲地紧紧附于其上，那他是不能不受惩罚的。精致总是以易于带来伤害为条件的，对艺术是种恩惠的东西对艺术家说来几乎永远成为生活的苦难。这种超组织化了的本性多么严重地伤害了司汤达的周围世界，他站在一个感伤的和矫揉造作的时代里是怎样的陌生和苦恼！一种这样的智性上的温文尔雅必然感到任何一种粗俗行为是种侮辱，一种这样的浪漫主义灵魂必然感到愚钝,中庸的伦理上的惰性是一种梦魇。像童话中的公主在百条鸭绒被上面能感觉到豌豆一样,司汤达对每一句虚假的言辞,每一种欺骗的表情都感到痛苦。所有虚假的浪漫主义,所有笨拙的夸张,所有怯懦的含混不清对他那全知的本能所起的作用犹如冷水浇到病牙上。因为他对正直诚实和率真自然的感情,他精神上的认识能力使他在每一种陌生的感受上过多和过少都同样觉得是在受苦。"我所厌恶的畜生就是庸俗和造作",既厌恶平庸乏味也同样厌恶矫揉造作。哪怕只有唯一一句感情过于甜蜜的或装腔作势的夸张,就会使他对一本书大倒胃口,一个笨拙的动作就会使一次最美好的幽会大败其兴。有一次他紧张地观察拿破仑的一场战役:尸体狼藉,大炮轰鸣,在血红的云彩中间,落日在玩弄意想不到的彩色游戏,天际被映得通红。这对他那艺术家的灵魂起了不可抗拒的作用,像一次神经麻醉一样。他站在那儿,为之动容,在惊恐中颤抖地激动起来。不幸的是这时站在他旁边的一位将军突然想到用一句狂妄的话——"一场巨人之战!"——来形容这场规模巨大的戏剧,此人心情极佳地对他的邻人这样说道;这样一句蠢笨的、装腔作势的话立即粉碎了司汤达任何一种感同身受的可能性。他快速地离开他,咒骂这个笨蛋,愤怒、失望和怅然若失。每当他那极为敏感的味觉嗅到了一句话中的一丁点儿怪味或一种感情表达中的欺骗,他的感受能力总是要进行抗拒的。模糊的思想,狂热的言谈,每一种感受上的刺激和庞杂都会立即激起这个敏感天才审美上的作呕,因此他很少对同时代的艺术感到满意,因

　　　　　　　　三作家传

为那个时候甜蜜的浪漫主义(夏多布里昂)和伪英雄主义(维克多·雨果)正大行其道;因此他容忍和相处的只有很少的人。但这种过度的超敏感性也为数不少地反过来对准了他本人。凡是他突然发现自身最细小的情感上的偏差,一种不必要的亢奋,一种朝向伤感的跨入或一种怯懦的含糊其词和不诚实时,他就像一位严厉的老师打自己的手心。他那永远清醒和刚正不阿的理智跟着他直潜入最最古怪的梦幻之中并毫不留情地扯去他身上所有的遮羞布。一个艺术家很少这样彻底地教育自己诚实,一个灵魂的观察家很少这样无情地监视着他的最秘密的歧路和迷宫。

　　司汤达有自知之明,他比任何人都更了解自己,他知道这种神经和精神的超常的敏感性是他的天赋,他的美德,也是他的危险。"对别人只造成轻微触动的,就能伤害这个超敏感的人直到流血。"因此司汤达从青年时代起就本能地感到"别人"是与他的自我对立的另一极,是一个陌生灵魂族类的成员。当这个格勒诺布尔的笨拙小男孩看到他的同学无忧无虑地快乐地跳来蹦去时,从很早就感觉到这种另类的存在;这个后来成为稚嫩的下级军官的亨利·贝尔在意大利更痛苦地体验到了这一点,他嫉妒地和徒劳地去模仿他们,他羡慕其他的军官,这些人懂得使米兰的女人顺从,懂得狂妄而自信地把他们的战刀弄得叮当作响。但当时他把他的柔弱的存在,他的窘迫和细腻的情感还当作一种男性的缺陷,当作一种可鄙的卑贱而感到羞愧。多年来他试着——极为可笑和徒劳无功——施暴于他的本性,模仿鄙夫粗汉去大吹大擂,这样做仅只是为了逼真地去装一个粗俗的家伙给他们留下印象而已。这个富有感情的人先是逐渐地、非常费力地、非常痛苦地在他的不可救药的另类存在中发现了他的一种忧郁的魅力:在他身上心理学家苏醒了。司汤达逐渐地对自己感到好奇起来并开始发现自我了。他开始只是察觉他与大多数人不一样,比他们在结构上更精细,更敏感,更灵敏。他周围的人没有一个在感情上如此热烈,没有一个在思想上如此清晰,没有一个混合得如此奇特,这使他在任何地方都能感觉最精细的东西,并且尽管如此在实践上却一无所获。毫无疑问,肯定还有另外一些人属于这奇特一类的"高等的存在",否则他怎能理解蒙田,这位苛刻的,绝顶聪明并且受到凡夫俗子轻视的英才,如果不是与他的方式相符的话;又怎能去感受莫扎特,如果在他的身上,主宰的不是灵魂上同样的挥洒飘逸。这样,司汤达在差不多 30 岁的时候开始第一次预感到,他不是人的一个失败的样本,而是一个特殊的样本,属于那些罕见的、非常高贵的种类,属于"有特权的存在",他们分散地出现在不同民族、种族和祖国,就像宝石在普通的砾岩中一样。他在他们那里感到如在家中(不是与法国人在一起,他抛弃这种归属,如同一件过于窄小的衣服一般),在一个另外的,看不见的祖国里,与许多心灵器官更精密,神经更聪颖的人在一起,这些人从来不会集结成愚钝的群氓和庸庸碌碌的帮派,而只是时而向时代派去一个使者。他抛开他自己的世纪,只为他们而写书,他在他的镜子般的文字中只向他们披露他的情感的秘密,这些人是"幸运的少数",是耳聪目明的人,是聪颖敏悟的人,这些人无须怎么特别地强

　　　　　　　　　　三作家传

调,出于心灵的本能就能够读出和懂得每一个示意每一瞥目光。自从他终于学会了轻蔑以来,他周围那些大喊大叫的群氓与他何干?他们看到的只是字体粗大刺眼的广告文字,他们合口的只是加了辛辣佐料的油腻的菜肴。"别人与我何干?"他让他的于连骄傲地说出来。不,他不会因在这样一个鄙陋的,这样一个平庸的世界没有取得成功而感到羞愧:"平等是欢乐的伟大法则",为了去迎合这群痞棍匹夫,得削足适履,但上帝保佑,他是一个"特殊的存在",一个"高等的存在",一个单一的人,一个特殊情况,一个个人,一个有差别的人,不是牧群中的阉羊。表面上的屈辱,仕途上的停滞,在女人方面的丢脸,文学上的完全失败,司汤达自从发现了他的特殊性就把所有这一切当作他的优越性的一个证明来加以享用。他的自轻自贱的情感胜利地转化为鲜明的骄傲感,司汤达的那种出色的、欢快的和无忧无虑的骄傲感。他现在有意地远离开每一个群体,只是还有一个忧虑,"塑造他的性格",去把他的性格,他心灵的面貌更凸显地标明出来。在一个如此美国化的,一个泰勒体系的世界,只有特殊性才有价值,"只有有点特殊的,才是有兴趣的":如果我们是特殊的,那我们就要坚持,要强化的恰恰是我们身上的奇特性的内核!没有一个荷兰的郁金香痴迷者在培育一个宝贵品种的杂交上比司汤达培育他的矛盾性和特殊性更为小心翼翼的了。他把它们保存在一种他特有的精神本质中,他称这种本质为"贝尔主义",保存在一种哲学里,这种哲学不是别的什么,是在亨利·贝尔身上保持亨利·贝尔不变的艺术。只是为了使自己与所有其他人严格地隔离开来,他自觉地站出来反对他的时代,并像他的于连那样生活——"向全社会宣战"。作为作家他蔑视美的形式并宣称民法是真正的"诗歌的艺术",作为士兵他嘲弄战争,作为政治家他揶揄历史,作为法国人他讥笑法国人:他在自己和众人之间遍布了壕沟和铁丝网,这样就使他们无法靠近自己。不言而喻,他丧失了任何飞黄腾达的机会,作为士兵、作为外交家、作为文人都没有任何成功可言。但这只是更多地增加了他的骄傲:"我不是头畜生,我也就什么也不是。"不,只是对这些鄙夫恶汉而言,他什么也不是,可他们更什么也不是。他不去迎合任何事情,他对他们的阶级,他们的种族,他们的等级和祖国都不感兴趣;作为两条腿的矛盾怪物他用自己的脚走自己的路,而不是混在这群蝇狗之间到处钻营以取得成功。他情愿落伍,情愿自外于他们,情愿茕茕孑立,但自由自在。司汤达天才地领悟了这种自由自在,这种不受任何强制和影响的无拘无束。他只是出于迫不得已而去接受一份职务,去穿一身制服,他付出的恰恰只是绝对所必需的,一分一毫也不再多,仅是为了不被从饭桌边赶走而已。当他的表兄给他穿上套轻骑兵军服时,他并不因此而感到自己是个士兵;当他写长篇小说时,他并不因此而把自己交付给专业写作;当他不得不佩挂外交官的绣花缎带时,他在公务时间里把某一个贝尔先生放到写字台旁,此人只是在皮肤上、滚圆的肚子和骨头上与真正的司汤达相同。但他从不为艺术也不为科学,更少为公务而付出他真正的本质的一部分;事实上,终其一生他的同事中没有一个人想到,曾与一个伟大的作家在同一个连队训练过或在

　　　　　　　　　　　　　三作家传

同一个写字台旁推送过公文。甚至他的那些著名文学同行（巴尔扎克除外）在他身上看到的也只是一个令人愉快的健谈家，时而星期天骑马在田野上驰骋的一个退役军官而已。或许在他的同时代人中，只有叔本华在一个相似的密封的精神隔绝中，像他的心理学上的伟大兄弟司汤达这样活动过和生活过。

司汤达那种独特本质的最后部分永远处在一旁，对这种奇怪的成分进行化学上的探究意味着它是司汤达唯一实际的和有力的作为。他从没有否认过利己主义、自恋这样一类内向的生活态度，正相反，他以他的利己主义为荣，并挑衅地给它起了一个新的挑战性的名字：自我中心主义（Egotismus）。是 Egotismus，这不是印刷上的错误，决不能与它那粗鄙的、野蛮的混血儿兄弟自私自利（Egoismus）相混淆。因为自私自利是要粗野地把一切属于别人的占为己有，它有着贪婪的双手和嫉妒的丑恶嘴脸。它猜忌，悭吝，贪得无厌，甚至混进有精神的动力也不能把它从它那缺乏幻想的情感的野蛮中解脱出来。司汤达的自我中心主义与此相反，它不夺取任何人的东西，他以一种贵族的傲慢任贪财者去敛聚金钱，任贪禄者去谋取高位，任贪名者去炫耀勋章和徽记，随文人去卖弄荣誉的肥皂泡，愿他们以此为幸以此为荣！他从高处轻蔑地俯视他们，露出微笑，看他们如何为了赏金而拉长脖颈和奴颜婢膝地弯下腰来拜官受勋，看他们如何拉帮结派朋比为奸，并以为是在统治世界呢。好啊！好啊！他朝他们露出嘲弄的微笑，没有嫉妒，没有贪心。愿他们装满他们的口袋，填满他们的肚子！司汤达的自我中心主义只是一种狂热的防御，他不踏入任何人的领域，但他也不让任何人越过自己的门槛，他唯一的野心就在人群之中为亨利·贝尔创作一个完全隔绝起来的空间，一个孵化室，在这里面个性的热带稀有植物能不受妨碍地成长起来。因为司汤达唯一的是要从自身培育观点、他的兴趣和他的喜爱，并且唯一的用于自身；一本书，一个事件对别人有多大用处，他觉得完全毫无所谓和无足轻重；一个事实如何影响同时代、世界史，甚至影响永恒，他傲慢地置若罔闻。凡是他满意的，他均称之为美丽的；凡是他瞬间视为适宜的，他在这时刻称之为正确的；凡是他轻蔑的，他加以蔑视。他独持己见，完全被加以孤立，这毫不使他感到不安；正相反，孤独使他的自我感觉愉悦和强化："别人与我何干？"于连的格言在美学上也适用于真正的和有教养的自我中心者。

"但是，"或许这儿一个考虑不周的异议打断了我，"这样一个华丽的词儿（自我中心主义）对所有不言而喻中的不言而喻有什么用处呢？人把他认为是美的称为美，人只按着他个人的判断来校正他的生活，这是太自然不过的事情了！"人们肯定有这样的看法，但仔细地看看，有谁能成功地完全独立地去感觉，独立地去思想？一些人对一本书、一幅图、一个事件基于表面上看来是自己的评价形成了他们的意见，可他们之中有谁还有勇气，敢于自始至终地面对整个时代和整个世界去进行冒险呢？我们大家都在很高程度上不自觉地受到了影响，远比我们承认的要多；时代的空气进入我们的肺中，甚至进入我们的心室，我们的观点和我们的判断与无数众多的同时代的观点和判断相互摩擦,并在与它们的摩擦中不自觉地失去了锋芒和犀利,大众舆论的影响像无线电波一样在大气中传播,这是看不见的。人的自然反应绝不是自我坚持,而是使自己的观点适应时代的观点,是向多数的情感投降。如果人类的多数,压倒性的多数不是性格软弱地曲意逢迎,如果他们中的成百万人不是出于本能和惰性而放弃自己个人的观点的话,那巨人般的机器早就静止不动了。这样每次就需要一种独特的能量,一种愤怒崛起的勇气——认识这种勇气的人多么少啊——抵抗住成百万人的气压而保持住他那隔绝开来的意志。完全罕见和经过考验的力量必须在一个个体中集聚起来发挥作用,这样才能保卫他的特性:一种准确的世界认识,一种精神的快捷的敏锐,一种对所有匹夫鄙汉的绝对蔑视,一种大胆的和非道德的坚定性,而主要的,要三倍的勇敢,一种对自己信念的毫不动摇的,几乎是岿然不动的勇气。

司汤达,这个所有自我中心主义者中的自我中心主义者,有这种勇敢,令灵魂感到愉悦的是,看到他如何大胆地冲向他的时代,一个人面对众人,看到他用令人眼花缭乱的招数和粗暴的攻击穿越了半个世纪一路厮杀,除了他那闪电般的高傲别无什么盔甲可言,他受伤了,从许多隐蔽的伤口里流出血来。但他直到最后一刻巍然挺立,没有放弃一丝一毫的特性和主见。对立是他的禀性,独立是他的狂喜。可以查阅成百的事例,看到这个坚定的投石党人多么强悍多么放肆地去抗拒一种普遍的观点,多么勇敢地去向它提出挑战。在一个一切都为战役而心醉神迷的时代,如他所说的,在法国人们

"把英雄气概的概念无法拒绝地与鼓手长联在一起"的时代,他却把滑铁卢之战当作是各种混乱力量搅成乱糟糟的一团来加以描述。他毫无顾忌地承认,在远征俄国期间(历史学家称这是世界历史上的史诗),他感到无聊至极。他不羞于证实,前往意大利的一次再会情人之旅,要比祖国的命运重要得多;莫扎特的一个咏叹调要比一次政治危机更为有趣。"他才不管征服呢",法国被外国军队占领,这与他何干,因为他早就是一个泛欧主义者,一个世界主义者,他连一分钟也不去关心战争运气的疯狂更迭,时髦的观点,爱国主义("最愚蠢的笑柄")和民族主义,而唯一关心的是使他的精神本性成为真实成为现实。在世界历史的可怖的雪崩中他强调他的这种个人的东西是那样的自负和温柔,这使人们在读他的日记时,都不时感到怀疑,他在所有这些历史性的日子里是否真的是在场的证人。但在某种意义上司汤达确也根本就不在场,甚至是在战争中骑马驰骋或坐在办公桌前,他也只是自己跟自己在一起。他从没有感到出于装模作样,出于感同身受而有义务从心灵上参与到事件中去,这些事件无法从心灵上触动他;正如歌德在具有历史意义的日子里,在《年记》中只写下他阅读中文读物的文字一样。司汤达在他的时代中令世界为之震动的时刻里唯一记下的是他最最个人的重要事情:他的时代的历史和他的历史如同有着另外一种字母和另外一种词汇。因此,司汤达成了他的周围世界的一个不可信的证人,这就如他是他个人世界的一个出色的证人一样。对于他,这个最完美的,最值得称赞的和出色的自我中心主义者而言,所有的事件无一例外地和唯一地都归结为感情,这是司汤达—贝尔,这个一次性的和不再复归的个体,从世界进程中所体验和所经历的感情。或许从没有一个艺术家为了他的自我,比这个英雄的和坚定的自我中心主义者更顽强地、更激烈地、更耽于幻想地生活过,更艺术地去发展本我。

　　但恰恰是通过这种令人嫉妒的封闭,这种细心的隔绝和密封的堵塞,司汤达这个精英才这样毫不减少和毫无混淆地,带着它天生固有的芳香为我们保存下来。这个没有染上时代色彩的人,在他身上我们能出色地观察人,观察在一个稀有的和精致的样本中的永恒的个体,完全摆脱开心理学的观察。事实上,从他所处的整个法兰西世纪中,没有一部作品没有一种性格能如此形式清新、如此新颖、如此不被触摸地保存下来;因为他抗拒时代,他的作品的作用就不受时代的限制;因为他只在他的最内心深处生活,他的作用就生机盎然。一个人为他的时代生活得越多,他也就与它一道死去得越多。一个人在自身保持他的真正本质越多,那他保留得就越多。

艺术家

　　说真的,我不大确信我有让人阅读我的作品的才能。
　　有时候我发现写作是非常快乐的。就这些。

——司汤达致巴尔扎克

司汤达,这位令人嫉妒的文学上的自我保持者,对什么都没有完全地投入,对人、对职业、对公务。当他写长篇小说、故事和心理学著作时,他只是把自己写进这些书里去,这种激情也完全服务于他本人的乐趣。司汤达在他的讣告里把"从没有做过使他不愉快的事情"誉为他生活的伟大业绩。他只是在这种行业使他兴奋的那段时间里才是艺术家,只有艺术服务于他最终的目的,他才服务于艺术,而他的最终目的,也是"愉悦",是他的惬意,他的自娱。这就是说,所有那些推测司汤达——他在这期间作为作家对世界而言已变得重要了——把他的艺术看作是一件类似的重要大事的人都大错特错了。我的上帝,若是被看作是作家团体中的一员,被看作是一个职业的作家,那这个狂热的独立分子该是如何大发雷霆。他的遗嘱执行人完全专擅和故意歪曲了司汤达的最后意愿,把对文学的高度评价刻到了石碑上:"写过,爱过,生活过。"他把这句话凿进了石头里,可遗嘱明显规定的却是另一种顺序:"生活过,写过,爱过。"因为司汤达——他忠于自己的格言——要使这个顺序传至久远。他把生活置于写作的前面,他觉得享受比创作更为重要,创作不是别的,只是他的自我发展的一种令人愉快的补充功能,是抵制百无聊赖的诸多滋补手段之一。对于这位狂热的生活享受者,文学只是一种时而一用的,可绝不是他人格的决定性的表现方式,如果人们认识不到这点,那就不能很好地理解他。

当然,作为一个青年人,初到巴黎,无忧无虑,他也想成为一个

三作家传

作家,当然是一个著名的作家,有哪一个 17 岁的人不想成为作家?他那时撰写了几篇哲学文章,写了一部未完成的诗体喜剧;然后就在长达十四年的时间里把文学完全置于脑后了,坐在马鞍上或办公桌旁,在林荫道上闲逛,忧郁而徒劳地向可爱的女人大献殷勤,对绘画和音乐远比对文学更加热心。1814 年,在他手头拮据,发愁得甚至不得不去卖他心爱的坐骑时,他匆匆地用一个陌生的名字弄出一本书来:《海顿生平》,或者更准确地说,他是厚着脸皮从意大利的作家卡尔巴尼那里剽窃来的文字。可怜的卡尔巴尼后来朝这个陌生的波姆贝先生大喊大叫,说自己受到他惊人的掠夺。随后他又拼凑出一部意大利绘画的历史,同样是从其他一些书里抄来的,穿插上趣闻逸事;这部分是因为这给他带来了金钱,部分是因为他从挥洒自如的书写中,从用假名字去愚弄世界中得到乐趣。他今天充作艺术史家,明天是国民经济学者(他写过《一个针对工业家的阴谋》),后天他成了文学美学家(他写过《拉辛和莎士比亚》)或成了心理学家(他写过《论爱情》),兴之所至,几本书就写出来了。从这些偶然的尝试中他发现写作根本就不困难。人只要聪明并能敏捷地把一个思想说出来,那在写和谈之间就只有很少的差别,而在讲话和口授之间的差别就更微乎其微。(司汤达对形式并不介意,他的书无论是用铅笔草就或者随意轻松地口授而成,这对他都无所谓。)他感到文学充其量是一项令人觉得好玩的消遣。他从没有认为有必要把他真正的名字亨利·贝尔冠在他的作品上面,这足够证明他对名望的冷漠淡然。

直到 40 岁他才更经常地坐下来工作。为什么？是因为他变得野心更大了，更富于激情了，更热爱艺术了？不，完全不是，仅是因为他变得更胖了，因为他——真遗憾——在女人那里取得的成功更少了；多余的和无法填充的时间更多了，金钱更少了；长话短说，因为他需要替代品："为了自己不百无聊赖。"如同假发代替了一度浓密的和乱糟糟的头发一样，对司汤达来说现在是长篇小说代替了生活，他借助他所塑造出来的梦幻，补偿了现实的冒险生活的日益减少；最后他觉得写书甚至是种消遣，并发现自己是一个比沙龙里所有那些闲聊胡扯的人更愉快的和更机智的谈话伙伴。是的，写长篇小说确实是一种非常欢快的、纯洁的、高尚的娱乐，会给一个自我中心主义者带来尊严，是一种时髦的无拘无束的精神游戏，一个逐渐变老的人能从中得到愈来愈多的刺激；前提是不要太认真了，像那些巴黎文人那样，用汗水与野心去弄脏自己的手指。这种事情做起来根本就不是很吃力，三个月就能口授一部长篇，不用打草稿，交给某一个廉价的抄写员，不需要太多的精力和太多的时间。除此之外可以开心取乐，私下里戏弄他的敌人，嘲讽世上的鄙俗气；藏身在一副面具的后面，无须暴露自己，就能忏悔他灵魂中最最轻柔的激动，把它归于一个陌生的年轻人的身上。他可以情欲似火，而自己却无须脸红，他这个老人可以像个孩子一样去大做美梦，而不必羞愧难当。写作就这样成了司汤达的享受，并逐渐成了这个有学识的享受者最最个人的和隐蔽得最好的自我陶醉。但司汤达从没有想到去造就伟大的艺术甚或是文学史。他公开向巴尔扎克承认："我谈论

　　　　　　　　三作家传

的是我喜爱的、我从没有想到过的写小说的艺术。"他不去想形式，不去想评论，不去想读者、报纸和永恒；作为一个无可指责的自我中心主义者，他在写作时唯一想到的是他自己，是他的快乐。到最后，很晚，近50岁时，他才有了一个非同一般的发现：甚至能用写书赚钱。这激起了他的乐趣，因为亨利·贝尔的最高理想永远是孤独和不依赖他人。

然而他的书没有获得真正的成功，读者的口味已经不习惯如此干巴巴的、没有用油和伤感烹调出来的菜肴，他必须为他自己塑造的形象想出一个读者群，完全往前，在另一个世纪，一种精英，"happy few（幸运的少数）"，1890年或1900年那一代人。但同时代人的冷漠对司汤达并没有造成多么严重的伤害。"别人与我何干？"司汤达写作只为了自己。这个日渐衰老的伊壁鸠鲁主义者发现了一种新的、最后的也是最精致的乐趣：在上面阁楼里点上他木桌上的两根蜡烛，去写或口授，这种与他的灵魂和他的思想私下里的、完全内心的自我交谈，在他迟暮之年，比所有的女人和朋友，比弗依咖啡馆，比沙龙中的讨论，甚至比音乐都更为重要。在孤独中的享受和在享受中的孤独——这个50岁的人终于在艺术中发现了他的最初的和最古老的原始理想。

然而那是一种迟来的愉悦，一种晚霞和业已由弃绝的乌云所遮掩的愉悦。因为投入创作太晚了，难以使他的生活成为创作性的，他的创作结束了，他的创作为他那缓慢的死亡奏出来了乐音。司汤达34岁时创作了第一部长篇小说《红与黑》（一部稍早的《阿尔芒斯》认真说来不能算数），50 岁时创作了《吕西安·娄万》，54 岁时创作他的第三部长篇小说《巴马修道院》。这三部长篇耗尽了他的文学功力；从动力的中心来看，这三部长篇只是一个，是一个和同一个的原始——基本经历的三种变化：亨利·贝尔青年时代的灵魂史，这个日益变老的人不想让这个灵魂史逐渐消亡，而是一再要更新它。所有三部长篇都可以冠上他的一个后继者和蔑视者使用过的标题：《情感教育》①。

这三个年轻人：于连，一个受虐待的农民儿子；法布里斯，一个娇生惯养的侯爵；吕西安·娄万，一个银行家儿子，怀着同样炽热的和无节制的理想踏入一个冷冰冰的世纪——他们都是狂热分子，崇拜拿破仑，崇拜英雄，追求伟大，追求自由。出于情感的洋溢他们首先寻求的是一种远比现实生活所允许的更高的、更富有精神和更轻快的形式。他们三个人对女人都有一颗迷惘的、未经触动的心，它里面充满了被压抑的情欲。三个人全都通过严峻的知识而惊醒过来，认识到在一个冰冷世界和荒谬世界里人必须隐藏他那颗火热的心，否认他的狂热。他们的纯洁的起步一下子就撞到了"另一些人"的卑微和市民的恐惧上，被司汤达的永恒的敌人撞得粉碎。他们逐渐地学到了他们对手的诡计，耍弄小聪明的机智，锱铢必较，他们变得狡猾，工于心计和冷酷无情。或者更恶劣：他们变得聪明，精打细算和自私自利，像日益变老的司汤达一样；他们成了耀眼的外

---

① 福楼拜的长篇小说，创作于 1869 年。

交家、商业天才和高级主教。一句话，一旦他们痛苦地感到他们从他们真正的灵魂王国、他们青年时代的王国里被踢了出来，他们就随波逐流，沆瀣一气。

为了这三个年轻人，或者更是为了年轻的失踪了的人——他一度暗暗地在他的胸中呼吸过——为了"他的 20 岁"，为了再一次激情地去经历他的 20 岁，这个 50 岁的亨利·贝尔才写了这部长篇。作为一个知识丰富的、冷静的和失望的才子，他在这些长篇里讲述了他心灵的青春年代；作为一个有艺术造诣的、清醒的理性主义者，他描绘了开端时的永恒的浪漫主义。这几部长篇就这样奇妙地把他的本性中的原始矛盾统一起来。在这儿用老年人的清晰塑造了青年时代的高尚的迷惘，以及司汤达在精神和感情、现实主义和浪漫主义之间的生存斗争，在三大令人难以忘怀的战役中的决战决胜。每一场战役都长久地留在人类的记忆里，像马仑哥、滑铁卢和奥斯特里茨战役一样。

这三个年轻人，虽然有不同的命运，不同的种族，不同的性格，但在感情上却是兄弟，他们的创造者让他们继承了他本性中的浪漫主义并使它得到发展。他们的三个对手同样如此：莫斯卡伯爵、银行家娄万和德·拉·莫尔伯爵，他们也是贝尔，但却是那个完全结晶成精神的理性主义者，是那个后来变得聪明起来的老人，所有的理想都逐渐被理智的伦琴射线烧死和根除了。这三个对手象征地表明，生活最终会把年轻人变成什么，"开始时愤世嫉俗"，最终如何"变得清醒"（亨利·贝尔谈他自己的一生）。英雄般的狂热已经死去,策略和手法的令人乏味的优势取代了魔法般的心醉神迷,一种冷冰冰的赌博乐趣取代强烈的激情。他们统治着世界:莫斯卡伯爵管辖的是一个侯国,银行家娄万主宰的是交易所,德·拉·莫尔伯爵执掌的是外交;但他们不喜欢那些受他们操纵的木偶,他们蔑视这些人,正因为他们对这些人的可怜相认识得太详细太清楚了。他们还能感受到美和英雄主义,但也仅是感受到而已,他们的全部满足换取的仅是青年时代的那种郁闷的、混乱的和笨拙的渴望,它一无所获,永远都是梦幻。正如年轻而火热的诗人塔索①身边冷静而聪明的安东尼奥一样,这些现实存在中没有诗意的人与年轻的对手相峙而立,半是帮助半是敌视,轻蔑背后却是嫉妒,就如同精神之于情感,清醒之于梦幻一样。

　　司汤达的世界就是在男人命运的两极之间绕着圆圈,一极是对美的稚气般迷惘的渴求,一极是追逐具有讽刺意味的占有优势的权力意志。女人们迎向这些年轻人,羞怯和火热的追求者,她们用发出响声的空盘子接住他们狂暴的相思,她们通过她们的善的音乐而安抚他们愤怒的无法得到满足的欲求。她们让他们的情感燃烧起来,司汤达的这些温柔的,甚至在情欲中依然保持雍容华贵的女人:德·瑞那夫人、夏斯特勒夫人、桑塞维利纳侯爵夫人②;但就是神圣的献身也不能使她们的情人保持灵魂上的童贞,因为进入人的生活

---

① 塔索是歌德《塔索》一剧中的主人公,安东尼奥是他的对手。
② 她们分别是《红与黑》中于连、《巴马修道院》中莫斯特里、《吕西安·娄万》中娄万的情妇。

的每一步都让这些年轻人更深地陷入人的劣性的泥沼。这些勇敢的女人有着崇高的,使灵魂得以甜蜜拓展的因素,可在这儿她们面对的一向是鄙陋的现实,是粗俗的实际,是蛇一样狡黠、蛇一样冷酷的卑微的阴谋诡计者和钻营者的温床。干脆地说,他们就是司汤达在恼怒的反对平庸的轻蔑中所乐于当作靶子的人。在他透过他青年时代的浪漫主义的镜片美化女人的同时,作为一个老人他还一再地陷入爱情,与此同时,他怀着全部积聚起来的愤怒把这群下流的罪犯推进到他小说的情节中,就像推到屠宰场一样。他用污秽和烈火去塑造法官、国家检察官、部长、阅兵的军官、沙龙里的聊客,这群渺小卑微的灵魂,每一个人都像粪便一样黏糊糊的、软塌塌的;但是,所有这些零排在一起膨胀起来,多得不可胜数,永远像在地球上一样,他们成功地压倒了那些高尚的人,这是永恒的灾难!这样就在他叙事的风格之中,不可救药的狂热者的悲剧式忧郁与失望者的刀刺般讥讽交替出现。司汤达在他的长篇中用同样的憎恨描绘这个现实世界,就如同用他激情的、郁结起来的烈焰去描绘那个理想的、想象中的世界一样。他在这个领域和在那个领域里都是大师,在精神和感情中的双重世界,对它们一清二楚。

但恰恰是这一点赋予司汤达的长篇以特殊的魅力和地位,它们是他晚年的作品,在情感上是年轻的,在思想上具有认识的优越性。因为只有距离才能创造地解释每种激情的意义和美。"被感动的一个人在感动的时刻分辨不出他感受上的细微差别";他或许让他的狂喜抒情地和颂歌般地涌入无垠,但从不对它加以说明,或叙事般地进行诠释。真正的、叙事的分析要求的一向是清澈透明,平静的情绪,清醒的理智,要求一种超越激情的存在。司汤达的长篇出色地有着这种同时性的内在和外表。在这里——恰恰处于男性在上升和衰退之边界上——一个艺术家内行地描绘了情感。他再一次激动地感觉到了他的激情。但是他懂得它并能够从内心把它创作出来,从外部把它加以界定。在司汤达的长篇里,只有这一点意味着动力,被视为最深的乐趣,意味着内在,被视为他新产生的激情的内部。与外部事件相反,技巧的、臆造出来的东西在艺术家看来并没有什么价值,他相当随意地敷衍了事(他自己承认,在一章结束时他从不知道下一章该发生的事情)。他的作品唯有从内在的波动起伏中才能获得艺术力量和感动力量。在人们注意到这些作品心灵上产生同感的地方,它们是最美的;在司汤达把他自己羞怯的和遮掩的灵魂从他的可爱人物的言语和行动中喷涌出来的地方,在他让他的人物忍受自己的分裂的痛苦的地方,它们是无与伦比的。《巴马修道院》对滑铁卢战役的描绘就是他整个意大利青年时代的一个天才的缩影:如他自己前去意大利一样,为了去战场上寻找丰功伟业,他的于连投奔拿破仑,但现实一步一步地撕碎了他那理想主义的想象。代替刀光剑影的骑兵攻击的,却是现代战役的毫无意义可言的混乱;代替声威显赫的大军的,却是一群乌合之众,一群恶言秽语玩世不恭的战争奴仆;代替英雄的是人,穿多彩的军装和穿普通的民装一样的平庸乏味。这样的清醒时刻在他那里展示得极为出色,无出其右:在我们的尘世空间里灵魂的高度兴奋如何一再地在

　　　　　　　　三作家传

一丝不苟的现实面前化为乌有,没有一个艺术家达到这样完美的力度。只是,在他赋予他的人物以他自己的经历时,他成了超越他的艺术悟力的艺术家:"没有激情就没有思想。"

可奇怪的是,司汤达,这个写长篇小说的作家,他不惜任何代价要去掩盖的恰恰是这种感同身受的秘密。他羞于让一个偶然的,但终归是喜欢嘲讽的读者猜出来,他在这些虚构的人物于连、吕西安、法布里斯身上裸露出他多少灵魂。因此司汤达在他的叙事作品中有意装作冷酷无情,有意冷化他的风格:"我尽一切努力做得生硬。"宁要无情不要伤感,宁要枯燥不要激动,宁要逻辑学不要抒情诗!于是他在此期间把那些咀嚼得直令人作呕的文字传播到世上,他每个早晨在工作之前读民法全书,以强迫自己习惯枯燥的和务实的文风。但司汤达绝不是把枯燥当作他的理想。事实上他用"对逻辑学的偏爱",用他清晰的激情寻求的仅仅是难以觉察的风格,这种风格在描述的后面像似蒸发了,"风格就像一层透明的清漆;它涂在颜色、事实和思想上面,却不改变它们"。文字不应当用充满艺术性的花腔和意大利歌剧院的"装饰音"去抒情地炫耀自己。正相反,它应当在物的背后消失,应当像一位绅士的剪裁得体的服装一样不那么惹眼,应当极度清晰地表现出心灵的运动,仅此而已。对司汤达而言,清晰性重于一切:他那高卢人的清晰性本能地憎恨每一种混沌不清,含糊不明,臃肿拖沓,尤其是那种自我享乐的感伤主义,这是让-雅克·卢梭把这种主义输进法国文学中的。司汤达就是在混乱的情感中也要求清晰性和真实性,要求直接进入暗影重重的心的迷宫。写作对他就是"解剖",就是说把团在一起的情感分解为各个组成部分,测量它们的热度,对激情做临床的观察,像对待一种疾病一样。只有测清自己深度的人,才能男子汉气概地和真正地享受他自己的深度;只有观察到自己的混沌迷惘的人,才能认识到自己情感的美。除了用清醒的精神去思考古老的波斯人的道德,司汤达宁愿什么都不做,狂喜的心灵在痴迷的陶醉中所暴露出来的,就是用灵魂做这种道德的最幸福的仆人,同时依然用他的逻辑做他的激情的主人。

认识他的心灵,通过理智提高激情的秘密,同时对激情进行探索,这就是司汤达的公式。他的灵魂的儿子,他的人物的感受和他一样。就是他们也不愿受盲目的感情欺骗;他们要对它进行监视、谛听、探究、分析,他们要的不仅仅是感受到他们的情感,而且同时要理解。他们经常多疑地考察他们的激情是真实的还是虚假的,是否在它的后面还隐匿着另外一种情感,掩藏着一种更为深沉的情感。当他们在爱的时候,他们总是关掉飞轮并查看他们置身其下的大气压力的计数器。他们不断地自问:"我爱她吗?我还爱她吗?在这种情感中我感受到了什么?为什么我感受不到了?我的喜爱是真的还是被迫的,或者我是说服自己去爱的?或者我是在逢场作戏?"他们经常把他们的手按在他们亢奋的脉搏上,一旦表示激动的热曲线哪怕只有一节拍长的时间停顿下来,他们就会立即发现。在事件迅急狂奔风驰电掣之际,永远的"我在想""我对自己说"中断了叙述的急不可耐的进程;对肌肉的每一次伸张,对神经的每一次撕裂,他都要像一个物理学家或一个心理学家那样找出理性的解释。这里我从《红与黑》中选出那些著名的爱情场面作为例子,以此来证明司汤达让他的人物表现得多么头脑清晰,多么目光犀利而警醒——甚至是在狂热的献出童贞的瞬间。于连在拿他的生命冒险,夜间 1 点他带着一张梯子,把它靠在德·拉·莫尔小姐母亲的敞开的窗户旁爬了进去;一个狂热的、计算周详的行动,浪漫的心灵做过深思熟虑。但他们身处激情之中时,两个人立即变成理智的了。"于连尴尬万分,他不知道该怎么办,他根本感觉不到爱情。在尴尬中他认为必须勇敢起来,他试着去搂抱她。'呸',她说,并把他推开。这种拒绝使他感到十分满意,迅即向四周投去一瞥目光。"司汤达的人物在他们大胆的冒险中间依然思考得如此理性和清醒,如此冷静和警觉。我们再去读这个场面的下一步发展,在激动之中这个骄傲的少女经过深思熟虑之后是如何委身于他父亲的秘书的。"玛娣儿特竭力对他称你而不称您;这种生疏的人称,比谈话的内容更叫她费神。但'你呀,你的'称呼,语调上说不到温柔,于连听了也不特别惬意。他很纳闷地断定,怎么并不感到幸福。稍后,为强求幸福之感,只得乞灵于理智。不难看出自己已见重于这位高傲的少女,而她对人的称赞,从来都不是没有保留的。这样考虑下来,自尊心便大感满足,倒也不失为一种幸福。"①一个"考虑",一个"断定",完全没有柔情蜜意。没有任何狂暴的激情,这个耽于空想的色

_____

① 译文采自《红与黑》,罗新璋译。

情狂(Cerebralerotiker①)诱骗了浪漫的情人,她又再次径直逐字逐句地对自己说:"我得同他说话,这是应当的,得同自己的情人说话。"难道有一个女人会在这样的心绪里被追求?人们必须同莎士比亚一道发问,在司汤达之前有哪一个作家敢于在一个诱惑的时刻让人如此冷静地控制自己和精打细算,并且这些人会像司汤达的所有人物一样绝对不是冷冰冰的如鱼一般的性格呢?但是,在这儿我们就接近了司汤达心理描写艺术的最最内在的技巧,这种技巧甚至把热分解成不同的热度,把感情分裂成不同的脉冲。司汤达从不把一种激情视为一个整体去进行观察,而总是观察它的各个单独部分,他借助放大镜去注视它的结晶,甚至是借助慢镜头。在现实空间里,作为唯一撞击的、痉挛的动作展示出来的,他的天才的分析精神就把它分成众多无限小的时间分子,他在我们眼前艺术性地把这种心理运动放慢,以便我们在精神上更易于理解它。司汤达的长篇小说的情节完全发生在心理的时间而非在尘世的时间内(这是它们的新颖之处),从他开始第一次叙事艺术就致力于明显地展示无意识的功能情节(这预示了一种发展)。《红与黑》开了"实验小说"的先河,后期的这类小说终归与创作的心灵科学结合在一起了。在司汤达的长篇里,某些段落事实上让人想起了一种实验室的清醒或一间学校教室的冷静。但在他那里激情的艺术狂热并不因此而减少,

---

① Cerebralerotiker,Cerebral 意为大脑,erotiker 意为色情狂,指只限于头脑中想象的色情狂。

三作家传

像在巴尔扎克那里一样,富有创作性,只是陷入逻辑性,陷入一种狂热的清晰性的癖好和一种洞悉灵魂的意志。他对世界的塑造只是通向理解灵魂的一条迂回之路,在整个喧嚣的世界里,吸引他灼热的好奇心的只是人类,和在人类中那永远唯一的,令他无法渗透的人,这是司汤达的微观世界。为了去探究这样一个人,他成了作家,成了只是为塑造这样一个人的形象的塑造者。虽说司汤达由于天才成了最完美的艺术家之一,但他个人从没有服役于艺术;他只是把它当作最精致的和最富有灵性的工具来使用,以测定灵魂的震动并把它转化为音乐。对他来说,艺术从来不是他的目的,永远只是他通向他唯一的永恒的目的之路:去发现自我,去使他的自我认识得到快乐。

谈心理学家的快感

> 我真正的激情是认识和体验的激情。
>
> 它从未得到满足。

　　一个诚实的市民在一次社交集会中走近司汤达并彬彬有礼地问起这位陌生先生的职业。在这位玩世不恭者的嘴角四周立刻掠过一丝不怀好意的微笑,小眼睛傲慢而放肆地炯炯发亮,他装作谦卑地回答说:"我是人的心灵的观察者。"这肯定是一种嘲弄,出于对蒙骗的乐趣，拿一个感到惊诧的资产者开心，但这种快乐的捉迷藏游戏确实包含了大部分的真诚，因为事实上司汤达毕生都目标坚定和计划周详地致力于灵魂真相的观察，此外别无其他。

像少数人一样，司汤达认识到了有魔力的心理学家的快感，并几乎是淫乐般地沉溺于这种智者的激情享受之中；他对心灵秘密细致入微的陶醉多么富有说服力，他的心理学艺术是多么潇洒，多么张扬心灵！仅是出于聪明的神经，出于耳聪目明的感官，好奇心在这儿把它的触觉推向前去，并怀着一种精致的淫欲从生机勃勃的物体上吮吸甜蜜的精神的骨髓。这种灵活的理性不需要什么常用的东西，他从不强力地把现象挤压在一起，并拆断它们的骨头，以便把它们塞进一个系统的普洛克路斯忒斯①床里。司汤达的分析有着突然发现的惊喜和愉快，有着偶然相遇的新颖和喜悦。他的阳刚的、高贵的捕获乐趣太骄傲了，不屑于气喘吁吁和汗流浃背地去猎取，用成堆的论据令人生厌地去捕捉知识。他憎恨这门令人倒胃口的手艺：烦琐地去摆弄事实和在这些事实的五脏六腑里翻来覆去进行占卜。他的细腻的敏感性，他手指尖对美学价值的感觉从不需要野蛮的贪婪的抓取。事物的芳香，它们的精髓的飘浮不定的气息，它们的轻如空气般的精神的散射，都向这个味觉的天才暴露了它们内在本质的全部思想和秘密，从最琐细的激动中他能认出一种情感，从逸事中能认识历史，从格言中认识一个人。那种最微不足道

---

① 普洛克路斯忒斯，希腊传说中的强盗，他抓获过路人放在他床上，长的砍短，短的押长。

　　　　　　　三作家传

的，几乎无法把握的细节，"raccourci（微缩）"，一个梅花草大小的感觉对于他就已经足够了；他知道，正是这些细微的观察，"一件真实的小事"在心理学上是决定性的。一个人的独特性和真实性在于细节，他的银行家娄万就这样说过；司汤达本人骄傲地称赞一个时代所热衷的方法，"这个时代喜爱细节，而且有道理"，他已经预感到了下一个即将到来的世纪，这个世纪将不再用空泛的和沉重的，漏洞百出的假设来搞心理学，而是从细胞和杆菌的分子真相出发，推断出身体的情况；从分秒的谛听，从振荡和神经的颤动中，推断出灵魂的强度。在同一时刻，康德的后人，谢林、黑格尔和所有的人在他们的讲台上还像玩戏法似的把整个世界都变到他们教授的帽子中去了。就在这时这个孤独的人已经知道，高塔式哲学家的无畏战舰（Dreadnought）的时代，巨人体系的时代终于完结了，悄悄接近进行小型观察的潜水舰的鱼雷开始统治着精神的海洋。但是在抱有偏见的专家和置身事外的作家中间，他从事这种聪明的猜测艺术显得多么孤独！正如他孤身一人一样，他走在他们所有人，那时的那些诚实的和诲人不倦的灵魂研究者的前头，他由于不受背上一大堆假设之累，而跑在前头，"我既不谴责也不赞同，我观察"。他把猎取知识当作游戏，当作体育运动，只是为了自得其乐！像他精神上的兄弟诺瓦利斯一样——与诺瓦利斯相同，借助创作的思想而超越了所有的哲学——他只是爱知识的《花粉》①，它是偶然飘来的，但却

---

① 诺瓦利斯（1772 — 1801），德国浪漫派作家，他的著名文集即题为《花粉》（1798）。

是充满全部机体的最内在的思想,在这些花粉里面植根深而开阔的体系胚芽般地发育起来。司汤达总是把他的观察限制在最细微的,只能从显微镜中观察到的变化;限制在感情的第一次晶化的瞬间。只有在那里他能觉察到那个灵和肉结合在一起的美好时刻。经院哲学家傲慢地宣称这样的时刻是世界之谜。恰恰在感觉的最小值中他察觉到了真实的最大值。于是他的心理学首先表现为思想的编织物,这是一种微不足道的艺术,一种细腻的玩意儿,但是他有着坚定不移的(和正确的)信念:最细微的精确的感受比起每一种理论更有助于去理解感情的动力世界,"心是用来理解的,而不是用来感觉的"。灵魂的科学除了偶然迸发的感觉,没有别的可靠的进入黑暗的通道。"真正的真实在感觉之中",于是,"毕生聚精会神去观察五到六种思想"就已足够了;法则业已表现了出来——但绝不是独断专横的,而只是个人的———一种精神秩序,去理解它或仅是去预感到它,这就是每一种真正心理学的乐趣和激情。

司汤达做了无数的这类小型的有益的观察,有过少量的和一次性的发现,其中有一些从那以后就成为每一种艺术性的灵魂阐释的公理和基础了。但司汤达本人却不利用他的发现,他把心血来潮得到的念头随便涂到纸上,从不整理出来或系统地进行归拢。人们可以在他的书信里、日记里和长篇小说里找到散落其中的这些能成活的谷粒,完全可以信赖这种发现的偶然性。他的全部心理学著作归总起来由十到二十打警句和长篇中的片段构成,他难得花费力气把一些集结成册,但他从没有把它们联结在一起,成为一个真正的规章,成为一个完整的理论。甚至他唯一的一部关于一种激情的专著——这是他在1822年出版的——即那本论述爱情的书,是一个由片段、警句和逸闻组成的汇编。他小心翼翼地称这项研究不是《爱情》,而是《谈爱情》,或者翻译得更好些:《浅谈爱情》。他顶多是标出几个基本的区别,结构松散,爱的激情,激情的爱,肉体的爱,精神的爱,或者概略地勾勒出一种它们的变化和消亡的理论,但真的是用铅笔(他写这本书事实上确也如此)。他把自己局限在暗示、猜测及不负责任的假设上,把一些有趣的逸事穿插进去,侃侃而谈。司汤达绝不想做一个有深度的思想家,一个穷究底蕴的思想家,一个为他人而思想的思想家,他从不花费力气去进一步追踪他偶尔遇到的东西。这位懒散的"旅游者"在灵魂的欧洲,慷慨地和无所谓地把思考缜密、敷衍铺陈和扩展充实的扎实而勤奋的劳动交给打短工的和剪贴匠,事实上整整的一代法国人自由地改编了他的大部分主题,而他轻易地就把它们演奏出来。从他的爱情晶化理论(这种理论是把感情的意识与那种"萨尔茨堡的树枝"相比,即那种早就用盐水浸泡饱和的枝条放进矿出水加以浸液,它在一秒钟内就会突然地结成透明的晶体)中就产生了成打的心理长篇小说,从他顺手写下的一个关于种族和环境对艺术家影响的评注中,丹纳就提出了一个丰满的、令人屏住呼吸的假设。但心理学对司汤达这个不工作的人,这个天才的即兴式作家吸引的程度从没有超出片段、格言警句的范围,他留下的就只有这些。在这方面他是他的法国前辈帕斯卡尔·尚福、拉·罗歇福柯、沃韦纳格的学生,他们同样出于感情上对所有真理飞速的本性的尊重,从不把他们的观点挤成一个厚厚的、坐在宽大臀部上静止不动的真理。他只是随意轻松地把他的那些知识抛出来,至于它们是否合乎人意,它们今天或百年之后是否有用,这对他来说毫无所谓。他并不在意是否有人在他之前已写过或另一些人在他之后还要再写。他思考和观察完全轻松自如和自然而然,就像他呼吸、说话和写作一样。寻求志同道合的人,从来不是这个自由思想者追求的和操心的事情。看,越来越深刻地去看;想,越来越清晰地去想。这对他来说已足够幸福的了。

像尼采一样,司汤达不仅有好的思想勇气,而且时而也有一种非常有魅力的思想上的狂妄。就是与真理进行赌博,用一种几乎是肉欲的淫乐去爱知识,他都有足够的力气和胆量。这种充满生活情感的精神像冒气泡和滴水珠一样,冒着泡沫,轻飘飘的;可这些单独的警句永远只是他灵魂财富中松散的点滴,偶尔才洒落在边缘上;但司汤达最固有的丰满却永远保留在内心,既寒冷又火热,在一个磨光的高脚杯里,而这个高脚杯只有死神才能把它打碎。然而这些迸溅的点滴有着智者的明亮和振奋的令人为之陶醉的力量;它们像上等的香槟一样,使懒洋洋的心跳动兴奋起来,使郁闷的生活情感活跃起来。他的心理学不是一个受过良好教育的头脑的几何学,而是一种存在的浓炼的精华:这使他的真理如此的真实,他的观点如此的透明,他的知识如此的放之四海而皆准,并且首要的,同时是一次性的和持久的,因为没有一种勤奋思想善于如此内容丰富地捕捉住这一类生机勃勃的东西,如这样一个自主的人所具有的无所顾忌的思想勇气做到的那样。观念和理论像荷马笔下冥府的阴影,永远无形的镜像,是松散的幻影,它们只有饮过一个人的鲜血之后,才能获得声音和形体并有能力与人类谈话。

自我描述

我过去是什么人? 我现在是什么人?

我无法说清楚。

司汤达的令人惊叹的自我描述才能是杰出的,他在这方面除了自己没有别的师承。"要了解人只需了解自己,要了解他们就要与他们交往。"他曾这样说并立即加上一句,他只是从书本上认识人,他的全部研究唯一指向的是他自己。司汤达的心理学总是从他本人开始,它的目标总是唯一地返归到他的自身。但是在这条路上,围绕一个个体的是人的整个灵魂广度。

司汤达在他少年时代就上了他的自我观察的启蒙课。他热烈地爱他的母亲,在她过早亡故之后,他在周围看到的只是敌意和陌生。他还必须否认和掩藏他的心灵,使别人看不到它;他很早就学会了用这种经常的伪装——"奴隶的艺术"——来撒谎。他蜷缩在角落利用他恼怒和气愤的时间对父亲、姨妈、老师,对所有他的折磨者和统治者进行窥视,仇恨把他的目光磨砺得异常犀利;还在他通达世事熟谙社会之前，通过不得不进行的自卫和他的猜疑的逼迫，他在心理学上就已经变得内行了。

这个如此危险的过早受到教育的人，他的第二门功课持续了更长的时间，实际上是他的整个一生：爱情、女人成为他的高级学校。人们早就知道——他本人也不否认这种伤感的事实——司汤达作为一个情人不是一个英雄，不是一个征服者，更不是他乐于打扮成的一个唐璜。梅里美说过，从来没有看到司汤达不在恋爱，遗憾的是几乎总是不幸的爱情。"总的说来我是一个不幸的情人"，在爱情上几乎总是不幸的，他不得不承认，甚至是，"拿破仑军官中很少有军官像他那样占有如此之少的女人"。他从他那膀大腰圆的父亲和热情的母亲那里继承下来一种非常强烈的性欲："un tempérament de feu（激情似火）"，但即使他的激情急不可耐地对每一个女人进行了验证，她对他未必"合适"，司汤达毕生都是一个相当悲哀的爱情骑士的形象。这个典型的耽于空想的享乐者在家里，在办公桌旁，在远离射击的地方，爱情战略不同凡响，"远离她时，他极为大胆，并发誓他无所不敢"；他什么时间会把他逢场作戏的女神弄到手，在日记上他都写下了精确到以小时计的时刻，以小时计，"在两天内我得到她"。但刚一到她身边，这个想成为卡萨诺瓦的人立刻就成了害羞的中学生。第一次冲锋很正常地就以男人在一个已经准备献身的女人面前的一种不光彩的丢脸而告结束（他本人承认）。当他的殷勤必须主动时，他变得"羞怯和愚蠢"；当他应当温柔时，他变得玩世不恭，而在进攻的时刻他却多愁善感起来。一句话,他由于顾虑重重和拘泥呆板而错过了和丧失了最美好的时机;因为窘迫,表现出多愁善感,害怕"上当受骗",这个不合时宜的浪漫主义者把他的柔情藏到轻骑兵的大衣里面,这是一个嗓门高大,粗暴野蛮,哥萨克般的轻骑兵穿的大衣。因此他在女人那里遭受到了"惨败",这是他生活中感到绝望的事情,他秘而不宣,可最终由朋友们无意中泄露出来。司汤达毕生十分渴望明确的爱情上的胜利,除此别无其他,"爱情一直是我的头等大事或者说是我唯一的事",他对任何人,对哲学家、诗人,甚至对拿破仑也从没有流露出像他舅舅加农对他的表兄马狄雅尔·达吕那么多的真正的尊敬,因为他俩没采用任何精神或心理的手段就占有了无数的女人,或许正因为如此,司汤达才逐渐地认识到了,好像除了太过囿于感情,那就没有什么能妨碍在女人那里取得积极的成果。"只有赢得一个女人所花费的力气不比赢得一局台球多,那样你才能在女人那里取得成功",他最终说服自己。"我太敏感了,没有浪荡子的才能",他没有对任何问题更持久地,更苦心孤诣地思考过。恰恰是这种涉及性爱的神经质的和猜疑的自我解剖,他(我们与他一样)把这归功于他对他感情的最精细的纤维有了完整的认识。他自己讲到,把他造就成这样的心理学家不是别的,而是爱情上的失败,是他征服女人数量之少(总共是六个或七个);如果他像其他人在爱情上那样幸运的话,那他就不会逼使自己那样顽强地去研究女性的心理,去研究她们的最细腻最温柔的要素了。司汤达学会在女人身上审查他的灵魂,也是在这儿,一种遏制把这位观察者训练成为卓越的行家里手。

　　但司汤达这种系统的自我观察导致他异常过早地做了自我描述，还有一个极为特别的原因：司汤达有着一种糟糕的，或者说得更好些，一种非常偏执的和任性的记忆力，无论怎么说都是一种不可信的记忆力，因此他手中从不离开铅笔。他不断地记呀记呀，在读物的边上，在零散的纸头上，在信上，更主要是在日记里。害怕忘记重要的经历和中断他生活的继续，他总是把每一次感情的激动，每一个秘密，都立即用文字记下来（这是他有计划和坚持不懈创作的唯一的艺术作品）；他给居里亚尔伯爵夫人写了一封令人震惊的，被啜泣湿透了的爱情信，用一个记录员的铁石般的务实精神记下了他们关系是什么时候开始的，什么时候结束的，他什么时候甚至在几点钟才终于征服了安格拉·彼得拉格鲁瓦。人们经常会有这样的印象，他手中有笔时，他便开始进行思考。最终说来，我们应当把司汤达六七十卷的自我观察——这里面包括凡是所能想到文学的、书信的和趣闻逸事般的表述——归功于这种神经质的书写癖（今天还有一半没发表）。不是一种虚荣的或暴露狂的自白欲望，而是自私的恐惧，司汤达不愿意让那种永远不会再得到的材料在他并不牢靠的记忆里渗漏出一点一滴，司汤达的传记就这样为我们完全地保留下来。

　　司汤达对他的记忆的这种独特性，如属于他的一切一样，以一种明察秋毫的清晰性进行了分析。他首先断定他的回忆能力是自私的。"我绝对记不住那些我不感兴趣的事。"因此心灵之外的东

　　　　　　　　　　　　　　　　　　　三作家传

西他记得不少,没有数字,没有日期,没有事件,没有地点;他完全忘记了那些重大历史事件的细节;他从不注意他在什么时间遇到女人或朋友(甚至是拜伦和罗西尼);但他不否认这个缺点,他不假思索地承认:"只有触动情感的东西我才希望是真实的。"只有在他的情感受到触动时,司汤达才保证实实在在的真实性。他在他的一部作品里郑重地"抗议",说"我从不敢于去描述事物的真实性,而唯有事物给我留下的印象","我不能说描绘的是它们本身,那仅仅是它们在我身上产生的效果"。没有什么更清楚地表明,对司汤达而言,事物除非引起灵魂激动,否则根本就是不存在的。这种绝对片面的情感记忆以一种无与伦比的锐利在发挥作用,他是不是曾经同拿破仑说过话,这完全没有把握,他不知道,他是否真的记起他越过圣·伯纳德出口,或者记起的是一幅铜版画;同一个司汤达钻石般清晰地记得一个女人瞬息即逝的表情,她的一种声调,她的一个动作,但这只在他内心因她而激动时方能如此。凡是感情没有投入之处,那停滞不动的黑暗的雾层就笼罩在那里,经常是长达数十年之久;更为奇特的是,凡是感情的投入过于强烈之处,司汤达的记忆力就被破坏殆尽。上百次,恰恰是在他生活最为紧张的时刻(描述越过阿尔卑斯山,巴黎之行,第一次爱情之夜),他重复他的论断:"我对此没有什么记忆了,感情过于强烈了。"除了这种范围狭窄的感情领域之处,司汤达的记忆(也包括他的艺术家气质)从来都不是无可指摘的:"我只考虑人的图画,超出这个范围我一无所成。"在司汤达那里唯有强调灵魂的印象才能抵抗住遗忘。因此这个彻头彻尾的自我中心主义者,其自传性的东西从来不能成为世界的见证人。他根本就不能回头去思考,他只能回头去感觉。在通过灵魂中反射的迂回道路上——就是说不是径直的——他重建了事实的过程,"虚构他的生活",代替寻找的是编造,他从感情的回忆中去臆造事实。这样他的自传就有些像小说,正如他的小说有些像自传一样;人们不要指望从他那里得到他个人世界的一种如此完整的描述,如歌德在《诗与真》中所做的那样。就是作为一个自传撰写者,司汤达也自然而然地是一个片断作者,一个印象主义者。事实上他只是在他的日记里用松散的偶然的落笔和札记开始了他的自我描绘,这部日记几十年持续不断,不言而喻,它只是仅供自己使用而已。他先是只记下,只固定下来一些小的激动,只要它们还是热的,只要它们在手上不安地跳动,像捕捉到的一只小鸟的心脏那样!不要让它们飞走,把一切抓住、握紧,不要相信记忆,这是条骚动不安的河流,它会把一切都从自己的河道中推开,冲走!并不怯于将无关紧要的东西,将感官的那些光秃秃的儿童玩具杂七杂八地堆在一起;有谁知道,也许成年人恰恰会最喜欢拜倒在他那消逝了心灵中的怪异和平庸之前呢。因此这是一种本能,它让这个年轻人细心地把情感中微小的闪电般的画面搜集起来、保存起来。这个成熟了的人,这个有造诣的心理学家,这个卓越的艺术家,稍后会心怀感激和行家般地把它们安排进他青年时代的历史画卷中去,这就是那部自传,他称它是《亨利·布吕拉尔的一生》,是他晚年对他儿童时代的奇妙而浪漫主义的一瞥。

像他的长篇小说一样，司汤达直到后来才有意识地，在自传性作品中从事他青年时代的精神建筑。在罗马蒙托里奥的圣·彼得的台阶上，一个衰老的人坐在那里，回顾他的生活。再有一两个月他就 50 岁了：过去了，青年时代终于过去了，女人、爱情也终于成为过去了。现在该是发问的时候了："我是谁？我过去是谁？"时间过去了，心灵在进行探索，为振奋和冒险做更好的准备，更充满力量：现在时间要求做一个总结，去回顾往昔。晚上，司汤达刚从公使的晚间聚会无聊地（之所以无聊，是因为他再不能征服女人，那些漫无边际的闲谈变得令人疲惫）返回来，他就突然决定："我必须写我的生活！如果这件事能在两三年内做完，那我或许终于知道，我过去是什么样的人了，是欢乐还是忧郁，而主要的，是一个幸运儿还是一个不幸的人。"

一个轻松的决定，一次巨大的任务！司汤达做好了打算，在这部《亨利·布吕拉尔的一生》中——他要用密码写他，以便使那些好奇心盛的人认不出来——要写"就得要真实"；但是他知道这有多么困难；真实，这种保持真实是与自身相悖啊！在这个往昔的黑暗迷宫里该怎样保持清醒，在荧光和亮光之间该如何分辨，又该怎样避开戴着面具在道路的每一个转弯处等待他的谎言！司汤达这位心理学家发明了一种天才的方法，这是第一次，也许是唯一的，不让过于快意的回忆的假铸币相互间撞在一起，即是说：奋笔如飞，不查对，不去再思考，"我从不隐瞒我自己，这是我的原则"。羞愧和忧虑就这样简单地被冲破了。在这个自我审判官、这个检察官内心清醒之前,就令人诧异地一股脑倾吐出了他的供词。不是画家般的工作,而是一个抢镜头的摄影师!在这种原始亢奋做出一种艺术性的、戏剧性的姿态之前,它一直在它的典型的动作中固定下来。司汤达文不加点,一挥而就写下了他的回忆录;事实也是如此,他从没有去通读,对风格,对统一性,对方法的表现力是那样毫不在意,好像通篇仅是写给朋友的一封私人信件而已:"我不撒谎,并希望不抱幻想,愉快地如写给朋友的一封私人信件一样。"这句话里每一个字都是重要的,司汤达写他的自我描述,"像他希望的那样"真实,"不抱幻想","愉快地",和"如一封私人信件一样",并且"不像让-雅克·卢梭一样去艺术地撒谎"。他有意识地为了他的回忆的真实牺牲了美,为心理学牺牲了艺术。

　　事实上,从纯艺术的观点来看,《亨利·布吕拉尔的一生》,如它的续篇《一个自我中心主义者的回忆录》一样,是一项令人怀疑的艺术贡献,此外它们都是仓促写就的,过于草率,过于没有章法。凡是司汤达回忆的事情落入他的手上,他就闪电般地把它写进书里,不管它们放在那个段落是否合适。正如在他的日记里一样,最精致的与最肤浅的相邻,最古怪的老生常谈与最隐秘的事情为伍。但恰恰是这种信笔写来,这种随意的自我讲述,暴露出了其真实性,其中每一个单一的都比通常的一个对开本的册子更具有灵魂记录的价值。那类关键性的供词,如涉及他对母亲危险的爱慕的不雅文字,他对父亲的野兽般的狂热憎恨——在其他人那里此类东西都会怯懦地爬到下意识的角落里——只要一个检察官还有时间监视它,它在这时刻是不敢出来的。这些最隐秘的事情——人们不能有其他的说法——是在故意通过道德上的疏忽而偷偷贩运进来的。只有通过这种天才的心理学体系——司汤达从不让他的那些情感有时间去修饰"美"或"道德"——在它们最敏感的地方，在它们向其他人，那些愚笨的人，迟缓的人，高喊着跳离开的地方，他就真正地抓住了它们：赤裸裸地，灵魂完全赤裸裸地，这些被捕获住的罪恶和异乎常情的行为，完全不顾羞耻地突然站在光秃秃的纸张上，并第一次凝视着人的目光从一个稚弱的孩子心灵中倾泻而出，是怎样奇怪的、狂暴得令人感到悲哀的惊恐不安，是怎样一种有着恶魔般原始力量的愤怒感情！有谁能忘记这样的场面：当仇恨他的姑妈塞拉芬死的时候（她是两个魔鬼之一，另一个是他的父亲，"他们就是来折磨我可怜的童年"），这个小亨利，这个充满怨恨的极端孤独的孩子是怎样"跪倒在地感谢上苍"的。紧接着是那个小的注解（在司汤达那里，情感是迷宫般错综复杂地纠缠一起的），就是这个魔鬼有一次激发起孩子的性早熟，有一秒那么长的时间（描写得非常精确）。在司汤达之前，人们几乎觉察不到，人可以分成如此多的层次；最对立的和最矛盾的，在表皮的神经末梢处，是如此相互触动：在稚嫩的儿童灵魂中，卑微和崇高，野性和温柔，如此充满了整个细小的空间，它们一页一页地垒在一起；恰恰是从这种完全偶然的、不被注意的发现中，才真正开始了自传中的分析。

正是这种漫不经心，这种对形式和结构，对后世和文学，对道德和批评的漠然处之，出色的私人性和自我享受性的尝试，使亨利·

布吕拉尔成为一份无与伦比的灵魂文献。在他的长篇小说里,司汤达毕竟还要成为一个艺术家。在这儿他只是一个人,一个个体,完全受自己的好奇心左右。他的自画像有着一个片断作者的无法描述的魅力,有着一个即兴作者的自发的真实性。人们永远不能从他的作品,从他的自传中彻底地认识司汤达。人们感到自己一再被吸引过去,去解开他的谜底,在认识中去理解他,在理解中去认识他。那色彩朦胧,冷热一体,被神经和精神震颤的灵魂,就是在今天还热烈地在生者中间继续发挥作用。在他塑造自己的同时,他把他对好奇的乐趣和预知灵魂的艺术带入新的一代,并授给我们自我询问和自我谛听的令人心旷神怡的乐趣。

他的当代形象

我将在 1900 年被理解。

——司汤达

司汤达跳过了整个世纪,19 世纪。他在 18 世纪,在狄德罗和伏尔泰的粗俗的物质主义那里起步,落脚在我们的心理学时代,这是心理学已变成科学的时代。如尼采所说,"为了赶上他,为了解开几个令他心驰神往的谜语,这需要两代人"。令人惊奇的是,他的作品很少变得老化和冰冷,他的有前瞻性的发现,其中好大一部分早就成为人类共同的财富,他的某些预言还欢快地活跃在正变为现实的河流之中。他早就飞得远远的,把他的同时代人抛到后面,只有巴尔扎克是个例外;他们两人不管在艺术活动上是如何的对立,但只有这两个人,巴尔扎克和司汤达,超越了自己的时代;巴尔扎克把层次和再次组合,把金钱的社会性超级权力,把那当时既定关系的政治机制放大到可怕的程度;司汤达则相反,他"用有预见的心理学眼睛,用他捕捉的事实"把个性切成小块,并细致入微地加以区别。社会的发展说明巴尔扎克是正确的,而新心理学说明司汤达是正确的。巴尔扎克对世界的审查,预见的是现代的时代;司汤达的直觉,预见的是现代的人。

司汤达的人受过自我观察的训练,受过心理学的教育,意识上更为欢乐,道德上更不受束缚,神经更为敏感,对自己更为好奇,对所有那些冷冰冰的认识论感到厌倦,只是渴望对自己本性的认识;这就是今天的我们。对于我们,不同的人不再是怪物,不再是异类,可在浪漫主义者中间陷入孤独的司汤达自己还能感受到就不是这样的对待。因为心理学和心理分析的科学从那以后就使我们手上有了精密的工具,去揭穿秘密,去拆开难解之结。这个"预感怪异的人"(尼采又一次这样称呼他)从他的驿车时代,从他的拿破仑军装上就已经与我们知道得一样多,他同我们谈起了他的非教条主义,他超前的亲欧洲思想,他对世界机械般清醒的憎恶,他对一切浮夸的群众英雄主义的仇恨!他对他那个时代中感伤的情感膨胀而表现出的桀骜不驯显得多么合乎情理,他对他的世界、时代用我们的眼光认识得多么清晰！他用他那古怪的文学实验留下了无数的踪迹,开辟了无数的道路。没有他的于连,陀思妥耶夫斯基的《拉斯柯尔尼科夫》是无法想象的;托尔斯泰笔下的波罗底诺战役,没有司汤达对滑铁卢战场的翔实逼真的描绘作为经典的样板,同样是无法想象的;尼采狂暴的思想欢乐,很少从其他人那儿像从司汤达的语言和作品里获得勃发的生机。他们终于朝他走来了,这些"亲爱的兄弟",这些"高级生物",他在他活着的时候曾徒劳无功地寻找过,一个迟来的祖国,它唯一承认他的自由的世界主义者的灵魂,那些"与他相似的人"赋予他永久公民的权利和公民的花冠。他的时代里没有一个人——除了巴尔扎克,他是唯一向他致以兄弟般问候的人——今天在精神上和感情上与我们同时代般的亲近,借助印刷的心理学媒介,借助冷冰冰的纸张,我们感觉到与之亲密无间,并熟稔他的形象。这是无法解释的,尽管他像很少几个人那样探索过自己,在矛盾中动摇不定,在谜般的色彩中发出磷光,塑造得神秘,举动也神秘,自身完成却没有结束。但却一直是生机勃勃,生机勃勃,生机勃勃。因为下一代人恰恰最喜欢把古怪的人召唤到他们中间,恰恰是灵魂的最最轻微震动在时代里有着最远的波长。

高中甫　译

托尔斯泰

没有任何东西能像一种毕生的事业那样,归根结底就是能像一个完整的人生那样,产生强烈的影响,并且迫使所有的人都进入同样的心境。

——日记,1894 年 3 月 23 日

序言

重要的不是人达到道德上的完善,而是道德完善的过程。

——老年日记

"有一个人名叫约伯,住在乌斯地区;他是一个好人,行为严谨,敬畏上帝,不做任何坏事。他有七个儿子,三个女儿。他拥有羊七

千,骆驼三千,驴子五百。此外,他有成群的仆人;在东方人当中,他算是首富了。"

《约伯记》就是这样开头的,约伯一直是幸福满足的。有一天上帝击打约伯,使他长毒疮,使他从昏昏沉沉的舒服愉快中清醒过来,产生思想的痛苦。列夫·托尔斯泰的思想史也是这样开始的。他在世界上最强有力的人中也是"首屈一指"的,他居住在世代相传的庄园里,富有而且舒适。他的身体健壮有力,他可以把他所喜爱的姑娘娶回家里为妻。于是这个妻子就给他生下了十三个子女。他用手和心写出的著作已经永存不朽,照耀着整个时代。这个广有影响的雅斯纳亚·波良纳庄园主纵马向前奔驰的时候,当地的农民都躬身施礼,表示敬畏,全世界都对他如雷贯耳的声望表示敬畏。正如约伯在受到考验前一样,列夫·托尔斯泰也是一直无所追求的,他曾经在一封信里写下世上最放肆的一句话:"我是彻底幸福的。"

他所拥有的一切在一夜之间突然全都失去了意义,失去了价值。

他这个辛勤的劳动者对工作产生了厌恶,他觉得妻子陌生,子女全都无关紧要。在夜间他辗转反侧,从床上起来,像个病人那样不住地来回踱步。白天他坐在书桌前昏昏沉沉,眼光呆滞,两手麻木。他也曾匆匆上楼把猎枪锁进橱柜里,以防把枪对准自己。他经常不住地呻吟,仿佛他的胸膛要崩裂似的。他还在昏暗的房间里唉声叹气,像个孩子。他不再拆看信件,也不再接待友人。儿子们看着他,都畏缩不前。妻子对于他这个骤然变得面色阴沉的丈夫深感绝望。

突然发生如此转变,其原因何在呢?是疾病在暗中吞噬他的身体吗?是他浑身长了毒疮吗?是来自外部的不幸对他的冲击吗?列夫·尼古拉耶维奇·托尔斯泰究竟发生了什么事情,弄得他这个最坚强的人变得如此郁郁寡欢,他这个全俄罗斯最坚强的人变得如此阴沉悲哀?

答案是令人可怕的:没有发生什么事情!他没有遇到什么问题,或者换一种更为可怕的说法:其实没有任何问题。托尔斯泰在各种事物的背后看到的是虚无,在他的内心里有某种东西被撕碎了,有个通向内部的裂缝张开了,这是一条狭长的黑色裂缝。他的眼睛流露出震惊,被迫呆呆地看着一片空虚,看着在我们自己温暖的、血脉流畅的生活背后的其他陌生、冷酷和无法理解的事物,看着在短暂存在的背后的永恒虚无。

凡是对这种无法命名的深渊看过一眼的人都再也不能够把目光转开,黑暗如同狂涛奔腾,流进他的感官,熄灭他的生命的光泽和颜色。他嘴上的欢笑一直是冷冰冰的。不感觉到这种寒冷,他就再不能取得任何东西。不联想到另外一种东西——虚无,也就是空虚——他就再不能看到任何东西。一切东西都是从刚才还是完整的感受中跌落下来,变得枯萎和没有价值。荣誉变成了见风使舵,艺术变成了愚蠢行为,金钱变成了黄色废物,而自己不停地呼吸的健康身体则变成了蛀虫之家。这个看不见的黑色嘴唇吮吸了一切价值的汁水和香甜,这个可怕的、吞噬一切和像夜一样漆黑的虚无,爱伦·坡的席卷一切的《大旋涡》，布莱兹·帕斯卡尔的那个比一切思想深度还要深的《深渊》，一旦对谁敞开，使人感到恐惧，那么，这个人就感到世界冻结了。

对于虚无，把一切东西包起来、藏起来的做法是白费力气，把黑暗的这种吮吸称为上帝，宣告为圣徒，是不解决问题的。用《福音书》的书页封贴虚无的黑色大洞也是无济于事的，因为这种原始黑暗能够穿透一切羊皮纸，熄灭教堂里的一切烛光。从宇宙之极来的这种严寒是不会在说话的微温呼吸中暖和起来的，为了压下这种死一样沉重的寂静而开始高声传道，如同小孩子在树林里要用大声唱歌压住自己的恐惧那样，也是无济于事的。对于曾经深受惊吓的人来说，什么意志，什么智慧都不能再度照亮他阴暗的内心。

托尔斯泰在他有世界影响的生命的第五十四个年头对这种巨大的虚无第一次正视起来。从这个时候起直到谢世，他始终毫不动摇地凝视着空虚的大黑洞，凝视着在自己生存背后的那个无法理解的内部。但是，即使是在正视虚无的时候，托尔斯泰的目光也还是敏锐和明亮的。这是我们这个时代所见到的最有学识和最有智慧的目光。从来没有一个人以巨人的力量与无以名状的东西，与短暂性的悲剧进行斗争，从来没有一个如此坚定的人针对命运给人提出的问题，提出询问人类命运的问题。没有人更可怕地遭遇到彼岸人那种空虚的、吮吸灵魂的目光，没有人更为出色地忍受过这种目光。因为托尔斯泰黑色瞳仁中刚强的良心对艺术家明亮、勇敢、敏锐的目光提出了反驳。面对生存的悲剧，列夫·托尔斯泰没有，从来没

　　　　　　　　　　　　　　三作家传

有怯懦地压低目光或者闭上眼睛。他的眼睛是我们新艺术的一双最清醒、最诚实和无法收买的眼睛。因此,赋予不可理解的以一种形象的意义,赋予无法避免的以真实,这种英勇的尝试是无比出色的。

从 20 岁到 50 岁这三十年间,托尔斯泰是在创作中生活的。他无拘无束,无忧无虑。从 50 岁一直到去世这三十年间,他完全是为了生活的意义和对生活的悟解而生活的。在他给自己提出无法估量的任务以前,他一直是这样轻松地生活。那任务是,他为真理而进行的斗争不是为了拯救自己,而是为了拯救全人类。他执行这项任务,从而成了英雄,而且几乎成了圣徒。他为这项任务付出了生命,这使他成了一切人中最有人性的人。

肖像

我的面孔就是一个普通农民的面孔。

他的面容如繁茂的丛林,可以窥探内部的各个通道都被封住了,主教式的胡子如波涛涌流。他的面颊几十年来为性感的嘴唇所淹没,现在满布了一层树皮一样皲裂的褐色皮肤。他的眉毛粗壮,有手指般宽,像是扭结在一起的树根,又像是茂盛的灌木。在他的头顶上是密集而杂乱的一束束头发,像是晃动的浪花。他这像混沌世界一样混乱的头发,繁茂得如同到处混杂蔓生的热带植物。

因此,要认识他的真容,我们就得从他的脸上除掉那稠密的胡须。只有他青年时代的肖像,他那没有胡子的肖像,才能让我们看到他的真正的形象。看过他的肖像以后,人们都感到吃惊,因为这位贵族英才的面孔轮廓是粗线条的,简直无异于一个农民的面孔。他的外貌毫无艺术感,显得很粗野,几乎是平庸粗俗。

在他的脸上到处都是阴影和昏暗,到处是坑坑洼洼和严酷的艰辛。无论哪里都没有奋发向上的活力,没有溪水流动的明亮,也没有勇敢精神的升华。无论哪里都没有射进光明,无论哪里都没有焕发光辉。对于这一点谁要是否认,那么,他就是在进行美化,他就是在撒谎骗人。青年时代的托尔斯泰,他对自己这副令人失望的尊容早就有所了解,任何与他的容貌有关的暗喻"都使他感到不愉快"。他深感怀疑的是,"有这么一个宽平鼻子,这么一副厚实嘴唇和这么一双灰色小眼睛的人会有人世间的幸福"。因此,他这个年轻人很早就把自己惹人生厌的脸隐藏在黑色胡须这个严密的假面具后边。后来,那是到了很久以后,年龄才使他的胡须透出银白色的光芒,令人敬畏。只有在最后十年,这块阴沉沉的乌云才散开了。

有这副普普通通的俄国人相貌的人,人们可能想到他是其他任何行业的人,而不可能想到他是个文化人,是个作家,是个塑造人物的人。托尔斯泰作为少年,作为青年,作为成年男人,甚至作为白发老人,始终都像芸芸众生中的普通一员。什么样的外套都合他的意,什么样的帽子他都喜欢戴。他无论在哪里,无论干哪个职业,无论穿上什么衣服,无论在俄罗斯的什么地方,都不会引起人们的注意。他作为大学生没有任何特色,作为军官如同任何一个腰挎战刀的人一样,作为农村贵族如同任何一个容克地主。如果在乘车时他与一个长白胡子的用人并肩坐在车上,那么,我们就得很细心地观察,在车夫座位上的这两个老人中间到底哪一个是伯爵,哪一个是车夫。他的面孔看上去是典型的俄罗斯人,正是由于托尔斯泰胸中装着整个俄罗斯,所以他的面容不是他个人的面容,而是俄罗斯的面容。

因此,他的样子最初几乎使所有第一次看到他的人感到失望。瞻仰他的人不远千里而来,敬畏地聚集在接待厅里恭候这位大师,每个人都在等待这个扣人心弦的时刻。在大家的想象中他是一个高大威严的人,胸前飘着大主教的胡子,他伟岸挺拔,具有巨人和天才的外表。这时候接待厅的大门终于打开了,快看呀!一个矮个头粗胖的人,长髯飘舞,迈着几乎是飞动的步子,十分轻快灵活地走了进来。他在颇为惊愕的客人们面前停住脚步,亲切微笑地站定。他用快速的语调活跃地与客人交谈,并灵巧地向每位客人伸出手来。客人们在握住他的手的时候,内心深处感到惊讶。怎么?这个亲切随和的人,这个"灵活的发白如雪的老人",果真就是列夫·托尔斯泰吗?先前对伟人的恐惧感烟消云散了,他们在好奇心的驱使下有些兴奋起来,胆敢细看他的容貌了。

可是仰望的人突然都惊呆了,在热带灌木丛似的眉毛后边,青灰色的目光像豹子一样向他们扑了过来,这就是前所未闻的托尔斯泰的目光,没有一幅画表现出来,只有亲眼看到过这位大人物面貌的人才说到过的这种目光。它如同一把刺刀,光亮闪闪,像钢铁一样坚硬,牢牢地对准每一个人,要想避开它,那是不可能的。托尔斯泰最初的目光审视是无法防御的,它如同炮弹,能射穿伪装的一切装甲,如同金刚石能切割一切玻璃镜子一样。屠格涅夫、高尔基及其他数以百计的人都可以做证:在托尔斯泰这种穿透力极强的目光面前没有人能够撒谎。

但是这目光只是在一瞬间如此冷酷和严厉,随后他眼里便又显露出彩虹,发射出灰色的光芒。这光芒在有所抑制的微笑中闪烁不定,或者亲切地变成柔和的、令人舒服的光辉。他那双颇有魅力和不大安静的瞳孔里的感情有种种变化,飘忽不定,就像云影在水面上不住地飘摇那样。愤怒能使他的瞳孔迸发出独特的冷酷的闪电,烦闷能把这对瞳孔凝成冰一样透明的结晶,亲切宽容使这对瞳孔如同阳光普照般的温暖,狂热激情又能使这对瞳孔起火燃烧。紧绷的嘴巴不用动弹,这对瞳孔就能产生发自内心之光的微笑,他的瞳孔是无比神秘的星辰。在为悦耳的音乐而情绪激动的时候,这对瞳孔能够"哭得泪如泉涌",就像农妇的眼泪那样。这对瞳孔能够从精神满足中获得明亮度,也能够在忧伤的阴影笼罩的时候,突然抑郁地转为昏暗,并且逃避一切人,令人难知底蕴。这对瞳孔能够进行毫无同情心的冷酷观察,能够像外科手术刀一样进行切割,也能够像 X 射线一样进行透视,然后又重新变成充满轻松好奇、闪烁不定的目光。——他这一双"最有雄辩力的眼睛",本是从人的额头里闪光发亮的,所以能够讲富有一切感情的语言。因此高尔基为这一双眼睛找到最形象的言语:"托尔斯泰在自己的眼睛里拥有上百只眼睛。"

托尔斯泰的面貌在这双眼睛里,而且完全是由于有了这双眼睛,才有了天才。他的目光能像苍鹰那样,对准任何具体的东西像箭一样俯冲下去,但是他的目光同时也能够对无边无际的整个宇宙进行全景环视。他的目光能够在精神的高峰上燃烧,也能够在内心里的阴暗之处进行扫视,就像在外部领域中进行扫视一样。他的目光感情强烈,而且纯洁性高,还勇于正视虚无。对于他的眼睛来说,没有什么事物是不能够看清楚的。或许只有一件事是他的眼睛做不到的:无所作为,胡思乱想,昏昏而睡,纯粹的和平静的愉快,梦想幸福和恩惠。因为他的眼睛刚一睁开就必定是无情的清醒,坚定而且毫无错觉地去追捕猎物。他的眼睛会戳破一切空想,揭穿一切谎言,摧毁一切信念:在这双真实的眼睛前边一切都变得赤裸裸。因此每逢他把目光这把青灰色的匕首拔出来,对准自己,而且用力把刀尖捅到内心最深处的时候,那总是很可怕的。

有这种眼睛的人就能看到真实情况,就会拥有整个世界和一切知识。但是具有这种永远看到真实情况和永远清醒的眼睛的人是不会幸福的。

生命力和它的对立物

我希望活得长久，非常长久，而对死亡的想象又使我心中充满了儿童一般富有诗意的畏惧。

——青年时代的信

他非常健壮。他的体格是为一个世纪建造的。他的筋骨结实，充满活力，节状的肌肉高高隆起，真的有熊一般的力气：年轻的托尔斯泰躺在地上能够用单臂把一个强壮笨重的士兵举起来。他的筋骨很灵活，在体操方面，他不用助跑就能够轻而易举地跳过高高的绳子。他游起泳来如同一条鱼，他骑马奔驰活像一个哥萨克人，他割起草来就像一个农民——这个铁打的人从来只是在思想上知道疲劳。在他的生命力的围墙上无论哪里都没有缺口、缝隙、裂纹、缺陷、毛病。因此，从来没有重大疾病侵袭过他这铁石般结实的身体，托尔斯泰的令人难以置信的强健身体始终拦阻着虚弱无力的侵入。

他的生命力是无与伦比的：近代所有的艺术家来到这个胸前飘动主教的长髯，粗俗得如同农民一样的男子汉跟前都形如妇女或者虚弱的人。歌德（与托尔斯泰生于同一天，8 月 28 日，由于创作的世界视野直到同样 83 个年头，与他成为星相上的兄弟），他早在 60 岁时就已经畏惧冬寒，身体发胖，小心谨慎地坐在关闭的窗子里边；

　　　　　　　　　　　三作家传

伏尔泰的骨质硬化，与其说他是个人不如说是一只剥了皮的猛禽，伏身在写字台上，一张纸接一张纸不住地涂写。而托尔斯泰这位精力充沛的白发老人却依旧笑声朗朗，把冻得发红的身体浸泡在漂浮着小冰块的水中。他还在花园里进行体力劳动，还在网球场上灵活机敏地追着网球奔跑，学骑自行车的好奇心还引诱着他这个 67 岁的老人。他在 70 岁的时候还穿上溜冰鞋在光亮如镜的冰场滑冰道上飞跑，80 岁的时候还以体操运动员的刻苦精神天天拉动肌肉，到了 82 岁离死亡仅仅相距咫尺的时候，如果他骑的牝马跑了二十俄里的山坡路想要停下来，或者慢步不前的话，他还鞭打它，在呼呼的风声中飞奔。不，我们不必再做比较了。在 19 世纪里，没有一个艺术家具有像他这样旺盛的生命力。

俄国这棵巨大栎树的树梢虽然已经到了年龄的天际，但是每一根纤维都还汁水饱满，而且还没有一根发生松动。直到弥留之际，他的目光依然清亮敏锐，他还从马上用好奇的目光寻找从树皮里爬出来的小甲壳虫。他不用望远镜还能追寻在高空里翱翔的苍鹰，他的耳朵听觉灵敏，他的鼻孔宽大，简直像牲畜一样喜欢嗅闻。这个白发老人像个猎人，腿上的青筋暴起，脚穿农民的沉重靴子，艰难地穿行在沼泽地带。他已到了高龄，但是他的手从来没有过麻木不灵。

因为他具有如此坚强的生命力，所以能够永不知疲倦地进行创作活动——在他那具有世界影响的六十年创作生活中竟然没有一个暂停写作的休闲年，这极有教养的感官是如此的健康，如此绷得紧紧的，如此精力充沛，一种最最轻微的触动，它们就会激动起来，一滴水就会使它们溢出来。虽然他绝对健康，可托尔斯泰同时是一个"反应敏感的人"。因为他那塑造形象的思想从来没有休息过。他那极为清醒、极为活跃的思想从来没有睡过觉，也从来没有舒舒服服地处于昏昏沉沉的状态。托尔斯泰一直到老年都不知道生病为何事，疲倦从来不会纠缠他这个一天工作十个小时的人。他那随时处于待命状态的感官从来不需要去振奋，从来不需要用兴奋剂——酒或者咖啡——来进行刺激；他从来不用烈性的或肉欲的享受进行刺激，正相反——没有这种最高度的敏感易怒，他怎么能够成为一个艺术家呢？他的神经腱十分灵敏，只许细心地轻轻触动，因为神经腱的猛烈反弹会使得每一次感情冲动都成为危险。因此，他（完全像歌德那样，完全像柏拉图那样）害怕音乐，音乐能使他极其神秘深沉的感情波涛过分厉害地激荡起来。他承认说："音乐对我的影响是可怕的。"情况的确是这样。他全家人亲切愉快地围坐在钢琴周围听音乐的时候，他的鼻孔却令人可怕地掀动起来。他的眉毛拧成疙瘩，表示拒绝。他觉得"喉咙里受到一种特别的压力"。——于是他便突然粗暴地转开脸，向门外走去，原来他的脸上已经热泪纵横了。有一次他为自己无法控制的感动十分惊恐地说："Que me veut cette musique?（这音乐想要使我怎样呢?）"的确，他觉察到音乐在向他索取什么东西，威胁着要从他身上拿走他决心永远不会交出的东西。那就是他深藏于感情保密柜里的东西，而现在它强烈发酵，涌流出来，并且就要漫过堤坝了。他不由自主地在内心里,在内心非常深的地方,被官能的波涛捉住,拖进了谬误的洪流。为了一种大概只有他才熟悉的过度之故,他憎恶(或者说他害怕)自己的血液过度地饱和:为此他就用一种对于健康的人来说是反常的,隐士似的憎恨来迫害"这个"女人。他觉得女人"只要履行贤妻良母的责任,德行端正,或者是处于令人肃然起敬的高龄,便是无害的"。这就是说,他要离开"他在一生中觉得是身体的一种深重罪过"的性欲。对于他这个反希腊者,这个虚假的基督徒,这个强装成的修士来说,女人和音乐一样,都绝对是邪恶。因为这两者都是通过感官而使人偏离开"我们天生具有的勇敢、坚定、理智和正义感的性格"。正如托尔斯泰神甫后来布道所讲的,因为女人和音乐都把我们"引向肉体享受的罪恶"。女人也"想从他那里得到某种"他拒不交出的"东西",她们触动某些使他惊惧清醒起来的危险东西——还有可以猜想到的,不属于精神的:这就是他那异常强烈的性欲。在意志的枷锁松开的时候,音乐"这头畜生"就抬起了头。女人呢,向人群已经发出了嗜血的呼叫,摇撼着栅栏上的铁条。仅从托尔斯泰的狂躁的僧侣般的畏怯,从他甚至对于健康欢乐,赤裸裸合乎天性的性欲所怀有的宗教狂式的恐惧,人们就能想象到潜藏在他身上的可怕的嗜色和兽性式的好淫。他在青年时代就毫无节制地疯狂地纵欲——他曾经与契诃夫相比,自称是个"不知疲倦的淫人",为的是后来残暴地把淫欲关押在地下室里五十年,是关押,而不是埋葬。他这个过分健壮的人的性欲毕生都处于过分状态,这在他那些严格遵守道德的作品中只暴露了这么一点:他那种恐惧,那种放荡父亲似的,超基督教的恐惧,强力使他的目光转开的,对"女人",对女引诱者吵吵嚷嚷的恐惧,实际上就是对自己的和看来是无节制的欲望的恐惧。

我们随时随地都会感觉到这样一点:托尔斯泰除了害怕自己,害怕自己熊一样的力气以外,是无所畏惧的。他对自己性欲的野兽般无所顾忌感到恐怖,这种恐怖常常给他为自己过分健康而感到的狂热愉快笼罩上阴影。他想比任何人都更有力地抑制他的性欲,但是他知道,俄国人是不受惩罚的,所以俄国人就成了过度欢乐的仆人,放荡生活的狂热信徒,极端行为的奴隶。因而,他的意志的智慧抑制了他自己的身体;因而,他总是全神贯注地研究感官,开动感官,给感官以没有危险的消遣,给感官以空气食粮和娱乐食粮。他用镰刀和耕犁进行强烈紧张的劳动使肌肉疲惫不堪,通过体操活动使感官虚弱乏力。为了给感官消毒,为了使感官没有危险,他把自己精力过剩的危险从私人生活中挤压到大自然中去,让处于意志约束状态中的东西在大自然中喷流奔腾。因此,他最为喜爱的活动是打猎。打猎的时候,他的一切感官,不管是明亮的感官还是深沉的感官,全都不再沉湎于饮食。托尔斯泰为之陶醉的是马匹在汗水淋漓时的气息,是骑马狂奔进行追猎和瞄准时神经紧张的兴奋状态,甚至是恐惧(对于他这个后来狂热的同情者来说这是不可理解的),是被射倒在地、鲜血流淌、翻起白眼对人凝视的野兽的痛苦。"在垂死野兽的痛苦中我获得了真正的欢乐感。"他在一次用棒猛击一只狼的头盖骨的时候这样承认说,而正是在这一声嗜血杀戮乐趣的胜利呼喊中我们才能想象得出他在一生中(除了青年时代那些癫狂似的年月以外)压抑在心里的种种残暴本性。就在他出于道德信念而放弃狩猎的时期里,他要是在田野间看到一只兔子跳跃跑动,也总是想要射击而颤抖着把两手举起来。但是他坚决果断地像压制其他乐趣那样压制了这种乐趣。到最后,他在身体的感官愉快方面就满足于对生机勃勃的人的观察和仿制了——可是至今这还是强烈的和获得教益的愉快!他每次来到漂亮的马跟前总是咧开大嘴,喜悦地欢笑,他简直是狂喜地轻拍和抚摸那马暖乎乎的、丝绒一样光亮柔滑的肩膀,让马身上跳动的温暖都传导到自己的手指上。于是最为纯粹的兽性使他感受到了鼓舞,他能一连几个小时狂喜地睁大眼睛观看年轻姑娘跳舞,为的就是欣赏她们放松的身体的优美。当他遇到一个漂亮的人,一个漂亮的女人的时候,为了在惊讶中更仔细地注视她,他总是站住不动,忘掉了正在进行的谈话。他兴奋地发出赞美她的惊呼:"人要都是这么美,那该多好呀!"因为他是把身体作为活跃的生命力的容器来热爱的,是把身体作为光明的有感觉的平面来热爱的,是把身体作为沸腾的热血的外壳来热爱的,他是以自己全部热浪翻滚的肉欲把身体作为生命的意义和灵魂来热爱的。

的确,作为文学中最热情的兽性崇拜者,他喜爱自己的身体,就像艺术家喜爱自己的工具那样。他是把身体作为人最自然的形态来热爱的,因此他喜欢首先有个强健的身体,然后才是脆弱的,虚伪的心灵。他喜爱身体的一切形态,喜爱自始至终一切时期的身体。

这种性爱激情第一份自觉的报道可以追溯到——这里并非笔误！——他两岁的时候！那是在他两岁的时候！我想强调这一点，以便于人们理解，在托尔斯泰笔下对于时代潮流的每次回忆何以能够始终事实清晰，脉络鲜明。歌德和司汤达都是勉强能够很清楚地回忆到7岁或者8岁，而两岁时的托尔斯泰就已经感觉到了所有感官专心致志的多样性，如同后来成为艺术家那样。我们且来读一下他第一次对身体感受所做的这段描写吧：

我坐在洗澡的木盆里，一种用来按摩我的身体的液体散发出我觉得是新鲜但很讨厌的气味。这种气味完全笼罩住了我，我最可能得到的大概是糠麸浴汤，新鲜的印象对我产生了影响。我第一次高兴地注意到我的胸前有清晰可见的肋骨的小身躯，注意到光滑模糊的面颊，还注意到我的保姆伸展开的袖子，热气腾腾的糠麸洗澡水和那种洗澡水的气味。但是最难忘的是注意到了，每逢我用小手抚摸大澡盆的时候，大澡盆在我心里所引起的平滑光洁的感觉。

读过了这一段，我们可以根据他的感觉区域来分析整理一下他童年的回忆，以便正确地惊叹他的感官领域的清醒状态。托尔斯泰就是戴着两岁孩子的小假面具用这种清醒来领会周围世界的：他看到了保姆，他闻到了糠麸洗澡水的气味。他已经区分出来了印象的新鲜，他感受到了洗澡水的温暖。他听到了嘈杂的声音，他抚摸到

　　　　　　　　　　　三作家传

了光滑的木浴盆。所有各种神经束的这些同时性的感受都汇聚成了对作为唯一感知一切生活感受的表面的身体所进行的一致性的"深感愉快"的自我观察。然后我们就会理解到：感官的吸盘在这里多么早就抓住了生活。在托尔斯泰这个孩子身上形形色色的介入世界已经多么强有力、多么精确自觉地变成了清清楚楚的印象。所以现在就能够估量出来，成年的托尔斯泰如何使每个印象一方面显得难以捉摸，另一方面又得到强化。孩子对自己在狭小澡盆里的小身躯游戏似的乐趣必然会扩大成为一种疯狂的，几乎是剧烈的生存乐趣。这种乐趣如同孩子那样把外部和内部、世界和自我、大自然和生活都混合成一种唯一的赞扬式的陶醉感受。实际上这种与一切事物同一性的陶醉有时候也侵袭完全成年的人，就像一场酩酊大醉那样。大家可以读一下，这个强壮的男人有时候是如何站起身来，到外边走进树林，目不转睛地凝视着世界的。世界在千百万人中挑选出了他，所以他比其他任何人都更有力和更博学地感觉到这个世界。要读一下，他是如何突然以极度兴奋的姿态，舒张胸怀，伸展胳膊，仿佛他能够在呼啸的空气中抓得住使他内心激动的那种无限的东西。要不然就读一读，细小事情使他受到的震惊丝毫不小于宇宙间无限丰富的大自然。他是如何弯下腰来，小心翼翼地扶直一棵被践踏过的蓟草。或者读一读，他热情地观赏蜻蜓的颤抖飞动。然后在朋友们的注视下，他急速把脸转开，为的是不让人看到他的眼中泉水般涌出的热泪。在现代的作家中——包括沃尔特·惠特曼在内——没有一个人像这个俄国人如此强烈地感受到了尘世的、肉体器官的欢乐,他有着森林之神的好色和一个古代神的无处不在的淫欲。现在人们就能理解他那充满自豪而奔放的感情的话了:"我自己就是大自然。"

这个膀大腰圆的粗壮人在莫斯科他的土地中扎下了根,不可动摇,他本人就是宇宙中的一个宇宙。因此人们都认为,什么东西也不能动摇他那强大的世俗性。但是大地有时候是颤抖的,是受地震摇动的,所以,有时候托尔斯泰也从他的自信中蹒跚地走入生活中间。他的眼睛突然呆滞不灵了,感官摇晃不定,全神凝视着空虚。因为有某种他不能理解的东西进入了他的视野,那是一些始终存在于他温暖结实的身体和丰富的生活以外的东西,是一些即令他的全部神经都紧张起来也不能理解的东西。他这么一个感官人之所以始终无法理解,是因为那不是这块土地的东西,那是他不能吮吸和融合的材料,那是拒绝在永远贪婪的世俗感情中进行摸索、衡量和适应的东西。究竟如何理解突然切断现象圆形空间的可怕思想呢?如何想象川流不息地紧张工作的感官会突然沉默无声,麻木失聪;肌肉消瘦的手也没有了感觉,以致这个不加掩饰的健壮身躯——现在还被奔腾的血液暖得热乎乎的身躯——会变成蛀虫的洞穴和石头般冰凉的骨骼?如果这种虚无,这种漆黑一团,这种暗藏的东西,这种无法阻挡的东西,在今天或者明天闯进他的身体,如果官能所感觉不到的东西进入了他这个刚才还充满生气和力量的人身上,那么会怎么样呢?托尔斯泰每逢想到暂时性,便浑身冰凉。与暂时性思想的第一次相遇发生在他还是个孩子的时候:有人把他领到母亲的尸体跟前。昨天还活着的人现在平放在那里,变得已经冰凉僵硬了。对于这幅当时他在感情上和思想上都不能理解的景象,他在历经了八十年之久以后也没能忘记。但是那个 5 岁的孩子迸发出一声哭喊。一声刺耳的,令人惊慌的哭喊。他发疯似的恐惧起来,从房子里逃跑了。各种恐惧的复仇女神都紧随在他身后,死亡的概念总是这样撞击他,这么令人窒息地突然降临到他的头上。例如当他的兄弟死的时候,他的父亲死的时候,还有他的姑母死的时候,死亡的概念总是令人毛骨悚然地经过后脑,经过冰凉的手,使他的神经非常紧张。

　　1869 年,那还是危机以前,不过也很临近危机了,他曾经描写过死亡概念突然侵袭的白色恐怖(la blanche terreur)。"我想要睡觉,但是我刚一躺下,就有一阵惊慌又把我拉了起来。那是一种恐惧,一种如同要呕吐的恐惧。好像有什么东西要把我的生存撕成碎片,但是还没有完全撕碎。我又一次想要入睡,但是惊恐又来了。有红的,有白的,来撕碎我身体内的什么东西,但是又把我束缚得紧紧的。"可怕的事情发生了,这就是在死亡向托尔斯泰身体内只伸一个手指头之前,也就是在他的真正死亡之前四十年,他对死亡的预感就已经进入了他这个生气勃勃的人的内心里,而且再也没有被完全赶出来。到了夜间,巨大的恐惧就在他的床边,吞噬他的生命欢乐的肝脏。这恐惧就蹲在他的书页之间,啃咬着腐朽的黑色思想。

　　我们看到,托尔斯泰对死亡的恐惧如同他的生命力一样,是超乎常人的。把他的这种恐惧称之为神经恐惧,也许还是胆怯的。托尔斯泰对死亡的恐惧可与诺瓦利斯的神经衰弱性恐惧、莱瑙的笼罩忧郁阴影的恐惧、埃德加·爱伦·坡的恐惧症，即神秘的性欲恐惧相比。——不，他这里迸发出来的是完全不加掩饰的兽性恐怖，是野蛮人的恐怖，是极端的恐怖，是恐惧的飓风，是高声呼喊生活意义的一片恐慌混乱。托尔斯泰对死亡的恐惧没有男子汉的英雄精神，而仿佛是被烧红的烙铁打了烙印。因此，他终生都是这种恐惧的奴隶。他痉挛不已，尖声呼号，失去控制。他的恐惧是作为完全兽性的恐惧爆发出来的，是作为震惊——一切生物变成人的原始恐惧——爆发出来的。他不肯听任这种思想的侵袭，他不愿意，他进行抗拒，他像被窒息的人那样展开肢体表示拒绝。因为我们不要忘记，托尔斯泰是在极其安全之中完全出乎意料地受到侵袭的。对于他这头莫斯科的熊来说，在死亡和生存之间没有过渡阶段。对于普通人来说，在死亡与生存之间横架着一座经常过人的桥梁——那就是疾病。而对于他这样非常健壮的人来说，死亡就是一种绝对陌生的材料。其他那些平均50岁的人全都是或者大多数是身上潜伏着一段死亡，对于他们来说，死亡的临近不是完全意外的事，也不是令人惊骇的事。所以他们对于最初被死神有力地抓住，都没有害怕到感情无法控制的地步。那位陀思妥耶夫斯基被蒙上双眼，等着处决，站在桩子旁边，每个星期他都在癫痫病发作的痉挛中倒在地上。他作为习惯痛苦的人比起完全没有预感的人，比起那些结实健壮的人，更能冷静地看待死亡的思想。这样，就是那种打散开来，几乎耻辱的恐惧的投影也不能冰冷般地进入他的血液中，如托尔斯泰那

　　　　　　　　　　　　三作家传

样。托尔斯泰在最初感觉到死亡的概念临近的时候,就已经开始浑身哆嗦了。对于只在非常富裕中感受到过自我,只在"生活的陶醉状态"中感受到过生活全部价值的托尔斯泰来说,生命力最轻微的减弱也意味着一种疾病(他在 36 岁的时候就自称为一个"老人"了)。死亡的思想正是根据他的这种敏感性而如同一箭击中那样完全击中他的。只有精力充沛地感受生存的人才会如此强烈地害怕毁灭。正因为有一种真正着魔似的生命力与同样是一种着魔似的死亡的恐惧,在托尔斯泰笔下才产生了生存与毁灭之间这种巨人间的斗争,才产生了兴许是世界文学中最伟大的文学。因为只有巨人的性格才能进行巨人的抗争:像托尔斯泰这样争胜好强的人,这样的意志力运动员,是不会轻易向虚无屈服的。他在骤然震惊之后便随即振奋起精神来,为了战胜突然出现的敌人,他动员起了全身的肌肉。不,像他的生命力那样强大的生命力是不会不经战斗就失败屈服的。他刚从初次的恐慌中恢复过来,就在哲学方面进行自我保护。他高高架起栈道,用他的逻辑武库中的投石器猛烈打击看不见的敌人。他的第一道防卫就是蔑视:"对于死亡,我不感兴趣。主要原因是,只要我还活着,死亡就不存在。"他"令人不可置信地"傲然宣称:他"不害怕死亡,而只害怕对于死亡的恐惧"。他不断地(在三十年间)保证说,他不害怕死亡,他不是惊恐万状地想到死亡的。但是他欺骗不了任何人,也欺骗不了他本人。毫无疑问,灵魂的——感性的安全的卫墙在恐惧神经官能症第一次发作的时候,就已经突破了。所以说,托尔斯泰从 50 岁的时候起,就只是站在往日生命力自信的废墟上进行战斗的。他不得不一步步退却,终于承认了,死亡不仅仅是"一个幽灵","一个稻草人",而且是一个最值得尊重的对手。对于这位对手仅仅用几句话是不能够吓唬得住的,于是托尔斯泰要试一下,看看在不可避免的暂时性中是否可能继续存在,在人们同死亡进行斗争中不能生活时,那就与死亡一起生活。

由于这种退让才开始了托尔斯泰与死亡的关系的第二个阶段,也是个富有成果的阶段。他"不再抗拒"他的现存状态,他不再沉醉于凭借诡辩达到远离死亡的幻想。因此,他就试图把死亡安排在他的生存里,使它融合他的生活感受,锻炼自己,不怕不可避免的事情,对死亡"习惯起来"。死亡是不可战胜的,生活巨人不得不承认这一点。但是对死亡的恐惧却不是不可战胜的,于是他便完全致力于反对一切恐惧。正如西班牙的特拉普派教徒们每天夜间都睡在棺材里,为的是把一切可怕的东西都杀死在自己身体里那样,托尔斯泰也在每天坚持不懈地进行的意志祈祷练习中,在自我启示中,熟悉一种不间断的 Memento mori(死亡警告)。他迫使自己持续不断和"专心致志地"思考死亡,而不是害怕死亡。他的每一本日记都是以三个神秘的字母——W, I, L(Wenn ich lebe——如果我活着)——开始的。在许多年里,每个月都记下了他的自我回忆:"我在接近死亡。"他习惯于正视死亡。习惯结束了陌生感,战胜了恐惧。这样在三十年里,与死亡进行的斗争就由外部问题变成了内部问题,由敌人变成了一种朋友。他把死亡拉得靠近自己,拉进自己的身体里,使死亡成为他生命中灵魂的组成部分,从而使原始的恐惧"等于零"。——"对于死亡我们无须进行深思熟虑,但是我们必须永远向前来看死亡。这样全部生活就会变得更为欢乐,更为重要,真正富有成果而且亲切愉快。"从困难之中产生出一种道德——托尔斯泰使得恐惧客观化了,从而他征服了恐惧。(这是对艺术家永久的拯救!)他把死亡和对死亡的恐惧塑造成另外的创造物,塑造成他的创造物,从而使他自己远远离开了死亡和对死亡的恐惧。这样最初似乎在毁灭的东西,就变成了对生活的深化,并且完全意想不到的是,他的艺术得到了极为辉煌的提高。因为由于他惊恐不安的钻研,由于他在幻想中上千次的假死亡,他这个最热情的生命论者就变成了最深知内情的死亡描绘者,变成了一切表现死亡的人中的大师。恐惧,总是跑在实际情况前边的恐惧,长着幻想翅膀的恐惧,这样的恐惧总是比迟钝而沉闷的健康状态更富有创造性。可这是多么可怕的,混乱的,清醒数十年的原始恐惧!多么强有力者的神圣恐怖和僵化状态!谢谢你们,你们知道托尔斯泰身体毁灭的一切症状,知道死亡的刻碑刀在他正在消逝的肉体上刻画出的每个线条,每个标志,刻画出了正在消逝的内心中的一切震惊和恐惧:于是艺术家就觉得受到自己知识的强有力的呼唤。伊万·伊里奇①的死伴随着令人厌恶的呼号:"我不愿意,我不愿意。"列文的兄弟可怜的消逝,长篇小说中各色各样的生命分离,这是"三种死亡"——这都是附身在意识最外层边缘上的偷听,是托尔斯泰最伟大的心理

---

① 托尔斯泰有一篇小说,题目为《伊万·伊里奇之死》。

学成就。没有那灾难性的震惊状态，要取得这些成就是不能设想的，对自己所遭受的惊骇战栗进行深入彻底的挖掘也是不能设想的。为了描述上百次的死亡，托尔斯泰不得不在受到损伤的内心里，直到在最细微的思想混乱现象里，上百次地事先、事后和伴随地经历他自己的死亡。是预感的恐惧把他的平面艺术，把他对现实仅仅作观察和临摹的艺术，推进到了学识的深度。是这样的恐惧根据鲁本斯式喜欢感官享受和丰富多彩的现实教他学会了使用从内部突破的，仿佛超感觉的，射进悲惨阴影中的伦勃朗式的光线。因为托尔斯泰预先经历的死亡比起生活中间所有的死亡更为激烈，所以他能比任何人都更为生动逼真地给我们描绘死亡。

每一次危机都是命运给艺术创作者的赠礼，于是，正如在托尔斯泰的艺术中那样，在托尔斯泰的世界精神态度方面最后也产生了一种新的、更高级的平衡。矛盾互相纠结交错，人生乐趣与其悲惨的反面的可怕斗争，向明智而和谐的互相谅解让步了。终于平静下来的情感最后完全符合斯宾诺莎的思想，处于恐惧与希望之间单纯的飘浮中："害怕死亡是不好的，要求死亡是不好的。我们必须摆放好天平，让指针笔直立定，不让外壳超重。这就是生存的最佳条件。"

悲剧性的不和谐最终是要和谐起来的。托尔斯泰这位白发老人对于死亡不再憎恨，也不是迫不及待。他不再逃避死亡，他不再与死亡斗争。他只是在温和的沉思中梦想死亡，就像艺术家在构思中设计眼下还看不见的作品那样。因此，正是那个最后的，长久为

三作家传

之恐惧的时刻给予了他完整无缺的恩惠：一个死，像他的生平一样伟大，是他的作品中的作品。

艺术家

　　除了源于创作的愉快以外，没有真正的愉快。人们能够生产铅笔、靴子、面包和孩子——即制造人——，没有创作就没有真正的愉快，而真正的愉快没有不与恐惧、痛苦、悔恨和羞愧相联系在一起的。

——书信

　　每一件艺术品都是在人们忘记它是人为造成的并把它的存在感觉为真实的时候，才达到了它的最高阶段。在托尔斯泰笔下，这种卓越的蒙蔽经常很完美。由于他的描述都是令人感到逼真地走向我们，所以从来没有人敢于设想，他的那些描述是虚构的，所描述的人物是编造的。我们觉得读托尔斯泰的作品就是通过敞开的窗子向外观望现实的世界，而不是干别的什么事。

　　因此，如果只有托尔斯泰风格的艺术家，我们就很容易受到引诱，以为艺术是极其简单的东西，写作无非是对实际情况的精确复述，是不用更高级精神辛苦地描影，除此，对于艺术来说，根据他自己的话，"只需要一种否定的特性：不撒谎"。因为他的作品扣人心弦,合乎情理,其中风物质朴自然地出现在我们眼前,就成了像自然一样真实的又一个自然。所有狂怒的,创作发情期的,映射磷光幻境的那些极其神秘的力量在托尔斯泰的小说中好像是多余的,不存在的。所以我们认为,不是酩酊大醉的恶魔,而是一个头脑清醒的聪明人通过自己完全实事求是的观察,通过坚持不懈的临摹,而毫不费劲地做出了实际情况的一个复制品。

正是艺术家的高深造诣在这里欺骗了感激地进行欣赏的感官。因为,还有什么比真实更困难的呢? 还有什么比清楚明白更费力气的呢? 原稿充分证明了,列夫·托尔斯泰绝对不是一个无忧无虑地接受赠礼的人,而是一个最为崇高,最能忍耐的劳动者。他的那些巨幅世界壁画都是由千百万次细致入微逐个观察这种无数小块彩色石子构成的、艺术性很高而且非常费力的马赛克。长达两千页的鸿篇巨制史诗《战争与和平》是经过七度易稿才写成的。为了此书所做的速写和笔记装满了高高的柜橱,对于历史上的每一桩小事,对于感性生活中的每一个细节,他都细心查阅过文献证据。例如为了精确地、如实地描写波罗底诺战役,托尔斯泰带着总参谋部的通行证骑马围绕古战场走了两天。他还乘火车走了很远,为的是从一位尚在人世的那次战争参加者那里听到一些星星点点、添枝加叶的细节。他研读了所有有关的书籍,翻检了各个图书馆。他甚至向一些贵族家庭和档案馆提出要求查阅早已被人忘却的文献和私人信件,为的是再多搜索到一些点点滴滴的实际情况。长年累月,成千上万,乃至上百万个小水银珠聚集到了一起,最后逐渐地、不见缝隙地互相渗透,形成圆圆的、纯洁的、完美无瑕的形态。在寻求真实情况的斗争结束以后,这才开始了为清晰而进行的搏斗。正如抒情诗的形式主义艺术家波德莱尔对自己的每一行诗进行锉磨、擦拭和抛光那样,托尔斯泰也以炉火纯青的艺术家的狂热对自己的散文著作进行锤炼、上油,使其柔韧光滑。在上万页的作品中绝无仅有的一个不合规格的句子,一个不十分贴切的形容词,都能使他坐立不安,以至为了更改某个不长的音节的抑扬声调而撤销寄出的校样,并给远在莫斯科的排字工人拍发电报,让其停止印刷。然后印出的第一次样本又送进智慧的曲颈瓶里,再次熔化,再次成型——不,如果这是某种艺术,那么,这种看来似乎完全顺其自然的艺术可不是不要辛勤劳动的。托尔斯泰写这部书历经七年,每天要工作八个小时,乃至十个小时。因此,甚至他这个神经最健全的人在每次写完一部长篇小说以后身体都垮了下来,就不足为怪了。于是他的胃部突然出了毛病,感官眩晕忧郁。他不得不外出,进入绝对的孤寂状态。他远离各种文化,进入大草原,到突厥人那里去,住进低矮的茅屋。经过马乳酪的医疗他才重新达到心理的平衡。正是这位荷马式的叙事文学家,这位最顺从本性,清澈见底,几乎是民间的原始叙事文学家,在其身上还隐藏着一个非常不知足和深受折磨的艺术家(还有其他的吗?)。然而最大的恩赐,也就是创作劳动的辛苦在作品的完成状态中始终是看不见的。托尔斯泰的让人根本不再觉得是艺术的散文作品,在我们的时代里,乃至在一切时代里,像自然界一样,仿佛历来如此,没有起源,没有年龄。他的散文没有任何地方带有辨认某个时期的烙印；如果把他的一个中篇小说不署上作者名字第一次交到人们手里，那么，谁也不敢确定，这个中篇小说是在哪个年代里，甚至是在哪个世纪里创作的。因此，他的散文就是绝对的和无时性的叙述。关于《三位白发老人》或者《人需要多少土地？》等民间传说很可能与路得和约伯同时，可能虚构在印刷术发明前的一千年，也可能虚构在《圣经》的开头。伊万·伊里奇的垂死挣扎，《波里库什卡》或者《纺亚麻布的人》，同样地既属于19世纪，也属于20世纪和30世纪。这是因为在这里不是时代精神得到了符合时代精神的表现，如在司汤达、卢梭、陀思妥耶夫斯基笔下那样，而是表现了原始的、一切时代的、不屈从任何变化的精神——人间的圣灵，人在无穷无尽面前的原始感受、原始恐惧、原始孤寂。正如在人类的绝对空间之内那样，也在创作过程的相对空间之内，他的均衡的高超技艺取消了时间。托尔斯泰从来不需要学习他的叙事艺术，也从来不曾荒疏过他的叙事艺术，他那顺乎本性的天才既不知道前进，也不知道后退。在他24岁时所写的《哥萨克》里边的风光描写，与后来在他60岁时，也就是在辉煌的一世之后所写的《复活》里边那个阳光灿烂、令人难忘的复活节早晨，散发出同样不枯萎的、直接的、每根神经都感觉得到的那种自然界的清新气息，呈现出同样一目了然、用手指可以摸得到的无机世界和有机世界的生动形象。所以说，在托尔斯泰的艺术中，既没有学习，也没有荒疏，既没有衰退，也没有超越，而是在半个世纪之久的时间里边，他的艺术保持着同样实事求是的完美无缺。正如岩石在上帝面前每个线条都显得庄重、刚毅、坚强和不可更改一样,托尔斯泰的作品也是那样出现在不稳定和多变化的时代里的。

但是,正是由于这种规律的,因而根本不强调个人的完美无缺,我们在托尔斯泰的艺术作品中才几乎感觉不到艺术家本人呼吸与共的参与。托尔斯泰不是作为一个幻想世界的虚构者出现的,而是作为直接靠近真实的报道者出现的。实际上,我们有时候有点怯于把托尔斯泰称为诗人——poète,因为诗人这个摇摆不定的词不由自主地指的是另外一种特性的人,人性的一种高级的形态,一种与神话和魔术异常神秘的结合。托尔斯泰与此种情况相反,他绝非"更为高级的"类型的人,而是一个完全尘世的人。他不是一个超凡出世的人,而是一切人间性的总和。无论在什么地方他都不超越可以理解、意义明确、鲜明清楚的狭小范围。然而在这个狭小的范围里,他达到了何等的尽善尽美呀!他没有超越通常品质以外的其他品质,没有音乐的品质和魔术的品质。但是他的通常的品质得到了前所未有的增强,他只是在思想上比通常的人更紧张地工作,比通常人所看到、听到、闻到、感受到的更清楚,更明确,更为深广,也更有学识。他能记忆得比通常的人更长久,更有逻辑。他比通常的人思考得更迅速,更善于推理,也更为精确。简而言之,人的每一种品质都是在人唯一完善的有机体机构内,在百倍于通常自然界的强度中形成的。但是托尔斯泰从来没有飘荡出正常状态的范围以外(因此很少有人对他使用"天才"这个词,而对陀思妥耶夫斯基则理所当然要用的)。托尔斯泰的创作从来不显得是受了魔,也就是受到了不可理解的东西的鼓舞。正如这种与人世密切相连的幻想能够超出"实际的记忆力"进行虚构共同人性以外不存在的东西,因此,他的艺术总是成为专业性的,实实在在的,清清楚楚的,富于人性的,是一种阳光下的艺术,一种提高了的现实。因此,我们在他讲述的时候不觉得是在听一个艺术家讲话,而觉得是在听事情本身讲话。人和动物从他的作品中走出来,就像是从各自的住处走出来一样。我们感觉不到有个激情满怀的作家紧跟在他们身后,唆使他们,给他们加热,就像陀思妥耶夫斯基总是用热情的鞭子抽打自己的人物,以致那些人物都焦躁地呼喊着跑进激情的角斗场。在托尔斯泰讲述的时候,我们听不到他的呼吸。他讲述起来如同矿工们攀登高峰:缓慢,匀速,分阶段,一步一步走,不跳跃,不急躁,不疲倦,也不虚弱无力。因此,我们随他而行便也处于前所未有的平静状态。我们脚步摇晃,心起疑虑,却不知疲倦,并且抓住他那坚强的手一步步登上他的史诗的巨大山岩。随着走上一个又一个台阶,地平线扩大了。我们鸟瞰的景象也在增长。各色事物只能慢慢展现,首先是远景逐渐明朗。所有这一切事物都以毫无误差和钟表一般的准确,如旭日东升时分分寸寸地从深沉处照亮一片地方那样出现。托尔斯泰的讲述完全是平铺直叙的,就像古代的叙事文学作家,古希腊的行吟诗人、赞美诗作者及编年史作者讲述神话一样;那时候人群中还没有不耐,自然界还没有与它所创造的人分离开,还没有人文主义的等级制对人与兽,对植物与石头,傲慢地进行区分,作家对于最卑微的人和最有权势的人都给予同样的敬畏和神性。对于那个时候的作者来说，一条号叫抽搐快要倒毙的狗与一位佩戴勋章的将军的死，或者与一棵被风拔起横倒路上要死去的树相比，没有什么区别。他用同样的画家眼光，但又是透视灵魂的眼光，观看一切东西，无论是美的还是丑的，动物的还是植物的，纯洁的还是不纯洁的，魔性的还是人性的——如果想要区别开来，可以用一句话说，看他是把人自然化呢，还是把大自然人格化呢。因此，对于他来说，人世间没有一个领域是封闭的。他的感觉从一个婴儿红润的身体里滑动到一匹被驱赶得疲惫不堪的厩马颤抖的皮毛里，从农村妇女印花的平布裙子上滑动到极其威严的元帅服装上，对每个身体、每个灵魂都同样熟悉和亲近，有着一种神秘的，肉体感受的，无法理解的准确性的了解。经常有些妇女很是惊讶地发问，他这个人怎么能够好像钻进她们的皮肤下边一样，怎么能够描写得出来她们隐藏最深而且没有与别人共同经历的身体感觉，比如母亲们奶水旺盛时胸部感到的沉重发胀，又如年轻姑娘第一次参加舞会时，裸露胳膊感到的舒心惬意、簌簌清凉。如果表现动物的声音使她们惊异得喊起来，那么，她们就会问，他是由于什么阴森可怕的直觉得以猜出一只猎犬在接近野鸭子的气味时那种进行折磨的乐趣，或者猜出一匹良种牡马在起跑时只用运动表达的本能思维——我们在《安娜·卡列尼娜》里边读到过对这种狩猎的描写——是一种具有幻觉的精确性的细节感受，这种精确性在描写上先于从布封到法布尔的动物学家和昆虫学家们的一切实验。托尔斯泰在观察方面的精确性与人世间的等级层次没有关联，因为在他的爱好中是没有偏爱的。在他不受贿赂的目光中,拿破仑其人与他的最后一名士兵一样,而这最后一名士兵又不比跟在他身后的狗以及那只狗用爪子践踏的石头更为重要,更为真实。人世范围里的一切,人和物质,植物和动物,男人和女人,白发老翁和幼稚儿童,统帅和农民,都作为具有同样水晶般透亮均匀性的感觉振荡涌进了他的有机体,以便再同样有序地流出来。这样就赋予他的艺术某种永远真实的大自然的匀称,赋予他的小说那种大海一样单调和宏伟雄壮的,不停地召唤着荷马名字的节奏。

凡是这样多次,这样完美进行观察的人,就无须杜撰什么。凡是像诗人一样密切注视的人,就无须虚构什么。与幻觉者陀思妥耶夫斯基相反,这位绝对清醒的艺术家为了取得卓越的成就,无论在哪里都不需要跨越实际情况的界限。他不从超凡脱俗的幻想领域取得事件,而只是在普通的土地里,在习闻常见的人身上深挖勇敢和冒险的坑道。对托尔斯泰来说,在世俗的事情上观察不合情理的和病理学的本性,或者干脆超越这些本性,像莎士比亚和陀思妥耶夫斯基那样极其神秘地用魔术在神与兽之间,在阿里尔们和阿廖莎们之间,在加利班们和卡拉玛佐夫们之间建造一个新的中间阶梯,可能完全是多余的。在他所达到的深度里,最平凡、最乏味的农民青年就变成了秘密。他满足于以一个简朴的农民,一个士兵,一个醉汉,一条狗,一匹马,随便什么东西,或者几乎是最廉价的人的材料,而不是以宝贵的和敏锐的灵魂,作为他进入精神王国最深矿井的入口。但是他迫使这些十分平庸的人物形象——确切地说,他不

三作家传

是用美化他们的办法，而是用深化他们的办法——成为一种精神上闻所未闻的存在。他的艺术品讲的是真实这么一种语言——这就是他的领域，但是与在他之前某个作家讲过的这种语言相比，他的语言更为完美——这就是他的伟大。对于托尔斯泰来说，美和真是同一个东西。

需要再一次和更明确地说明的是：他是一位最有眼光的艺术家，但并非预言家；他是位最出色的报道事实的作家，但不是进行杜撰的作家。托尔斯泰最精细的感受，不是像陀思妥耶夫斯基那样通过神经，也不是像荷尔德林或雪莱那样通过幻觉，而完全是通过像光辐射伸展成大弧度一样的感官的协调活动。他的感官如同蜜蜂那样，总是分散出去，不断给他带来新的五颜六色的观察花粉。然后这些花粉便在热情的客观性中发酵，形成蜂蜜一样金色液体状态的艺术品黏液。只有这些感官，他那惊人顺从的，有预见性的，听觉敏锐的，神经健全但又触动灵敏的感官，他那校准平衡的，超感觉的，几乎像动物一样有预感的感官，能够从第一个现象中给他带来感性物体上的那种无与伦比的素材。然后这位无翼艺术家的神秘化学精确而缓慢地把这种素材变成思想，就像化学家从植物中和花朵中耐心地蒸馏出芳香物质一样。叙事文学作家托尔斯泰惊人的简朴总是从惊人的，简直不计其数的个别观察无法推算的复杂中产生的。他像医生那样，在把叙事文学的蒸馏程序用到他的长篇小说世界以前，首先是从一张将军照片开始，从清点某个人身上的一切身体特征开始。他曾给一个朋友写信说："您根本无法想象，对我来说,这项准备工作,也就是必须首先深耕我随即想要播种的土地,是多么艰难。思考,而且不断地反复思考,各种事情如何才能与我所计划的内容广泛庞杂的作品里正在形成的人物同时出现,实在是困难得令人可怕。考虑这么多的行动的可能性,然后从其中选取百万分之一,真是困难得令人可怕。"这个与其说是幻觉的不如说是机械的过程,在每个人物身上重复着。所以可以计算出来,在这个耐心的磨腔里,必定要研碎多少花粉微粒,又新结成多少花粉微粒。每一个细节,每一个人物,都产生于数以千计的细节。每一个详情细节都产生于其他微小的事物。因为他用放大镜以冷静的、毫无差错的公正态度来研究性格学的每个特征。嘴巴是按霍尔拜因的风格①一条线又一条线刻画的,上嘴唇显出特有的反常现象,离开了下嘴唇。人们可以精确地看到某些心理效应引起的每次嘴角的颤动,还可以像画家一样揣摩微笑和愤怒噘嘴的习惯。然后他才慢慢地给上下嘴唇涂颜色,用看不见的手指抚摸肉体或者岩石,很内行地画上嘴周围稠密的小胡子。这样才形成了未加工的形态,纯是肌肉的嘴唇形态。这个形态现在通过它的独特功能,通过讲话的节奏,也就是通过与这个特别的嘴有机地适应的特别声音的典型表现而得到补充。像嘴唇一样,鼻子、面颊、下巴和头发也都以令人惊讶的准确精细定位在他所讲述的解剖图集上,一个细节与另一个细节都很精确地衔接在一起。所有这些观察,这些听觉的、声音的、光学

---

① 汉斯·霍尔拜因(1497—1543),指小霍尔拜因,德国画家,擅长用洗练的线条作人物肖像的素描,不仅表现了体积和骨肉的质感,而且准确抓住了人物的性格。

的和运动机能的观察,都在艺术家看不见的实验室里又一次得到了彼此间的平衡。此后进行整理的艺术家就是从细节观察的惊人总和里抽取出了根源,混乱的一大堆细节观察经过仔细筛选就得到了压缩。——就这样,与过分丰富的观察相反,出现了对于成果极其有节制的利用。

到所有感官的东西全都像几何一样精确地固定下来的时候,也就是到身体完整无缺的时候,黏土泥人,这个视觉上构成的人,才能够开始讲话,开始呼吸,开始生活。在托尔斯泰的笔下,灵魂,心理,这个神圣的蝴蝶总是在仔细观察织成的千层网里捕捉得到。在托尔斯泰的天才对手、预言者陀思妥耶夫斯基的笔下,个性的形成过程恰恰相反,是从精神上开始的。对于陀思妥耶夫斯基来说,灵魂是首要的。身体只是松动和无关紧要地平放着,就像虫用外衣包着火红透亮、光闪闪的核心那样。在最愉快的瞬间里,灵魂甚至能熔化身体,能够上升,飞进感觉的苍穹,飞进纯粹的极度兴奋。但是在眼光敏锐的人、清醒的艺术家托尔斯泰的笔下,灵魂从来不能飞翔,甚至不能完全自由地呼吸一次。身体总是像个硬壳,沉重地披挂在灵魂上。因此即使是他的最轻松愉快的人物也绝对不能飞向上帝,也永远跳不出人间,远离开世界,而只能像搬运工一样劳苦,一步一步地,好像全身都挂在脊背上似的,气喘吁吁,拾级而上,走向神圣和纯洁,不断地为沉重的负担和人间俗事而疲惫不堪。在这位没有翅膀、没有幽默的艺术家笔下,我们总是痛苦地被提醒,我们是生活在一个狭小的世界上,我们是被死亡包围的,我们无法逃跑,也无法避开,我们在一生中都是被逼近的虚无包围着的。"我祝您有更多的精神自由。"屠格涅夫曾经颇有预见地这样给托尔斯泰写信说。我们也这样祝愿他的人物,能有更多的精神自由,更多的灵魂飞翔力,能够摆脱事实和身体,或者至少能够梦想到更纯净和更明亮的世界。

秋天的艺术:人们都这样称呼他的作品。这是因为,他的每一张草图都是无比鲜明清晰地从平坦无垠的俄罗斯大草原地平线中升起来的,枯萎与腐败的浓烈气息都是从灰黄色的树林里散发出来的。在托尔斯泰的风景中我们总是感觉到秋意;很快就要到冬天了,很快死亡就要进入大自然了;很快所有的人,包括我们中间这位永生的人在内,就要结束生命了。这是一个没有梦想,没有妄念,没有谎言的世界。这是一个惊人空虚的世界,甚至是一个没有上帝的世界——后来托尔斯泰才用生命的理念臆造出一个上帝,就像康德用他的国家理念臆造出他的宇宙那样。在托尔斯泰的这个世界里除了严峻无情的真实以外没有别的光亮,除了同样严峻无情的清澈明净以外什么也没有。也许在陀思妥耶夫斯基笔下,精神的空间首先比这种均匀冷清的光亮使人感到更为阴沉、昏暗和悲惨。但是陀思妥耶夫斯基有时候用陶醉欣喜的闪电划破他的朦胧夜色,人们的心至少在那很短的瞬间里上升到了幻觉的天空。与此相反,托尔斯泰的艺术既不知道酩酊醉态,也不知道给人安慰。他的艺术总是纯粹神圣的清醒、透明,不使人陶醉,如同白开水一样——由于他的艺术神奇的透明性,我们可以俯视一切深渊。但是这种知识从来不使人完全入迷，不使人狂喜的心灵沉醉。他的艺术以其冷清无情的光亮，以其直透现实的精神使人郑重其事，进行深思，就像科学一样，但是不使人感到幸福，这就是托尔斯泰的艺术。

但是这位世上最博学的人对他自己那严峻目光的毫不宽容和清醒感受如何呢？这种毫不宽容和清醒是一种没有梦想的金色光辉的艺术，一种没有音乐恩惠的艺术！他在内心深处从来没有喜爱过音乐，因为音乐既不会给予他，也不会给予其他人一种令人愉快的、积极的人生思想。在他那冷酷无情的瞳孔前边整个人生的举动都是多么令人可怕的绝望呀！内心是一个颤动的和微小的体内机构，位于被死亡包在周围的空间寂静中。历史是大量偶然发生的事实上毫无意义的混乱状态，肉体的人是一副会漫游走动的骨骼，只是在短暂的期限内穿上了温暖的生命外壳。这整个难以说明的无序传动装置都是毫无目的的，就像是奔腾的流水，或者说就像是枯黄的树叶。三十年后声望大振的托尔斯泰突然偏离开了他的艺术，这真的是那么不可理解吗？他渴望他的行为产生影响，解除种种困难，使别人生活得轻松起来，他渴望一种"在人身上唤醒更高级和更善良的感情"的艺术，这真的是那么不可理解吗？他也曾想去拨动响如银铃一样的希望七弦琴，在把它轻微地拨动时，便开始在人性的胸膛里虔诚地发出声音。对乡土的思念使他渴望一种摆脱和消除人世间一切沉重压迫的艺术，这真的是那么难以理解吗？但是白费力气！托尔斯泰极其明亮的眼睛，清醒的眼睛，而且是过度清醒的眼睛，能够如实地看待生活，一直认为笼罩着生活的死亡的阴影，是黑暗的,悲惨的,而非其他。从他这种不会撒谎,也不愿撒谎的艺术中,从来不能直接产生真正的精神安慰。上年岁的人的愿望可能是清醒的,因为他只能把真正的现实生活视为悲剧性的,并且只能描述生活自身的改变,使人变得更好,通过道德典型给人以安慰,而非其他。实际上,托尔斯泰这位艺术家在他的第二个时期里已经不再满足于简单地表现生活,而是要通过把艺术用于为弘扬道德和提高情操服务来自觉地为他的艺术寻求一种意义,一种伦理学的任务。他的长篇小说和中篇小说,都不仅仅是要对世界进行描摹,而是要重新改组世界,并且产生"教育的"作用。在这个阶段里托尔斯泰开始写一种特别的,想要成为"传染性的"艺术作品。这就是说,要通过事例告诫读者防备不公正,通过善良的典范使读者坚强起来。晚年的托尔斯泰从单纯的生活作家上升成了生活的法官。

这种有目的的、教义性的倾向在《安娜·卡列尼娜》中就已经表现得很明显了。在这部书里命运中的道德行为和非道德行为已经分离开来。渥伦斯基和安娜,性欲的人,无信仰的人,强烈激情的利己主义者,都受到了"惩罚",被投进了心情焦躁不安的炼狱。与此相反,吉蒂和列文则被提升进了净界。在这里,托尔斯泰这位迄今为止不可收买的描述者,第一次表现出拥护或者反对自己所创造的人物的党性。那种像教科书一样强调基本信仰的宗教论倾向,那种好像要用惊叹号和引号进行写作的倾向,那种教义性的次要意图,都愈来愈忍耐不住,要挤到前面来。在《克鲁采奏鸣曲》里,在《复活》里,终归只有诗意浓浓的单薄衣服还包裹着赤裸裸的道德

三作家传

神学,而圣徒传说就是(以庄严的形式)为传道士服务的。对于托尔斯泰来说,艺术逐渐地不再是最终目的了,不再是目的本身了。现在他能够喜爱"美丽的谎言",只要这谎言是为"真理"服务的,但不再像以往那样为制造现实的真实,为制造感性的——灵魂的真实性服务,而是正如他所说的,为给他揭示出他的危机的宗教真理服务。从此以后托尔斯泰不把表现得完美的书称为"好"书,而只是把那些促进"善良",更耐心,更温和,更符合基督教,更充满爱意地帮助人的书称为"好"书。因此他觉得诚实而平庸的贝特霍尔德·奥尔巴赫①比"害人虫"莎士比亚更为重要。标准量器从艺术家托尔斯泰的手里愈来愈滑落到了道德说教者的手里。这位无与伦比的人性描述者在人性改良者和道德主义者的面前自觉而且恭敬地后退了。

然而艺术如同一切神圣的东西一样,是不容许有异议的,是嫉妒的,它要对欺骗它的人进行报复。在要求艺术服务于、不自由地从属于一种所谓更高的权力的时候,艺术就会暴躁地避开这位大师托尔斯泰,而且恰恰就在他用教义塑造人物,使人物强有力的感官性变得疲惫和苍白无力的地方。灰色和冷静的理智之光像雾一样弥漫过来,人们就在通过逻辑的冗长叙述中跌跌撞撞,艰难地摸索着走向结尾。如果说后来他喜欢从道德的狂热主义出发把他的《童年回忆》《战争与和平》以及中篇杰作称为"恶劣的、没有价值的、无

---

① 贝特霍尔德·奥尔巴赫(1812 — 1882),德国作家,他的代表作为多卷本的《黑森林地区的农村故事》。

关紧要的书",那原因是这些书只满足了美学要求,也就是只满足"一种低级方式的享受"——阿波罗,听听这话!——事实上,这些书却依然是他的优秀作品,而那些有目的和进行道德说教的书才是陈腐有害的。因为托尔斯泰愈是沉醉于他的"道德专制主义",那么他离开自己天才的原始成分也就是感觉的真实性便愈远,他作为艺术家便愈加不稳定:他像安泰①一样,他的一切力量都来自大地。如果托尔斯泰用他那庄严的、钻石般锐利的目光注视感性的事物,那么,直到最后的耄耋之年他始终都是有创造性的。如果他摸进了云雾般的东西中,摸进了形而上学的东西里去,那么,他的分量便惊人地降低了。所以,看到一位艺术家想要在精神中飘荡和飞舞,用了多么强的暴力,而命运却注定他迈开沉重的脚步走在我们坚硬的土地上,去开垦,去犁耙土地,像现代其他人那样去认识和描写,这几乎是令人震惊的。

在一切作品中和所有的时代里永远重复的悲剧性矛盾是:信念坚定的思想和想要令人信服的思想本来是要提高艺术作品的,却多半降低了艺术家。真正的艺术是利己的,真正的艺术除了它自身及它自身的完善以外,不想要任何别的东西。纯粹的艺术家只可以思考他的作品,不可以思考他为作品选定的人性。托尔斯泰在用无动于衷和不可收买的目光表现感性世界的时候,总是最伟大的艺术家。一旦他变成了悲天悯人的人,想要用他的作品来进行帮助、改

---

① 神话中的巨人,力大无穷,只要他与大地保持接触,他就是不可战胜的。

良、引导和教育的时候,他的艺术便失去了感人的力量,他的命运也把他变成了比他所有的人物更加令人震惊的人物。

自我描述

> 认识我们的生活,就意味着认识我们自己。
>
> ——致鲁沙诺夫的信,1903 年

他那严厉的目光无情地看待世界,也无情地看待他自己。托尔斯泰的性格不论是在人间世界的内部还是在人间世界的外部都不能容忍模糊不清、施放烟幕和遮盖掩饰。作为艺术家,他习惯于强制性地精确看到一行树或者一条惊跑的狗颤抖运动的细致轮廓,他不能容忍自己是个迟钝麻木和模棱两可的杂拌。因此,他那强有力的研究欲望从很早的时候起就不可抗拒和从不间断地针对自己:"我一定要完全彻底地了解自己。"——19 岁的时候他就在日记中这样写道。像托尔斯泰这样狂热地相信真实的人,除了做个充满激情的自传作家以外,什么也干不成。

然而自我描述与描述世界不同,绝不会因为在艺术作品中达到过的成就而完全休息下来。自我从来不会由于阐明而完全得以透析,因为一次性的观察不能完成对不停变化的自我的描述。因此伟大的自我描述者都是毕生重复画着自绘像。丢勒、伦勃朗、提香都是对着镜子开始画他们最早的青年时代的作品,并且到手垂落下来才放开。因为在自己的身体形态上,固定不变的和流动变化的都同样在吸引他们。描绘真实的伟大的托尔斯泰完全同样是无法胜任他的自我描述的。正如他说的,他在确定的人物形象里几乎没有表明自己,不管那是在聂赫留朵夫身上,还是在沙里金身上,在皮埃尔身上,或者是在列文身上,他在完成的作品里再认不得自己的面貌。为了把握住更新的形态,他只好再从头开始。但是正如艺术家托尔斯泰追求自己精神的影子一样,他的自我也不知疲倦地在精神逃亡中继续逃跑,总是有新的未完成的任务。这位意志巨人总是觉得一再受到新的引诱而去征服它们。因此在那六十年间他所写的作品里,没有一部不是在某个人物身上包含着托尔斯泰自己的轮廓,也没有一部单独地包含着他一个人的广度。他所有的长篇小说、中篇小说、日记和书信作为整体才是他的自我描述,但也是本世纪里一个人遗留下来的最多样式、最清醒也最有连续性的自绘像。

因为这个只能描述经历过和真切感受到的事情的非虚构者从来不能把自己,把他这个活生生的人,把他这个有真切感受的人,排除在视野之外,他不得不连续地,强制性地,经常违反心意地,而且总是在清醒的意志之外进行研究、观察、说明和"保护"自己的生命。因此,他自传中的狂怒没有一刻是平静的,犹如他胸腔里的心跳和头脑里的思维活动不能停歇一样。对于他来说,写作永远是根据自我和报道自我。因此没有一种自我描述的形式是托尔斯泰不曾使用过的,如单纯机械地核查事实的回忆,教育的考查,道义的考

　　　　　　　　　　　　　　三作家传

查,道德上的谴责和内心的忏悔,还有作为自我抑制和自我激励的自我描述,作为美学文件和宗教文件的自传——不,我们列举不完表现自我描述主题的一切形式。从他的日记中我们对他70岁时的了解不亚于对他80岁时的了解。我们对他青年时代的强烈爱情,他的婚姻悲剧,他内心的思想,如同对他最庸俗的行为一样,都有了档案式的确切了解。因为托尔斯泰要求把他的生活领到"敞开的房门和窗口跟前",这和"紧闭双唇"生活的陀思妥耶夫斯基完全相反。我们确切地认得他的每个眼神,每个脚步。我们熟知他八十年中每个最短暂和最无足轻重的插曲,就像熟知他在无数复制品中的身体形象一样。例如他在补鞋的时候,他在与农民谈话的时候,他在骑马的时候,他在扶犁的时候,他在伏案写作的时候,他在室外打网球的时候,他在与妻子、朋友、孙女聚在一起的时候,他在睡觉的时候,甚至他在死了以后。此外这种无与伦比的身体与精神的描述和自我记录还表现了他对整个周围环境的无数回忆和描绘,有他的妻子和女儿,还有秘书、记者和偶然前来的访客:所以我相信,用木材化成为托尔斯泰回忆录的纸张,就能够再度建造起雅斯纳亚·波良纳的森林。从来没有一个作家自觉地无所隐讳地生活,也很少有这样心直口快的人对别人敞开心扉。自歌德以来,我们还没有通过这样外部观察和内部观察而无保留地文献化了的形象,如托尔斯泰的。

托尔斯泰的这种强迫性自我观察,可以追溯到如他的意识一样久远:早在美好愉快地蹒跚学步的幼儿身体里就已经开始了,远比会说话还要早，而且一直到他 83 岁卧床弥留之际，想说的话再不能说出来的时候才结束。在从开头的沉默到终结的沉默之间这么一个巨大的空间里，没有一个时刻没有说话和没有文字。19 岁的时候，他这个刚离开中学的大学生就给自己买了一个日记本，随即在前几页上写道："我从来没有使用过日记本，因为我看不到这种日记本的好处。但是现在随着能力的增长，我也忙起来了。我能够紧随着日记本，紧随我发展的进程。日记里应当包含生活的准则，在日记里还一定要预先勾勒出我未来的行为。"他完全遵照商人的方式，首先给自己立了个义务的账户，立了关于意图和成就的借方和贷方。这个 19 岁的人已经完全领悟了他自身所带来的资本。在第一次进行自我盘点的时候，他就随即断言，他是一个"特殊的人"，担负着"特殊的"任务。但是这个半成年人已经无情地指出，为了迫使他这个本性懒惰、意志不坚和追求感官享受的人在道德方面做出真实的生活成就，他还必须培养起多么巨大的意志力。于是为了不丧失自己星星点点的力量，他给自己建造了一个每日工作成果的监视器。为了在教育方面看得清楚，还有——我们不得不总是重复托尔斯泰的话——为了"卫护自己的生活"，他的日记本最初是起兴奋剂作用的。例如这个小伙子以毫不留情的严厉态度这样总结一天的事情说："从 12 点钟到 2 点钟与比基切夫谈话，过分坦率，虚荣，自欺欺人。从 2 点钟到 4 点钟做体操，毅力和耐力都不够。从 4 点钟到 6 点钟吃午饭，去采购些不大急需的东西。待在家中没有写东西，原因是懒惰。我还没有拿定主意，是否应该到沃尔康斯基那

　　　　　　　　三作家传

里去。在他那里很少说话，原因是胆怯。我的言谈举止不佳，因为我胆怯、虚荣，思考不周，软弱，懒惰。"这个小伙子的手那么早而且又那么毫无顾忌地坚决卡住了自己的喉咙，这只强有力地卡喉咙的手在六十年里没有放松过。82岁的托尔斯泰还像这个19岁的小伙子一样，在他疲惫的身体不能完全听从意志的斯巴达式纪律的时候，依然给自己准备着皮鞭，照样在老年日记中写下了骂自己的话："胆怯，恶劣，迟钝。"

但是艺术家也像早熟的道德学家一样，几乎同时也要求在托尔斯泰身上表现出自己的形象。所以他在23岁的时候就开始写一部三卷本的自传——在世界文学史中这是绝无仅有的！看镜子是托尔斯泰的第一步观察。他这个年轻人当时对世界还一无所知，所以在23岁时就选定绝无仅有的经历即他自己的童年时代作为观察对象。正如12岁的丢勒为了画下自己女孩般那样狭长的、还没有阅历揉出皱褶的孩子面孔而拿起银画笔一样天真，当时胡子拉碴的少尉托尔斯泰作为被封闭在高加索某要塞里的一个炮兵也出于玩一玩的好奇心，尝试着讲述起自己的《童年》《少年》和《青年》。他当时没有想到，他是在为谁写作。至少那时候他没有想到文学、报刊和公众。他本能地顺从着通过描述达到自我净化的渴望，这种模糊的欲望还没有被明确的意图照亮，更没有——像他后来变得急切要求那样——"突然领悟到道德要求的光辉"。这个驻守高加索的小军官出于好奇和无聊在纸上绘出了自己的故乡和童年的水彩画。这时候他对于后来在托尔斯泰笔下突然出现的救世军姿态、"忏悔"和"宽容行善"的意愿还一无所知。他还努力把"他青年时代令人憎恶的事情"都刺目地和警戒性地公之于众——不,对谁也没有用处。这个 23 岁的年轻人完全是出于一个"除了从小孩子长大过来"以外没有任何阅历的小青年玩一玩的幼稚冲动而描写了一些生活现象、一些初步的印象,还有父亲、母亲、亲属、教育工作者、人、动物和大自然。这样无忧无虑地编造故事,距离那个由于自己的地位而深感有责任以忏悔者的身份站在世界面前,以艺术家的身份站在艺术家面前,以有罪的人的身份站在上帝面前,并且作为自己谦卑的范例站在自己面前的自觉作家列夫·托尔斯泰所做的深刻分析有十万八千里。他那时进行讲述,不过是以一个久居异地,思念故乡温暖环境,思念早已是人去物在的庄园的年轻贵族的身份而已。后来发生了始料不及的事情,他无意间写的自传使他出名了。这时候他便立即搁笔,停止了写作续篇《成年》;这位著名作家再也找不回无名者的声音,这位深沉的大师再也没能成功绘制出像雕像一样纯真的自画像来。半个世纪过后——在托尔斯泰笔下,一切数字都像俄罗斯的土地一样广阔——,青年时代出于玩一玩的冲动想要完整系统地描述自己的思想才再度使这位艺术家忙碌起来。但是由于他转向了宗教,这项任务也就发生了变化。托尔斯泰就像把他的一切思想都转向全人类那样,也把他的生平传记完全面对全人类,以便全人类在他"洗涤灵魂"之中自身也得到去污清秽。"最大可能真实地描述自己的生活,对于每个人都具有重要价值,所以必定对所有的人都很有益处。"他就是这样纲领性地宣布他的新的自我展示的,这位八旬老人还不厌其烦地为这种有重要意义的自我辩解做了一切准备。但是这项工作他刚刚开始就又放下了,尽管他始终"都认为,这样一部完全忠于真实的自传……比所有那些充满于我的十二卷作品里的废话和人们至今还在把我不应得到的重要性归之于我的废话都更为有益"。这是因为他的真实性的标准随着对自己生存的悟解力而逐年有所增长,他认识到了一切真实的多义性、深不可测和转变能力的形态。如果说那个 23 岁的年轻人无忧无虑地用滑雪板呼啸着滑过了像镜子一样光滑的平野,那么,这位后来变成充满责任感的人,这位学识渊博、寻求真理的人却气馁地退缩了。对"不可避免地要蔓延到每一本自传里的不充分和不诚实",他感到害怕。他担心的是,"即使自传不是直接的谎言,但是这样的自传也会通过错误使用的判断,通过有意地把善的亮度增强,掩饰含有劣迹的事情,从而变成为谎言"。因此,他坦率地承认:"后来我决定不隐瞒我生平的任何卑劣行为,写下毫无掩饰的真实的时候,我又对这样的自传必定会产生的影响害怕起来。"但是我们不必为他放弃写自传的损失感到过分惋惜,因为从他在那个时期的笔记,也就是他的"忏悔"里边,我们可以确切地知道,自从托尔斯泰的宗教危机以来,为了他对真理的需要,他那种进行描述的意愿总是不可避免地要变成鞭笞派狂热教徒那种对自我鞭笞的兴趣,并且把每一次坦白都包裹在一阵痉挛的自我辱骂之中。晚年的托尔斯泰早已无心再去描述自己,而是只想谦卑待人,"说出那些他自己羞于承认的事情"。这样那种不可更改的自我描述由于对他所谓的

"卑劣行为"和罪过进行了猛烈谴责而很可能变成了对真实情况的扭曲。除此以外,我们可以完全没有他的自我描述,因为我们反正已经拥有了他的另外一种自传,确切地说是包括他的生平、他的时代的自传,这就是他的作品、书信和日记的总和,除了歌德以外,这也许是一位作家关于自己讲得最完整的自传。《哥萨克》里边的贵族青年军官奥列宁,为逃离莫斯科的忧郁苦闷和无所事事,进入职业和大自然中去寻求自我,他与青年炮兵上尉托尔斯泰直到衣服上的每根丝线和脸上的每条皱纹都完全相符。《战争与和平》里边冥思苦想、严肃谨慎的彼尔·别竺豪夫及其后来的兄弟,《安娜·卡列尼娜》里边的寻神者,热情地致力于生存意义的地主列文,从体格上看,显然就是处于危机前夕的托尔斯泰。谁也不会认错这位著名人物披着《谢尔盖神甫》的僧衣进行的争取圣洁的奋斗,谁也不会在《魔鬼》中认错年迈的托尔斯泰对性感艳遇的抗拒,谁也不会在他最值得重视的人物聂赫留朵夫(这个人物贯穿了他的全部作品)身上认错隐藏得很深的他自己本性的理想形象,承担起他的一切意图和道德行为的理想的托尔斯泰。甚至《光在黑暗中发亮》中的那个沙里金也披戴着稀薄的伪装,并且在家庭悲剧那一场里把托尔斯泰完全暴露出来了,所以演员们至今还总是采用他的假面具。像托尔斯泰这样心胸广阔的人必定要分配到许多人物身上,正如歌德的诗一样,托尔斯泰的散文作品也正是相当于一部绝无仅有的,纵贯一生连续下来的,一个个情景互相补充的长篇忏悔录,以至在形形色色的精神世界里,几乎没有一处空白的、未曾研究到的地方,没有一

　　　　　　　　三作家传

个 terra incognita(未知地区)。在这里一切社会问题,一切家庭问题,一切叙事诗问题与文学问题,一切尘世的问题以及形而上学的问题都得到了研究。自从歌德以来,我们还从来没有见到过如此全面、如此详尽地阐述一个现世作家的精神道德作用。正因为托尔斯泰完全像歌德一样,在似乎超人的人性中完全描述了正常的人,健康的人,描述了这个种类中出色的标本,即永恒的自我和无所不包的我们,所以我们就像在歌德那里感受到的那样:托尔斯泰的传记是自身完成的生命的一个完美的形式。

危机和转变

一个人意识到他的自我的时刻就是他一生中最重大的事件;这个事件的后果可能是最令人舒心的,或是最令人可怕的。
——1898 年 11 月

每次危害都会变成恩惠,每次阻碍都会变成创造的帮助和幸运动力,因为它能用暴力激起未知的灵魂力量。对于富有诗意的人来说,最有危害的莫过于满足和道路平坦了。托尔斯泰的人生历程只有一次见识到了这种忘我的放松,这种常人的幸福,这种艺术家的危险。在他奔向自我的朝圣之旅中,他那不知满足的心灵只有过一次休息。那是他八十三年的一生中的十六年。托尔斯泰只是在从结婚到完成《战争与和平》与《安娜·卡列尼娜》这两部长篇小说之间的这段时间里是与他自己和他的工作和平相处的。连他的日记——他的良心的奴仆——也沉寂无声了十三年（1865—1878）。托尔斯泰这个幸运的人，这个陷入作品中的人，不再观察自己，而是一心观察世界了。他不去向人请教，因为他生了七个孩子和创作了两部最有影响的叙事文学作品。当时，也只有在当时，托尔斯泰像所有那些无忧无虑的人一样，生活在家庭里正派市民的个人主义中。他生活得幸福，满足，因为他从"探询为什么的可怕问题"中解放出来了。"我不再为我的处境冥思苦想（一切冥思苦想都过去了），也不再在我的感受中搜寻探索。在与我的家庭的关系中我只有感觉，而没有进行思考，这个情况使得我有了很大的精神自由。"自我忙碌没有阻碍内心流动的形象，守卫道德上自我的无情岗哨困倦得退去了，给艺术家留下了自由活动，也就是充满感性享受的娱乐。在那些年代里他变得著名了。列夫·托尔斯泰，他把财产增长了四倍，他教育自己的孩子，他扩大住房。但是这位道德的守护神并未被允许长此以往地继续满足于幸福，饱享荣誉，发财致富。他总是从每一个形象塑造返回到完整的自我塑造的自身作品那里。因为没有神召唤他进入苦难，所以他要自己迎着苦难走去。因为外界没给他造成什么遭遇，所以他就要从内部创作自己的悲剧。这是因为生活——不管是多么强劲有力的生活！——总是要保持在动荡不定的状态里。如果从外部世界停止了输入遭遇，那么，精神就会从内部挖掘新的喷泉，使生存的血液循环不致枯竭。托尔斯泰在将近 50 岁时的经历,使他的同代人觉得无法解释的意外事件,就是他突然间离开了艺术,皈依了宗教。我们切不可把这个现象看作是异乎寻常的现象——在他这个非常健康的人的发展中寻找反常现象是徒劳无功的,在托尔斯泰那里,历来只有摆脱猛烈的感受是异乎寻常的。因为托尔斯泰在人生 50 岁时的转变不是别的,只是表现了一个过程,在大多数人身上这个过程由于形象感较弱而显现不出来:这就是身体精神的有机体不可避免地要适应临近的年龄,即艺术家的更年期。

"生活停顿了,而且变得令人毛骨悚然。"他就是这样讲述他精神危机的开头的。这个 50 岁的人达到了一个临界点,血浆创造性的成型能力开始减弱,精神转向僵化状态。感官不再雕塑家般地奋勇突进,印象的色彩力变得苍白了,像头发一样开始了第二时期,歌德同样告诉我们有这样一个时期。在这时候热情的感官娱乐升华成了概念的榨汁器,对象变成了幻象,肖像变成了象征。正如各种深刻的精神变化一样,最初引起身上轻度的不舒服也会导致这样一种变异,一种精神上对寒冷的恐惧,一种可怖的贫困化使不安的灵魂骤然感到战栗。于是身体上灵敏的地震仪立即就绘出了将要来临的震动(在每次发生变化时歌德都有神秘的疾病)。但是——我们现在刚刚踏上被照亮的地区——在内心还不会指明这种来自黑暗的袭击的时候,身体机构里就已经自动地开始抵抗了。那就是在心理与肉体之间的转换,没有知识,没有人的意志,而是出于天性难明究竟的预防措施。正如在寒冷来临之前很久动物就长出一身温暖的冬季长毛那样，人的灵魂在第一个年龄过渡的时刻，刚跨过顶点就长出来一层新的精神保护衣，一层厚厚的防御性外壳。从感官到精神的这种深刻转换，也许是起自腺细胞的机构，并且颤抖着进入创造性生产的最后震动。更年期作为灵魂震动在形成时也伴有流血和危象，就如同青春期一样，即使——你们心理分析学家和心理学家都前来！——在身体上几乎听不到病因迹象，更不要说观察到什么精神的病因迹象。至多在妇女身上——性萎缩现象表现得更严重，更需要医疗，成为几乎摸得到的形态——可能积累了一些具体的观察。与此相反，男子的精神转换及心理学审定的精神结论至今还完全无人研究。因为男性的更年期几乎被一致认为是重大转换诸如宗教、创作和理性等升华的最佳时期，是披在轻轻渗血的生存外边的保护衣，是减弱了的感性的精神代用品，是取代逐渐减弱的自我感受即消退的生命力的强化了的世界感受。男人的更年期完全是对青春期的补充，在受过危害的人身上同样有生命危险，在性格激烈的人身上同样的激烈，在有创造性的人身上同样有创造性。这样就引起了另一个色彩绚丽和有创造力的灵魂时期，在上升和下降之间引出一种新的、精神上的中老年恋爱。我们在每个重要艺术家那里都遇到了这种无法避免的危机时刻，当然没有一个艺术家的危机时刻像托尔斯泰的危机时刻这样剧烈得翻江倒海、火山一般，几乎是毁灭性的。从实际的可能性来看，从适当的客观性来看，对于托尔斯泰来说，在他 50 岁的时候，实际上也无非是发生了与他的年龄相当的事情。那就是，他感到自己衰老了。这就是一切，这

　　　　　　　　三作家传

就是他的整个经历。他有几颗牙掉落了,他的记忆力衰退了,他有时候头脑昏昏,深感疲惫。这些都是一个 50 岁的人常有的现象。然而托尔斯泰这个极其壮实的人,这个完全是在江河中,而且是在泛滥的江河中充实起来的人,在秋意的第一点气息中就立即觉察到自己已经枯萎和熟透了。他心想,"人如果不为生活所陶醉,那么,他也就再不能生活了"。一种神经衰弱的萎靡不振,一种不知所措的心烦意乱,侵袭了他这个异常强壮的人。他不能写字,也不能进行思考。——"我的内心在睡觉,而且无法苏醒。我感到不舒服,我已经没有了勇气。"——他像拖一副镣铐一样把"无聊而平淡的安娜·卡列尼娜"拖到了终结。他的头发突然都变成了灰白色,额头上刻画出了许多皱纹。他经常有反胃现象,感到关节虚弱无力。他冷漠地陷入沉思,并且说道,他"再没有什么可高兴的了,对生活再不期待什么了,他很快就要死了",他"在全力以赴争取离开生活"。在他的日记中,前后相连,出现两次刺目的记述:先是"对死亡的恐惧";过了几天又是"Il faudra mourir seul(是要孤零零地死去了)"。但是死亡——我试图在对他的生命的描述中阐明死亡——对于他这个生命巨人来说是最为可怕的念头,因此,一旦他巨大的行囊上有一两条缝儿似乎开了线,他就会立刻战栗起来。

当然这位天才的自我诊断医生在用鼻孔嗅寻灾难的时候,并没有完全错误。因为实际上,原来的托尔斯泰的某些东西是在这次危机中彻底地死去了。迄今为止托尔斯泰还从来没有向世界询问过世界的形而上学的意义。他只是对世界进行观察,就像艺术家观察自己的模特儿那样。当他为世界画像的时候,世界就听话地站在他的对面,听任他抚摸,听任他用进行创作的双手把握。他突然觉得这种天真的快乐,这种纯粹雕塑家的观察不会再有了,事物不再完全屈从于他了。他觉察到,事物对他隐藏了什么,一段经历,或是某个问题。他这个眼睛最明亮的人第一次感觉到生存是一种秘密。他预感到一种他仅用外部的感官不能领悟的意义。托尔斯泰第一次懂得了,要理解这种奥秘,他需要一种新工具,那就是学识更渊博的眼睛,觉悟更高的眼睛,能够思维的眼睛。通过事例能把这种内部的变化解释得更明白易懂。托尔斯泰在战争中上百次看到过人的死亡,他作为画家,作为作家,作为单纯进行反映的瞳孔,作为感受到事物形体的视网膜对此进行过描述,而没有去询问那些人的惨死是对还是错。现在他在法国看到罪犯的人头从断头机上扑通一声掉落下来,心中顿时愤然冒起一种反对整个人类的道德力量。他这位主人,老爷,伯爵,从他的庄园的农民身边走过成千上万次。他骑马奔驰,尘土扬到农民的衣服上,还心不在焉地接受谦卑的农奴的敬礼,视为理所当然。现在他才第一次注意到,农奴们都是光着脚的,都很贫穷,第一次注意到他们那令人惊骇的无权生存状态。于是他便在内心里第一次给自己提出了这样一个问题:面对他们的急需和辛劳,他自己是否有权利继续保持无动于衷?在莫斯科,他的马拉雪橇无数次从成群结队、啼饥号寒、冻得发僵的乞丐身边呼啸而过,却从来没有把头转向他们,或者对他们稍加注意。对于他来说,贫穷、不幸、压迫、军队、监狱、西伯利亚,都是理所当然的事,就像冬天下雪,桶里边盛水一样。现在在一次户口调查中这位觉醒者突然认识到了,无产者的可怕处境是对他的丰衣足食的一种谴责。自从他不再感到人性是必须"进行研究和观察思考的"单纯素材以来,他内心里宁静的、美丽如画的生存秩序就崩溃了。他再不能像个冷酷雕塑家似的看待生活,而是一定要不断地询问意义和荒谬之处。他不再觉得一切人道之举都是自愿的,自我中心的或者内向性格的,而是觉得都是社会性的,友爱的,外向性格的。包括所有一切的集体的意识,如同疾病一样"侵袭"了他。他呻吟说:"不能进行思考——进行思考实在太痛苦了。"然而自从这只良心的眼睛忽然睁开以来,人类的痛苦,世界的原始痛苦,就不可更改地变成了他自己的事情。正是从对虚无的神秘恐惧中,产生了对宇宙万物的一种创造性的新恐惧。对这位艺术家来说,正是从他的完全放弃自我的中间,产生了现在按照道德标准再次建造他的世界的任务。就在他预料死亡来临的时候,出现了再生的奇迹。于是就产生了这样一个托尔斯泰:人类不仅是把他作为艺术家,而且是把他作为最有人性的人来尊敬的。

但是在那崩溃隆隆作响的时刻,在那"苏醒"前不稳定的瞬间里(如托尔斯泰后来感到宽慰地对他那令人忧虑不安的状态的说法),他这个在变化中感到惊讶的人却还没有想到转变。在良心的另一只新眼睛在他内部睁开以前,他是完全茫然的,只觉得周围是一片混乱,是无路可走的黑夜。"如果生活是如此可怕的,那么,活着到底是为了什么呢?"他提出了传道书的一个永恒的问题。如果耕田只是为了死亡,那么,人们何苦要费那样的气力呢? 他像是一个绝望的人,在漆黑一团的世界苍穹中摸索墙壁,以求在什么地方找到个出口,找到一种自我拯救,找到微弱的明亮,希望的星光。他看到没有人从外部给他帮助,使他顿然领悟,这时候他才有计划地、系统地和一阶一层地给自己挖矿井坑道。1879 年,他在一张纸上写了这样一些"不明白的问题":

　　一、活着为什么?

　　二、我的存在有什么原因? 其他每个人的存在有什么原因?

　　三、我的存在有什么目的? 其他每个人的存在有什么目的?

　　四、我感觉到的那种善与恶的分裂意味着什么? 它要干什么?

　　五、我应该怎样生活?

　　六、死亡是什么? ——我怎样才能够拯救自己?

　　"我怎样才能够拯救自己? 我应该怎样生活?"这就是托尔斯泰的可怕的呼喊。这是危机的利爪在凶狠地撕裂他的心。他就这样刺耳地喊了三十年,一直喊到嘴唇不听使唤的时候为止。对于感官传送来的好消息,他不再相信了,艺术给不了他安慰。青年时代狂热的醉态现在残酷地清醒了。寒气从四面八方涌了上来。我怎

样才能拯救自己？这呼声变得愈来愈急切，这是因为这种看来无意
义的事情是不可能没有意义的。理性只能了解活的东西，但是不能
够了解死亡。因此就必须有一种新的，就是另外一种精神力量，来
领会这种无法理解的事情。因为他在自己身上，在他这个无信仰者
的身上，在他这个感性人身上找不到新的精神力量，所以他便在
media in vita，也就是在人生道路中间突然谦卑地跪倒在上帝面前，
轻蔑地抛开了使他无限幸福了五十年的人世学问，狂热地请求得到
一种信仰："主啊，给我一种信仰吧！让我也帮助其他人找到这种信
仰吧。"

假基督教徒

> 我的上帝，只在上帝面前生活，是多么艰难呀，像那些被掩
> 埋在矿井中间，明知永远出不来，而且也不会有人知道他们在
> 那里是如何生活的人们那样生活，是多么艰难呀。但是人们必
> 须，必须这样生活，因为只有这样的生活才是一种生活。主啊，
> 帮助我吧！
>
> ——日记，1900 年 11 月

"主啊，给我一种信仰吧！"托尔斯泰冲着迄今为止他所否定的
上帝发出绝望的呼喊。但是看来这位上帝不肯满足那些向他提出

过分激烈要求的人。因为托尔斯泰把强烈的急躁，也就是把他的最大罪恶，带到了信仰里去。只要求有一种信仰是不够的，他必须立刻拥有信仰，要一夜之间就完成，而且要如斧子一样方便，可以用来砍伐全部怀疑的荆棘丛林。因为这位习惯于被奴仆们殷勤侍奉的贵族老爷也受到那些听得清，看得明，迅速送来世界上一切知识的感官的服务，所以他这个控制不住感情，性情无常，固执己见的人就不肯耐心地等待。他不愿意像僧侣那样坚定地细心倾听逐渐渗透下来的上边的光明——不，他要在黑暗的内心里立刻重现白天的明亮。他那激烈的、冲垮一切障碍的精神想要纵身跳起，猛劲一冲就奔向"生活的意义"——"上帝知道""上帝思考"，他就这样若有所失地，几乎是亵渎神明地念叨着。他希望能够把信仰、当基督教徒、谦卑地生活和永住上帝心中都利利索索一蹴而就地学到手，就像他现在一头白发的时候来学习希腊文和希伯来文一样，在六个月以内，顶多在匆匆的一年以内，就变成了一名教师，一名神学家，或者一名社会学家。

但是到哪里能够这么突然地找到一种信仰呢？难道人在自身里就没有信仰的种子吗？一个人如果五十年来只是作为自觉的、原始俄罗斯的虚无主义者，以观察者的无情目光来评价世界，而且在这个世界里他只觉得自己是重要的和本质的，那么，他怎么能够在一夜之间变成富有同情心、善良、谦卑、待人温和的托钵僧呢？怎么能够用一次举手之劳就把这种岩石般坚强的意志弯转成宽容的人类之爱呢？到哪里学习信仰？到哪里学会信仰？学会为了更高尚的、超凡脱俗的威力而沉醉呢？托尔斯泰自言自语说，接近那些已经具有信仰或者至少预言要有信仰的人，不言而喻也就是接近了东正教的圣母，接近了教会。于是托尔斯泰便立即（因为他这个急不可待的人不允许自己浪费时间）跪倒在圣像面前，进行斋戒，朝拜修道院，与主教们，与教士们进行讨论。他读破了四福音书，苦修三年，信奉起了东正教。但是教会的气流把空虚的袅袅香烟和严寒吹进了他已经结冰的内心，所以他不久就失望地永远关上了他与东正教教义之间的大门。他认识到了，不，教会是没有正确的信仰的，或者毋宁说，教会把生命之水渗漏掉了，浪费光了，掺上假了。于是他又继续寻求：兴许哲学家们，就是思维的教师们，对于这种令人害怕的"生活意义"知道得更多，托尔斯泰很快便狂暴急切地开始了漫无目的地交错阅读古今所有的哲学著作（他读得太快，以致没能消化，没能理解）。他首先读的是每种灵魂阴暗的永久姘夫叔本华，然后是读苏格拉底、柏拉图、穆罕默德、孔子、老子、神秘主义者、斯多葛派、怀疑派和尼采。但是为时不久他就把这些书全都合上了。这些人也没有其他观察世界的工具，有的与他的没有什么不同，即极其敏锐的，痛苦地进行观察的理智。他们也只是些迫不及待地奔向上帝的人，不是在上帝那里得到安静的人。他们为思想创建了体系，但是没有创造出受到惊扰的内心的平静。他们给人以知识，但是没给人以安慰。

正如一个饱受折磨、药石无灵的病人拖着虚弱的身躯走向老太婆和乡村庸医一样，托尔斯泰这个最有智慧的俄国人，在他人生的

50岁的时候,走向了农民,走向了"大众",为的是最后向这些没有受过教育的人学习真正的信仰。是的,他们是些没有受过教育的人,没有受过书本迷惑的人,他们这些受穷受苦的人,受尽折磨的人,毫无怨言地服徭役的人,如果死亡在他们中间蔓延滋长,他们就像畜生一样默默无言地躺倒在某个角落里。他们没有产生怀疑,因为他们不进行思考。这是 sancta simplicitas,即神圣的淳朴。然而他们必定还是有某种秘密的,否则他们就不会那么恭顺,那么毫无愤慨地低下头来。他们在自己的浑浑噩噩之中必定知道某些智慧和敏锐的英才也不知道的东西,他们感激敏锐的精神,这些理智上的落后者,灵魂上走在我们前边的人。"像我们这样生活是错误的;像他们那样生活是正确的。"——因此上帝就从他们容忍的生存中明显地升了起来。与此同时,精神,求知欲望,连同他的"游手好闲和放荡的贪欲"都离开了内心的真正光源。如果他们得不到安慰,如果内部没有神奇的灵丹,那么,他们就不可能如此愉快地忍受如此悲惨的生活,因此他们必定隐藏着某种信仰。于是这个不受约束的人便顿感迫不及待,要通过观察向他们学到这个秘密。托尔斯泰说服了自己,要从他们那里,也只有从他们这些"神民"那里才能够了解"正确的"生活,了解伟大的容忍,了解对艰难生活和更为艰难的死亡的献身。

于是他就去接近他们,密切地深入到他们的生活里去探听他们的神圣秘密!他脱下贵族的礼服大衣,穿上农民的短外套,离开了美味佳肴的餐桌和堆满书籍的书案。从此以后他只用无害的蔬菜

　　　　　　　　　三作家传

和牲畜平和的奶汁养活身体，只用谦卑，用浑浑噩噩来维持反复思索的浮士德式的精神。因此列夫·尼古拉耶维奇·托尔斯泰，这个雅斯纳亚·波良纳的庄园主，这个在精神方面凌驾于千百万人之上的大人物，在50岁的时候来亲手扶犁了。他用宽厚的肩膀从水井旁担起水桶。他在自己的农民中间以不知疲倦的固执干劲收割谷物。他那只写过《安娜·卡列尼娜》和《战争与和平》的手现在将鞋锥子扎进了自己剪裁的鞋底。他清扫自己房间里的垃圾，他给自己缝制衣服。要去接近，要迅速接近，要密切地接近"教友们"——列夫·托尔斯泰就这样以无与伦比的意志希望成为"老百姓"，从而也就成为"上帝的基督教徒"。他下到村子里走向半数还是农奴的人（在他走近的时候，他们都深感窘迫地用手拿着帽子），他招呼他们到他家里来。他们便穿着沉重的鞋子笨拙地走在光滑如镜的镶木地板上，就像是走在玻璃板上一样。现在他们松了一口气，因为这位"老爷"，这位仁慈的庄园主，不准备对他们干什么坏事——像他们所担心的那样：又是要提高地租和佃金吧！现在这个"老爷"——真是稀罕！他们不知所措地摇了摇头——执意要与他们谈论上帝，没完没了地谈论上帝。这些雅斯纳亚·波良纳庄园的善良农民都记起了他已经干过的一件事，那就是这位伯爵老爷建立了一所学校，他还亲自给孩子们讲了一年课（这以后他就感到厌倦了）。可是现在他想要干什么呢？他们心存疑窦，倾听着他所讲的话。因为，这个经过伪装的虚无主义者像个间谍一样走进"老百姓"，是来打听他远征上帝所必需的战略的。

然而这种强行询问对艺术和艺术家是很有益处的——托尔斯泰的那些最优秀的传奇该归功于乡村中那些讲故事的人,他的语言借助于淳朴而形象的农民语言变得生动感人和充满活力了——可淳朴的秘密是学不到的。陀思妥耶夫斯基早在这场充满激情的危机以前,早在《安娜·卡列尼娜》出版的时候,就颇有远见地谈到过托尔斯泰的镜中影像列文:"像列文这样的人,在他们愿意的时候,也可能与老百姓生活在一起。但是他们永远不会变成老百姓,因为他们傲慢自负,意志力强,而且性情无常,不能理解和满足于完成下到老百姓中去的愿望。"陀思妥耶夫斯基这位天才的幻想家用心理学的平射击中了托尔斯泰意志变化的核心,揭露了强制行动。托尔斯泰的意志变化不是出于天生的本性的爱,而是出于精神困境开始的托尔斯泰对老百姓的博爱。因为,尽管他愿意浑浑噩噩地,像农民一样行事,但是知识分子的托尔斯泰却永远不能培养起农民的狭隘思想,来取代他那广阔的、包罗世界的对存在的释义,永远不能把这样一种真理的精神完全压低成为烧炭工人的混乱信仰。像魏尔伦①那样突然在小房间里跪下来祈祷说:"我的上帝,您给我一些淳朴吧!"于是他胸中便茂盛地生长起来谦卑的银色嫩枝条——这样做是不够的。他总是必须首先是变成他所宣布信奉的样子:既不是通过同情的神秘剧一下子在思想上接通与老百姓的联系,也不是通过彻底信仰的虔诚在内心里一下子得到良心的满足,就像接通电路

---

① 魏尔伦(1844—1896),法国象征派诗人,在诗歌艺术上反叛既有传统。

一样。穿上农民的短外套,饮用克瓦斯①,收割庄稼,所有这些地位平等的外部形式都可能像游戏,甚至在双重意义上像游戏一样容易做到。但是精神却不能糊涂起来,一个人的清醒状态永远不能像煤气灯那样可以随意卸下来。他的精神的光亮和警觉永远是一个人天生的和不能更改的尺度。它们是支配意志的力量,因而也就是超越我们意志的力量。这种力量在它独立自主的警觉的光亮的义务中愈是感受到威胁,便愈是燃烧得更加强烈和更加不安定。正如一个人不能通过降神术的表演就超越自己天生的认识等级通往更高级的知识那样,智力也不能借助一次突然的意志行为就退回到淳朴中去,即使是一个台阶。

托尔斯泰这位学识渊博和眼光远大的人物不可能没有多久就认识到,他那错综复杂的思想要在一夜间迟钝成一种没什么用的淳朴,即使具有像他的意志这样强大的意志也是不可能的。不是别人而是他自己(当然是后来)说过这样的妙语:"用暴力对待精神,就如同捕捉阳光。不管想用什么盖住阳光,阳光也总会跑到上边来。"他不能长久欺骗自己,他那粗暴的、斗士一样的、刚愎自用的庄园主理智做不到持久的浑浑噩噩的谦卑。实际上农民也从来没有把他看作他们中间的一员,他虽然穿着他们的衣服,外表上与他们有共同的生活习惯,但是全世界都把他的这种行为仅仅理解为一种伪装。正是最接近他的人,他的妻子,他的子女,老太婆们,他的真正

---

① 克瓦斯是俄国农民酿制的一种类似啤酒的酸味饮料。

的朋友们(不是专业上的托尔斯泰派),从一开始就感到怀疑和不愉快地看待这位"俄国人民的伟大作家"(屠格涅夫在病榻上垂危的时候这样呼吁他回到艺术中来)的这种痉挛而粗暴的愿望:下到与他的本性相抵触的和没有文化教养的领域里去。他的妻子,也就是他思想斗争的悲惨的牺牲品,当时就对他讲了这样最有说服力的话:"从前你说,你心神不定是因为你没有信仰。现在你说你有了信仰,为什么你还不幸福呢?"——这是十分简单而又无可辩驳的论证。这是因为在托尔斯泰皈依老百姓的上帝以后,没有什么迹象表明,他在这个上帝身上为他的信仰找到了内心的宁静。正相反,他一谈起他的教义来,人们总有这样的感觉:他是在用一种叫喊的确信来拯救信念的不稳定。正是在皈依上帝的那个时期里,托尔斯泰的所有行为和言论都带有某些令人不愉快的呼喊语气,夸耀,强制,好争吵,宗教狂热。他的基督教信仰如同长喇叭一样不住地鼓吹,他的谦卑如同孔雀开屏一样展现于人前。因此,凡是听觉比较灵敏的人都会在他那种过分的自我贬低中间感觉到托尔斯泰旧有的某些傲慢,只不过现在反过来变成了为新的谦卑而自豪。只要读一下他的一段著名忏悔就够了,他在这段忏悔里想用唾骂和侮辱自己从前的生活来"证明"自己皈依了宗教:"我在战争中杀死过人,我在决斗中战斗到底。我在纸牌赌博中挥霍掉了从农民身上榨取来的财富,而且我还残酷地惩罚农民。我与轻浮放荡的女人发生淫乱关系,而又对部下进行欺骗。我有过一切无耻行径:撒谎、抢劫、通奸、酗酊大醉和残酷无情,没有一种我没有做过。"为了不让任何人宽恕

三作家传

他作为艺术家所犯的这些所谓罪行，他在吵吵嚷嚷的教区信徒的忏悔中又继续说："在那个时期里，我出于虚荣、贪欲和骄傲开始了写作。为了取得荣誉和财富，我逼迫自己去压制我身上的善良，去使自己堕落到罪恶中间。"

这都是些可怕的忏悔言语。的确，这些话的道德激情令人惊心动魄。但是说句真话，因为他在战争中尽职尽责在炮兵连服务，或者作为强壮的男子在独身时期有过放荡的性生活，就能在这种自我谴责基础上把自己蔑视为"一个卑劣的人，一个有罪的人"，一个如他以狂热的贬低兴趣自称的"虱子"吗？这就是一个名副其实的托尔斯泰吗？如果说以前没有产生怀疑，那么这样一个受到过分刺激的良心出于一种谦卑的高傲不惜任何代价去臆造罪恶，那么这样——像拉斯柯尔尼科夫的家仆虚构杀人的事一样——一颗有自白狂的灵魂去把根本不存在的罪过"作为十字架自己背起来"，就能"证明"自己是基督教徒吗？托尔斯泰这种证明自己的心愿，这种痉挛的激情，这种小贩叫卖似的自我贬低，不正是暴露出来他深感震惊的内心里没有或者说尚未存在一种心平气和与呼吸均匀的谦卑，而是甚至有一种危险移动的颠倒的虚荣吗？无论如何，这样的谦卑没有谦卑的姿态。正相反，除了这种反对激情的禁欲者的斗争，就没有什么可以说是更有激情的了。他这个性急的人，内心里刚有一点微弱不稳定的火花，就想点燃起整个人类。他很像那些日耳曼人的野蛮领主——他们刚刚把头沾湿洗礼的水，便拿起长斧要去砍倒他们迄今视为神圣的橡树。如果信仰意味着在上帝那里的一种安静,那么,这个非常急躁的人可从来不是个有耐心的信徒,这个感情强烈的人,这个贪得无厌的人,可从来不是一个基督教徒。只有在人们把对虔诚信教的无限渴求都称为信教的时候,这个寻神者,这个永远不安静的寻神者才可以算作是一个教徒。

但是托尔斯泰的危机正是由于一种信念的这种仅仅一半的成功和不稳定的获得而象征性地超越了个人的经历,成为一个永远值得思索的例子:即使对于意志力最强的人来说,也不能一蹴而就地改变他本性的原始形态,也不能通过一次强力行为就把他固有的气质变成相反的。我们的生命所具有的形态忍受着改良、磨平、变尖。所以,由于自觉而顽强的工作,伦理的激情很可能提高我们的品性,我们的道德。但是我们性格图样的基本线条是永远不可能简单地涂改掉的,也绝不可能依照另外一种建筑艺术的规则来建造我们的肉体和精神。如果托尔斯泰认为,人能够"戒掉个人主义如同戒掉吸烟一样",或者人可能为自己"博得"爱心,"求得"信仰,那么,在他那里就出现了一种极其微小的成果与一种非常巨大的,几乎是狂躁的努力的矛盾。因为根本无法证明,托尔斯泰这个"只要有人稍拂他的心意便两眼目光如电"的暴怒之人,在他强力改变信仰之后,会立刻就变成了一个善良的、温和的、亲切的、社会的基督教徒,变成了一个"上帝的仆人",一名上帝的修道士。他的"转变"也许改变了他的观点,他的见解,他的言语,但是改变不了他最内在的本性——"你遵循规则行事,那你必然这样,你无法逃避开自己。"(歌德)在他"清醒"之前和之后,都是同样的不愉快和同样的自我折磨笼罩着他不平静的内心。所以说,托尔斯泰天生是不满足的。正是因为他没有耐心,所以上帝没有立刻"赐给"他信仰。他只好再奋斗三十年,一直不间断地奋斗到生命的最后时刻。他到大马士革的行程①没有在一天之内结束,也没有在一年之内结束。直到临终奄奄一息的时候,托尔斯泰也没有对回答感到满足,也没有对信仰感到满意,直到最后一刻,他依然感到生命是一个既壮丽辉煌又令人战栗的秘密。

这样,托尔斯泰对他询问"生命"意义的问题没有答案。他朝向上帝的这奋力的一跃是不成功的。如果他没有成为一种掌握分裂的大师的话,但对艺术家来说永远有一种拯救——他能够把苦难从自身抛到人类中间,并且把他的灵魂问题变成世界问题。这样托尔斯泰也就把他对危机的个人主义惊呼"会变成怎样?"提高到"我们会变成怎样?"因为他不能使自己固执的思想信服,所以就想说服其他人。因为他不能改变自己,所以就试图改变人类。一切时代的一切宗教都是这样产生的。一切世界改良都是出于某个独特的、内心受到威胁的人的"逃避自我"而形成的(最透彻的观察者尼采对此很了解)。这个人为了把关系重大的问题从自己的胸中转嫁出去,就把这些问题抛向了所有人,把个人的焦虑不安变成了世界的焦虑不安。托尔斯泰没有变成一个虔诚的、托钵僧式的基督教徒,从来没有。这个卓尔不群和充满激情的人,具有一双不受欺骗的眼

———————————
① 据《圣经·新约·使徒行传》第23章,保罗将要到大马士革的时候被天上强光照射,双目失明。他到大马士革以后被耶稣门徒亚拿尼亚医治复明,于是便笃信基督教了。

睛,具有一颗严厉和强烈的怀疑之心。他正是出于深知无信仰的痛苦才进行这场我们当代最狂热的试验:从虚无主义的困境中拯救世界,使全世界都比他任何时候更有信仰。"从生活绝望中唯一的拯救就是把自我送交给世界。"于是,托尔斯泰这个饱经折磨和渴求真理的自我,便把他突然感到的可怕的问题作为警戒和教义抛给了整个人类。

教义及其荒谬

> 我已经接近了一个伟大的思想,为它的实现我能牺牲我的全部生命。
>
> 这个思想是建立一个新的宗教,是基督教,但却是从信条和创造中解放出来的基督教。
>
> ——青年时代日记,1855 年 5 月 5 日

托尔斯泰把《福音书》里"毋抗恶"这句话作为他的教义,他致人类的《公告》的基石,他还给这句话做了创造性的注释:"不用暴力抗恶。"

托尔斯泰的全部伦理学都隐藏在这一句话里:这位伟大斗士用他紧张得痛苦的良心中所有雄辩术的与伦理学的迅猛狂暴,把这个投石器强有力地撞击到这个世纪的墙壁上,以至于到如今余震还在

破裂一半的房梁屋架上不住地颤动。投掷在整个射程中的思想影响是不可能测算出来的。志愿放下武器的俄国人向布列斯特-利托夫斯克①的进发,甘地的不抵抗运动,罗兰在第一次世界大战中间发出的和平呼吁,无数普通人对压制良心的英勇反抗,反对死刑的斗争,等等,所有这一切孤立的,似乎互无联系的事件都因为列夫·托尔斯泰的公告而得到了强有力的推动。至今,在所有暴力被否定的地方——不管是它作为手段、武器、权力或者所谓神圣机构,肯定总是在一个借口下保护诸如国家、宗教、种族、财产什么的,在所有人性道义反对流血的地方,每个道德革命者都依然从托尔斯泰的权威和热情中得到证实为友爱的力量。在所有独立良心取代教会凉冰冰的信条,取代国家权势贪欲的要求,取代一种运转不灵和公式化的司法机构,并把博爱的人类情感作为唯一的道德主管者来做出最后决定的地方,都可以援引托尔斯泰的新教教义。托尔斯泰用人性向人类发出呼吁,在任何情况下每个人都要"用心"进行判断。

然而托尔斯泰认为我们不用暴力抵抗的是什么样的"恶"呢?不是别的,就是绝对暴力本身,不管它把肌肉隐藏在国民经济、国家兴盛、民族野心和殖民扩张的激情外衣下边,还是笨拙地把人的权势欲望和嗜杀本能伪装成哲学思想和爱国思想,我们切不可受它迷惑,即使在最有诱惑力的净化中,它从来只是服务于一个个别集团扩大的自我维护,而不是服务于人类友爱,从而使世界的不平衡永

---

① 布列斯特-利托夫斯克原是波兰东部城市,位于布格河上,后为俄国占领。

久化了。任何暴力都意味着占据、拥有和想要更多地拥有，因此对于托尔斯泰来说，一切不平等都起源于财产。这位年轻贵族与蒲鲁东①在布鲁塞尔不是白白度过一段时光的：早在马克思之前，托尔斯泰就作为当时最激进的社会主义者提出了假设："财产是一切罪恶和一切苦难的根源，冲突的危险存在于那些过多占有财产的人与不占有财产的人之间。"因为为了保存自身，占有势必要变成自卫性的，甚至是攻击性的。为了夺取财物，暴力是不可少的。为了扩充占有物，暴力是不可少的。为了维护占有，暴力也是不可少的。财产为了保卫自己而创立了政府，政府为了维护自己又组建了残暴权力的各种形式，如军队、司法机构等"只是用来维护财产的整个镇压体系"，凡是服从和承认政府的人都同他的灵魂一道顺从这样一个权力原理。根据托尔斯泰的见解，甚至现代国家中看来像似独立的人，有才智的人，都不自觉地完全为维护占有者服务，甚至"就其真正意义上说是要消除国家的"基督教也"用欺骗性的教义"偏离开自己本来的责任。于是那些艺术家，生来就自由的良心律师，人权的维护者，就在他们的象牙塔里雕琢起来，并"使良心入睡"。社会主义试图成为无可救药的人的医生，那些革命者，他们是唯一正确认识到要彻底炸毁错误的世界秩序的革命者，甚至也错误地使用起了他们的敌人的凶残手段。他们原封不动地容许"恶"的原理，甚至还把暴力奉为神圣，从而使得不公正永久化了。

---

① 蒲鲁东（1809—1865），法国小资产阶级思想家，无政府主义的创始人之一。

三作家传

这样按照无政府主义的要求,国家的基础和我们现在有效的社会制度的基础都是错误的和腐朽的:因此托尔斯泰激烈地对政府形式的一切民主主义的、慈善的、和平主义的和革命的改良加以驳斥,认为是徒劳无益的和很不够的。因为没有一个国家杜马,没有一个议会,尤其是没有一次革命把民族从暴力的"恶"中解救出来过。对一座在摇晃不稳的基础上建立的房子是无法进行支撑的,人们只能抛弃这座房子,再去另建一座。但是现代的国家是以权力思想为基础的,而不是以友爱为基础的。因此托尔斯泰认为,现代的国家不可更改地注定要灭亡,而各种社会的和自由主义的弥补工作都只能延长现代国家的垂死挣扎。必须进行改变的是人本身而不是老百姓与政府之间的国家公民关系,一种深沉的灵魂上的联系必须通过友爱才能使每一个民族集合体得到巩固,而不是通过国家权力的暴力压迫。然而只要这种宗教的友爱,这种伦理的友爱,还没有取代强制公民的现代形式,托尔斯泰就只能在个人良心看不见的秘密中去解释一种真正的品德。因为国家与暴力是同一的,所以道德高尚的人不能使自己与国家完全一致。最急需的是一场宗教的革命,是每一个有良心的人与一切暴力团体断绝关系。因此托尔斯泰本人就果断地置身于国家的形态以外,并且宣称,在道德上主张不受除了自己的良心以外任何义务要求的约束。他取消了"对某个民族和国家一种绝对的从属关系,或者在某个政府下的臣民关系"。他志愿地从东正教里冲了出来,他从原则出发取消了对司法机构的呼吁,或者是对现代社会中某种特定机构的呼吁,仅是为了不去握"暴力国家这个魔鬼"的爪子。因此,不是由于他宣讲博爱的《福音书》般的温和,而是由于他用一种基督徒的谦卑的措辞的影响,由于对《福音书》的依赖,才使他的社会批判中完全敌视国家的态度被掩饰起来。他的国家学说是最激烈的反国家学说,是自路德以来,一个人与新的教皇神圣论,也就是与财产所有制的天经地义的思想最彻底的决裂。甚至托洛茨基和列宁在理论上都一步也没有超越过他的"一切都必须改变"。正如"人类之友"让-雅克·卢梭用他的著作为法国革命挖掘坑道,从这里把王朝炸得粉碎一样,也从来没有一个俄国人比托尔斯泰这个激进的革命者更有力地动摇过沙皇制度、资本主义制度的基础,使它变得脆弱不堪。在我们这里,人们都被他那主教似的胡子和他的教义的某种柔滑性所迷惑,而且喜欢把他只看作一个温和的传教使徒。当然正如卢梭对无套裤汉①感到愤怒一样,托尔斯泰毫无疑问也会对布尔什维主义的方法感到愤怒,因为他厌恶党派——"即令是获胜的党派,为了保持政权,也必定不仅使用现有的一切暴力手段,而且还要发明新的暴力手段",他在著作中就像是个先知一样。但是诚实的历史描述将来总有一天会证明:他是它的最优秀的开路先锋;一切革命者的炸弹在俄国所产生的破坏作用和动摇权威的作用都不及他独自一人对祖国那些看来是不可征服的种种势力如沙皇、教会和财产等所进行的公开反抗。自从这位最有天才的诊断医生发现了我们的文明结构中隐蔽

---

① 法国大革命时期对城市平民的称呼,实际上常用作形容雅各宾派的大革命激进分子。

的建造缺陷，即我们的国家大厦不是以人性、以人的集合体为基础，而是以残暴、以统治人为基础的以来，他在三十年里把自己强大的伦理的冲击力反复不断地投入到对俄罗斯社会制度的新的进攻中。他是革命中不想要革命的温克尔里德①，是社会的甘油炸药，是爆炸性的和破坏性的巨大原始力量，他不自觉地成了承担俄国使命的代表。因为为了进行建设一切俄国的思想，被迫地都必须首先是激进的，要进行彻底破坏——所以俄罗斯的艺术家中没有一个人不是首先投身到没有光亮、无路可走的虚无主义的极其黑暗的深井里，以便随后出于最紧迫的、惊心动魄的绝望而热情地重新取得新的信仰，这就并非偶然了。这位俄国的思想家，俄国的作家，行为果断的俄国人，处理起问题来，不像我们欧洲这样进行畏缩不前的改良、总是处于十分虔诚地寻求适应的小心翼翼状态，而是粗暴无礼，如同伐木工人，具有进行危险试验、破除一切的勇气。有一个罗斯托普钦②为了胜利的思想毫不犹疑地把莫斯科这个世界奇迹一把火烧掉，只剩下家家户户的门槛。托尔斯泰同样没什么犹疑——在这方面与萨沃那罗拉③相似——就把艺术、科学等全部人类文化财富都放到干柴堆上烧掉，只是为了证明一种新的和更好的理论是完全合理的。很可能吧，也许宗教空想家托尔斯泰从来没有意识到他的破坏圣像运动的实际结果，好像他也从来没敢去核算个明白，如此宏

---

① 瑞士民族英雄，用身体挡住敌人的长矛，使瑞士军突破敌人封锁。
② 费奥多尔·瓦西里耶维奇·罗斯托普钦（1763－1826），俄国军官、政治家，1812年任莫斯科总督，据说拿破仑占领莫斯科时火烧莫斯科是他的主张。
③ 萨沃那罗拉（1452－1498），意大利劝人忏悔的传教士和宗教—社会改革家。

伟的世界大厦在突然倒塌时要带走多少人,他完全是在用自己信念的灵魂力量和坚定性来摇撼社会国家大厦的支柱。如果这样一个参孙伸出拳头,那么,巨大的房顶也会倾斜和弯曲的。因此后来关于托尔斯泰在多大程度上会赞同或者敌视布尔什维主义颠覆活动的一切争论,面对赤裸裸的事实始终是多余的:没有什么事件在精神上强有力地促进过俄国的革命,像托尔斯泰狂热地用规劝忏悔的说教来反对财富过剩和财产占有那样,像他的平装书爆破筒那样,像他的那些论战小册子炸弹那样。没有哪个人的时代批判,甚至尼采的批判也包括在内——尼采作为德国人一向只以有文化教养的人为目标,并且由于其诗与酒神的创作风格而与那种群众影响隔绝开来——在广大群众中产生过如此挖空灵魂和摧毁信念的影响,于是托尔斯泰头部的方基座雕塑像就违背他的心愿和意志被永远放进了伟大革命者、颠覆政权者和改变世界者的无形的先贤祠里。

这是违背他的心愿和意志的,因为托尔斯泰曾经把他的基督教革命,他的国家无政府主义与一切积极的和暴力行动的革命明确地隔离开来。他在《成熟的谷穗》中写道:"如果我们遇到革命者,我们在认识上就常常误以为,我们和他们是一致的。他们,还有我们,都在呼喊:不要国家,不要财产,消除不平等,以及其他等等。尽管如此,我们与他们之间依然存在着巨大的差别:对于基督教徒来说是没有国家的——但是他们要消灭国家;对于基督教徒来说是没有财产的——但是他们要废除财产;对于基督教徒来说,人人都是平等的——但是他们要消除不平等。革命者从外部与宗教进行战斗,但是基督根本不进行战斗,基督教是从内部破坏国家的基础。"我们可以看到,托尔斯泰不想用暴力来消灭国家,而是要通过无数个人的消极状态,慢慢地弱化权威,使一个分子接一个分子、一个个人接一个个人长期避开国家的桎梏,到最后国家机构由于衰弱无力而自行消解。但是最终的效果是一样的:破除一切权威。托尔斯泰把毕生精力都热情地用于这个目的。当然他同时还想建立一种新制度,建立一个取代国家的国家教会,建立一种更人道和友爱的生活宗教,一种既新又老的,原基督教的,托尔斯泰—基督教的福音教会。但是在评价他所构想的这个精神成果的时候,必须做到诚实重于一切! 必须把天才的文化评论家,富有远见的人间天才托尔斯泰与另一个托尔斯泰——那个认识模糊、见解肤浅、性情狂傲、态度不坚定的道德主义者,那个在教育工作中不再像在 60 年代那样仅仅要把雅斯纳亚·波良纳的农民子弟赶到学校里去,而是要用哲学上惊人的轻率把唯一"正确"生活的重要常识,把"这个"真理灌输给整个欧洲的托尔斯泰——截然分开。只要这个生来没有翅膀的人还停留在他的感觉世界里,用他那天才的感觉器官分析人性的结构,那对托尔斯泰的尊敬无论怎样都是不够的。但是一旦他要自由地飞进形而上学的世界,在那里他的感官不能再捕捉、观看和吮吸,在那里所有这些精细的触手都无目的地在虚无中摸索,人们便会立即对他精神的笨拙感到吃惊。不,在这里不是态度激烈就能够划分得开的,因为托尔斯泰作为理论上的哲学家,作为自成体系的哲学家,就像与他正相反的天才尼采作为作曲家一样,是一种令人惋惜的自欺欺人。正如尼采的音乐感在语言旋律内是出色的,而在独立的声音领域里也就是在作曲方面几乎是无用得可怜一样,托尔斯泰卓越的理解力一旦超出感性批判的领域进入理论,进入抽象,便会立刻停顿。我们能深入到他的具体著作里,摸索这条分界线和铆钉。在他那本社会性的小册子《我们应该怎么办?》中,第一部分的描写是视觉感官的,技巧高超,根据体会描写了莫斯科的贫民区,令人胸中气闷,通过对贫民窟和丧失希望的人的描述所展示出尘世客体的社会批判从来没有,或者几乎没有比这更天才的了。但是乌托邦主义者托尔斯泰在第二部分想要从诊断转入医疗,想要讲出实际有用的改良建议的时候,一切概念便顿时变得朦胧不清了,轮廓变得模糊了,各种想法便匆匆地接踵而来。托尔斯泰越是勇敢地冒险前进,这种混乱现象就越是从一个问题到另一个问题地涌现出来。上帝知道,他在做多么大的冒险!缺乏任何哲学训练,以令人惊愕的无畏态度,他在关于宗教的论文中去研究所有永远无法解决的问题,它们与星体链一起悬挂在无法到达的地方,他把它们"溶解"成了液体状,像明胶一样。正如这个无耐心的人在危机期间要往身上披上一种"信仰"一样——快得像披上一件皮大衣,一夜之间就变成基督教徒和谦卑的人,现在他在论世界教育的著作中也要"在翻手之间长出一片森林来"。1878 年他还绝望地呼喊:"我们的全部人世生活都是瞎胡闹。"但是三年以后他就给我们准备了他的包罗万象、含有世上一切难题答案的神学。不言而喻,在这种仓促而成的构思中,每一种矛盾都必定扰乱这个思路敏捷的思想家。因此托尔斯泰塞住耳朵,坚定进行讲授,突破一切前后矛盾的地方,并且承认全部答案,匆忙得令人生疑。他不断地感到有责任"证明自己",这是多么缺乏自信的信仰呀!每逢缺少论据,他总是来上一句《圣经》引语作为最后的和不可反驳的话。这是多么没有逻辑性和多么不严谨的思维呀!不,不,不——人们不能断然确定:托尔斯泰教训人的宗教论文(尽管必定有个别部分是有创造性的)——比较鲁莽地说!——是世界文学中最令人讨厌的狂热的宗教论文,是一种令人不快的例证,证明他匆忙杂乱,傲慢固执己见,甚至是不老实的思想——恰恰在诚实人托尔斯泰身上引起这种效果是令人惊讶的。

事实上,这位最真实的艺术家,这位高贵的和典范的伦理学家,这位伟大的,而且近乎神圣的人物托尔斯泰,现在以理论思想家的身份演出了一场恶劣的和不诚实的戏。他为了把无限的整个精神世界都收罗到他的哲学口袋里,便玩起了变戏法人的技巧来。确切地说,他首先把一切问题进行简化处理,直到问题都轻薄方便得如同一张张纸牌。于是首先他最简单地确定"这个"人,接着又确定"这个"善,"这个"恶,"这些"罪行,"这种"性欲,"这种"友爱,"这种"信仰。然后他便很有兴致地把这些纸牌杂乱地混合起来,从中抽出"这个"爱作为主牌。你看呀,他赢了。在短暂的时间里,就在雅斯纳亚·波良纳的书桌上,解决了这场无休止的,无法解决的,世世代代人所寻求的整个世界比赛。这个老人感到惊奇,两眼像儿童的眼睛一样明亮。他那衰老的嘴唇幸福地微笑起来了。他不胜感叹地说:"这一切是多么简单呀!"然而令人费解的是,千百年来,躺在无数国家中无数个棺材里的那些哲学家,那些思想家,漫无章法地折磨自己的感官,但是都不曾觉察到,"这个"完整的真理已经如日中天地赫然写在《福音书》里边了。当然,前提是,要像列夫·托尔斯泰在 1878 年"自 18 世纪以来第一次正确领会"的那样,并最终从神圣的《福音书》里消除掉"粉饰之词"(千真万确,他是一字不差地讲了这样亵渎神明的话!)。但现在一切劳苦和烦恼都结束了——可人们必须认识到,生活过得多么惊人的简单:人们要不假思索地把起干扰作用的事物都扔到桌子底下,要干脆废除国家、宗教、艺术、文化、财产、婚姻,从而一劳永逸地了结"这个"恶和"这些"罪行。如果现在每个人都亲手犁地,都亲手烘烤面包、缝制靴子,那么,世界上就不会再有国家,不会再有宗教,而只有上帝的纯净天国了。然后"上帝就是爱,而爱就是生活的目的"。因此,要丢开一切书本,不要再进行思考,不要再进行精神创作,只要有"这个"爱就够了。"如果人们愿意的话",明天就能够实现一切。

复述托尔斯泰世界神学这些赤裸裸的内容,好像是在夸张。然而遗憾的是,他本人在自己改革宗教的热情工作中就是这样令人讨厌地进行夸张的。他的生活的基本思想,也就是无暴力的《福音书》,是多么美好,多么明确,又多么无可争辩呀!托尔斯泰对我们大家的要求是顺从,是精神上的谦卑。他劝告我们,为了躲开社会各阶层日益增长的不平等引起的难免的冲突,为了预防自下边兴起的革命,我们要自愿地从上边开始进行革命,用及时的原始基督教的顺从来排除暴力行为。富人应该放弃他的财产,知识分子应该抛

　　　　　　　　三作家传

弃他的高傲,艺术家应该离开他的象牙塔,通过鲜明易懂的表现去接近老百姓。我们应该抑制我们的激情,抑制我们"野兽一般的个性"。不要贪婪地取得,而要在我们身上培养"给予"这种更为神圣的能力。这是崇高的要求,的确,这是世界上一切福音书最早提出的强烈要求。这是永恒的要求,因为为了人性的上升,永远需要提出这个要求。但是托尔斯泰太过没有耐性,不像宗教人士那样满足于把这个要求假定为个人的最高道德成就。他这个傲慢的急躁人立刻愤怒地要求大家表现出这种温顺,要求我们按照他的宗教号令行事,立刻交出一切,放弃一切,以便我们凭感觉联合在一起。他(一个60岁的人)强烈要求青年人节欲(而他作为一个男人却从来没有实行过节欲),他向有教养的人要求对艺术和理智冷漠甚至是轻视(而他本人却为理智思考奉献出了整个生命)。仅是为了使我们快如闪电一样地相信,我们的文化会像无意义的琐事一样消失,他用愤怒的拳头砸毁了我们的整个精神世界。仅是为了使我们觉得彻底禁欲更有引诱力,他便对我们当代的全部文化,对我们的艺术家、我们的作家、我们的技术与科学啐唾沫。他的做法粗陋夸张,撒弥天大谎,确切地说,他总是首先侮辱自己,贬低自己,为的是能够对一切其他人毫无拘束地进行攻击。这样他通过一种粗野的强词夺理——这种强词夺理已到了无所不用其极的程度,没有过分和欺骗之说——使高尚的伦理学的愿望大丢其脸。难道真的有人相信,每天有私人医生进行听诊和陪护的托尔斯泰在实际上把医学和医生视为"不必要的东西",把读书视为"罪过",把整洁看作"无用的奢侈"吗？作品装满一个书柜的托尔斯泰，他果真是作为一个"无用的寄生者"，作为一个"蚜虫"度过了一生吗？他真的是如他下边所描述的这样以讽刺模仿的夸张方式生活的吗？——"我吃饭。我与人闲聊。我听别人说话。我再次吃饭。我写作和读书。也就是说，我再次讲话，再次听别人说话。然后我又一次吃饭，进行体育比赛。我再次吃饭和谈话。然后我再一次吃饭。然后去睡觉。"难道《战争与和平》和《安娜·卡列尼娜》真的是这样产生的吗？刚刚一有人弹奏肖邦的奏鸣曲，托尔斯泰的热泪就夺眶而出了。对于他来说，音乐真的就如同对于思想狭隘的贵格会①教徒一样，只不过是魔鬼的风笛而已吗？他当真把贝多芬看作一个"通向淫荡生活的引诱者"吗？他当真把莎士比亚的戏剧看作是"毫无疑问的瞎胡闹"？他当真把尼采的著作看作是一种"粗俗的、故作姿态的废话"吗？或者，他当真认为普希金的作品"之所以很好，只是因为能让老百姓做卷烟纸用"吗？他为艺术工作得比任何人都更卓有成就，那么，实际上他真是觉得，艺术只是"闲散人的一种奢侈"吗？还有他真的是认为，格里沙裁缝和彼得鞋匠是比屠格涅夫或者陀思妥耶夫斯基的判断更高的美学主管当局吗？他自己"在青年时代是一个不知疲倦的通奸者"，后来结婚以后又生了十三个孩子，现在他是认真地相信，受到他的号召的感动，每个男青年都会骤然变成一个禁欲主义者并阉割自己的生殖器吗？我们可以看到，托

---

① 基督教新教的一个派别，反对外在权威和烦琐的形式，宣扬爱与宽容的原则，反对暴力。

　　　　　　　　　　　　三作家传

尔斯泰像个狂怒的疯子一样在进行夸张,并且是从坏良心出发进行夸张,为的是让人们觉察不到,他的"证明"使得他太低劣了。当然有时候好像是一种预感——觉得喧闹的胡说八道正是要通过他的过分夸张而结束——使他在自己思想批判的底层处于半睡半醒的状态。"我感到,人们接受我的证明或者只是认真地讨论我的证明的希望是不大的。"他这样写过,而且可怕的是,他说对了。因为人们很少于在世时与这位自称顺从的人进行讨论。"人们无法说服列夫·托尔斯泰。"他的妻子这样呻吟叹息说。他最好的女友报道说:"他的自负从来不允许他承认一个错误。"由此看来,郑重其事地去保卫贝多芬和莎士比亚,去反对托尔斯泰,就是没有意义的了。因此,热爱托尔斯泰的人,最好在这位老人过于明显地暴露自己的逻辑弱点时,转开身去。任何一个行事认真的人都不会瞬间想到,根据托尔斯泰的神学狂热,便像去关闭煤气阀那样去突然扭转两千年来为使生活充满文化教养而进行的斗争,并且把我们最神圣的文化财富抛到垃圾堆上。因为我们的欧洲——它刚刚产生了一个作为思想家的尼采,只有精神喜悦才使我们欧洲苦难的大地真正适宜于人们居住——上帝知道,这个欧洲没有兴趣按照一道道德命令突然不假思索地去农民化,变得愚蠢,实行蒙古化,俯首听命地慢步走进毡房,并且发誓把精神文化辉煌的往昔作为"罪恶的"错误放弃掉。过去和将来,永远要充满敬意,不可把典范的伦理学家、英勇的良心卫士托尔斯泰与他所进行的绝望的尝试——把一种神经病危象变成世界观,把一种更年期的恐惧变成国民经济学——混为一谈。我们要永远把从这位艺术家英勇人生中产生的卓尔不群的道义冲动与逃入理论的白发老人所念的愤怒农民的驱魔咒语区别开来。托尔斯泰的严肃态度和实事求是精神以无与伦比的方式深化了我们这一代人的良心。不过他那消沉抑郁的理论却是对生存愉悦的一次独特的谋杀,是一种要我们的文化退回到不可能重建的原始基督教中去的僧侣禁欲主义愿望,是一个不再是基督徒的并且因而是一个超基督教的人的胡思乱想。不,我们不相信,"清心寡欲决定着全部生活";我们不相信,我们应该从血管里放掉我们完全世俗热情的血液,并且还把义务和《圣经》词句重压在我们身上:我们不信任一个对欢乐产生振奋精神力量一无所知的占卜者,我们把他看作一个故意要使我们自由的感官娱乐和最崇高、最愉快的艺术变得贫乏和变得黯淡的人。我们不愿交出精神和技术的任何成就,不愿再交出我们西方的任何遗产,不交出任何东西:我们的书籍,我们的绘画,我们的城市,我们的科学;不为任何一种哲学,尤其是不为倒退的、消沉的、把我们赶回大草原和思想沉闷的哲学交出一丝一毫我们感性的、看得见的现实。我们不为天国的幸福拿我们今天纷纷繁繁的生活去换取某种狭隘的淳朴:我们宁愿放肆地"犯有罪愆",也不愿简陋,宁愿充满激情也不愿愚昧无知,顺从《圣经》。因此欧洲把托尔斯泰的一大捆社会学理论干脆都放进了文学的档案柜里,对他那典范的伦理意志毕恭毕敬,但是为了今天甚至要永远把它弃置一旁。因为倒退和反动即使是以最高级的宗教形式,即使是由非常了不起的英才提出来的,也永远不具有创造性,那种从他灵魂昏昏然

　　　　　　　　三作家传

中产生的东西绝不会使世界的灵魂昭昭然起来。因此我们要再一次和不可更改地说明:现代最坚强的,批判的翻耕者托尔斯泰不能用一粒种子就成为我们欧洲未来的播种人,这里边有全体俄国人,有他的种族的和他那一代人的全部天才。

怀着神圣的焦虑不安和一往无前的冲动激情,对道德的根处进行深翻,寻根求源地挖掘一切社会问题,这确实是俄罗斯在最近这个世纪里的思想方法和历史任务。因此,我们对于俄罗斯天才艺术家们的集体精神成就表示无限的钦敬。如果我们现在比较深刻地觉察到了某些问题,如果我们比较果断地认识到了许多问题,如果我们用着比以往更加严肃、更觉严重和更为无情的目光来看待时代的重大问题和人的永久性问题,那么,我们要为此感谢俄国,感谢俄国的文学,也感谢它为越过陈旧真实走向新真实的全部的创造性的焦虑不安。所有俄国人的思维都是精神发酵,是延伸的和炸裂的威力,但不是像斯宾诺莎、蒙田以及几个德国人的思维那样的精神净化。俄国人的思维对于扩展内心世界极有帮助。没有哪个现代艺术家像托尔斯泰和陀思妥耶夫斯基对灵魂这样深翻和挖掘。但是他们二位并没有帮助我们创立一种制度,一种新的制度,在他们把自己的混乱,那种深不可测的灵魂混乱,试图作为世界思想发泄出来的时候,我们就摆脱开他们的答案了。因为托尔斯泰和陀思妥耶夫斯基,这两个人出于对自己所发现的不可逾越的虚无主义的恐怖,出于一种原始的畏惧,而逃进了一种宗教的反动中。他们两人为了不跌落进自己内心的深渊,都像奴隶一样抓住基督教的十字架,并且在一段时间里使俄罗斯的世界布满了阴云。这时候尼采涤污除垢的闪电撕裂开了古老而胆怯的天空,像把一柄神圣的铁锤放到了欧洲人手里一样,他给他们相信自己力量的信念和自由。

奇妙的戏剧:托尔斯泰和陀思妥耶夫斯基这两位自己祖国里最强有力的人都在世界末日的恐惧袭击下突然从他们的作品中惊醒过来,两人都举起了同一的俄罗斯的十字架,两人都向基督呼唤,每个人的基督与另一个人的不同,但都是作为一个沉沦的世界的拯救者和解救者。他们犹如中世纪的两个狂躁的僧侣,每个人都站在自己布道的讲坛上,在精神上如同在生活中一样互相敌视——陀思妥耶夫斯基是个极端反动分子和独裁政治的保护人,他鼓吹战争和恐怖,狂躁地陶醉于过分增长的权力,他是把他投入监狱的沙皇的奴隶。他是一个帝国主义的、征服世界的救世主的崇拜者。托尔斯泰与陀思妥耶夫斯基相反,他以同样的偏激嘲笑陀思妥耶夫斯基所赞美的东西,像陀思妥耶夫斯基不可思议的奴性十足那样,托尔斯泰是不可思议的无政府主义者,他把沙皇谴责为凶手,把教会、国家谴责为盗贼,他诅咒战争,但是嘴上也念叨着基督,手里也拿着《福音书》——但是他们两人都是出于灵魂受到惊吓的一种神秘恐怖而把世界退回到恭顺和麻木中去。在他们两人心里,都必定有某种先知的预感。他们呼喊着把他们世界末日的恐惧倾泻到自己民族的头上,这是一种对世界毁灭和末日审判的预感,一种预见到他们脚下的俄罗斯大地正孕育着极其巨大的震动的先知先觉。如果不是这样,那是什么创造了贫困和作家的使命,使他先知般地预感到时代

三作家传

的火爆事件和乌云中的惊雷,使他被转生的阵痛弄得紧张和痛苦呢?他们两人都是忏悔的召唤人,都是怒气冲冲和沉溺于爱的预言家。他们在凄惨的光线照耀下站在世界毁灭的门口,还在企图再一次击退已经飞到空中的怪物,《旧约》中的巨人形象,我们这个世纪里再也看不到了。

但是他们只能够预感到变,却不能够扭转世道。陀思妥耶夫斯基嘲笑革命,可是要粉碎沙皇的炸弹就是紧随在他的送葬行列后边爆炸的。托尔斯泰谴责战争,并提倡热爱人世,可是在他坟墓上的黄土还没有第四次长起青草的时候,可怕的自相残杀就在蹂躏世界。他的人物,他的艺术中那些自我谩骂的人物,将比时代更长久地存在。但是他的教义在第一次遇到嘘气和微风时就烟消云散了。托尔斯泰没有经历到他的天国的崩溃,但是想必他也预感到了。因为在他生命的最后一年,有一次他平静地坐在朋友们中间,这时仆人给他送来一封信,他便把信拆开,读了起来:

> 不,列夫·尼古拉耶维奇,我不能同意您所说的,人世间的关系只有通过爱才能得到改善。只有受过良好教育而且从来不知道饥饿的人才可能这样说。但是对于那些从童年时代起就忍饥挨饿,并且在专制君主的枷锁下终身受尽煎熬的人,您是想送去些什么呢?他们将要进行战斗。他们要努力争取摆脱奴隶制度。因此,在您临终的前夕,我要告诉您,列夫·尼古拉耶维奇,世界还会窒息在血泊中。人们还会不止一次,不仅

不分宗族地杀死主人老爷们，而且还会杀死他们的子女，把他们粉身碎骨，从而使人们再不必担心大地上会有这种坏家伙。我感到惋惜的是，您再也不能经历这样的时代，亲自成为自己错误的见证人。我祝愿您寿终正寝。

没有人知道，这封像闪电一般的信是谁写的。是托洛茨基、列宁，或者在要塞城堡里腐烂掉的某个无名氏革命者，我们永远不会知道。但是在那一个瞬间里也许托尔斯泰已经明白了，他的教义是与现实情况相抵触的过眼烟云，是没有效果的；在任何时候，在世人中间混乱狂野的激情都比友爱的和善更强大有力。他的面容——当时的目击者这样说——在那个片刻之间变得严肃。他拿着信纸，在房子里踱来踱去，陷入了沉思，预感的翅膀在他苍老的头颅周围挥起了一阵清凉。

为实现而斗争

写作十卷哲学书比在实践中贯彻一条原则更为容易。

——日记，1847 年

在那些年月里托尔斯泰坚持不懈地翻阅《福音书》，他不会不深感震惊地读到先知这样的话："谁种下清风，谁就会收获到狂飙。"因为在他的一生中,就实现了这样的命运。一个无与伦比的人没有罪疚感绝不会把他精神上的焦躁不安抛到世界上,一个强有力的人尤其不会这样,骚动上千次冲撞自己的胸膛。今天,在讨论早已冷却下来的时候,我们根本不可能再估计得出来,托尔斯泰的公告在最初呼唤的时候,在俄罗斯,乃至在整个世界激起了多少狂热的期待。那情况必定是思想的激荡,必定是整个民族良心使用暴力的信仰复兴。对于这种颠覆性的效果,政府深感恐慌,便急忙禁止托尔斯泰的论战性著作发表,但是白费力气。这种文章是以打字稿的形式人手相传流通的,也有的是在国外出版后走私入境的。托尔斯泰愈是勇敢地攻击至今存在的制度的要素:国家、沙皇、教会,他便愈是在强烈地为他的同胞要求更美好的世界秩序,群众对每个福音都敞开的心也就愈是像潮水一样向他涌来。因为尽管有了铁路、收音机和电报机,尽管有了显微镜和种种神奇技术,我们的道德世界依旧保持着一种较高级道德状态的对救世主的期待,就像在耶稣基督、穆罕默德或者释迦牟尼的时代那样。不断重新出现的对于领袖和导师的渴望,在永远希望显现奇迹的人民群众心里无法根除,一直生存着,颤动着。因此一个人,单独一个人,在怀着希望求助于人群的时候,总是要触动这种渴求信仰的神经。而且有一种永无止境的,积聚起来的牺牲精神催动每个有勇气的人挺身而起,敢于讲出最有责任感的话:"我懂得真理。"

在上个世纪的末尾,托尔斯泰刚刚宣布他的使徒公告以后,千百万双灵魂的目光从俄国各地转向了他。"忏悔"对于我们来说,早已经仅仅只是一种心理学文献了,当时却像圣母领报节①一样使得信教的青年人陶醉入迷。于是青年人便热烈欢呼起来,现在终于有了一个影响大的人,一个自由人,此外还是俄国最伟大的作家,讲出了迄今为止只有被剥夺继承权的人才诉说的要求,只有半农奴身份的人才悄悄用耳语交谈的要求:现在的世界秩序是不公正的,不道德的,因此它是不能持久的,所以必须找到一种更好的新形式。这对于所有心怀不满的人来说就成了一种意想不到的推动。确切地说,这推动不是来自一个职业性的、用进步辞藻夸夸其谈的人,而是来自一个独立的、不受收买的人物,对于他的威信和诚实没有人敢于怀疑。大家都听说,这个人要用他自己的生活,用他那有目共睹的生活的每个行动先做出榜样。他作为伯爵要放弃他的特权,他作为富翁要放弃他的财产,他还要作为财主和大人物中的第一人,谦卑地参加到劳苦百姓没有差别的工作团体里来。于是被剥夺继承权者的这种新救世主的公告就传到了没受过教育的人们那里,传到了农民和文盲那里。于是第一批年轻人聚集起来了。托尔斯泰信徒的教派深信不疑地要开始实行他们导师的话了,而在他们身后则是正在觉醒和等待的不计其数的被压迫群众。就这样,千百万颗心,千百万双眼睛都充满激情地朝向宣告人托尔斯泰,都贪婪地仰望着他那变得具有世界意义的生命的每一个行为,每一件事情。"这个人确实学会了,他会教给我们的。"

---

① 每年的 3 月 25 日是天主教的圣母领报节。

但是奇怪的是,托尔斯泰好像根本没有感觉到他给自己身上加了多么沉重的责任和压力。不言而喻,他的敏锐目光已经觉察到了,他作为宣告人绝不可让他的生存教义停留在纸上冷酷的字母里,而必须在自己的生存中示范性地付诸实行。但是——这个但是就是他最初的错误——他认为,他只要在自己的生活态度中象征性地表明他那些新社会学和新伦理学的要求的可行性,并且时不时地做出原则上准备行动的姿态就足够了。因此,为了让人们从外表上看不到主人与奴隶的差别,他穿起了与农民一样的衣服。他在田间挥动镰刀,手扶耕犁。同时他还让列宾把自己画下来,以便使人们清清楚楚地看到:我不觉得在田间劳动,为了糊口所进行的粗笨而诚实的劳动,是不光彩的。因此谁都不必以田间劳作为耻。你们看呀! 我托尔斯泰本人,正如你们所知道的那样,他本来可以不必这样做的,他取得了精神成果完全可以得到原谅的。我愉快地从事田间劳作。为了不让财产的"罪过"继续玷污灵魂,他把自己所有的一切,也就是全部财产(当时已经超过了五十万卢布)都转交给了他的妻子和家庭成员,并且拒绝从他的作品中继续取得金钱或者值钱的东西。他进行施舍,他花时间接待有求于他的最陌生和最卑下的人的来访,并且花时间与他们通信。他以兄弟般的,乐于助人的关心关注着世上一切不公正现象,一切不正当的现象。但是没过多久,他必定也认识到,对他的要求更多了。因为广大的信徒群众,也就是他用全部心灵去寻求的那些"老百姓",是不满足于精神上想象的谦卑象征的,而是对列夫·托尔斯泰提出了更多的要求:要彻底放弃，要无保留地献身于自己的苦难和不幸。历来只有殉教者的行为造就真正的信徒和信念坚定的人。因此在每一种宗教开始的时候，总是有一个彻底自我牺牲的人——但是从来不是单纯暗示性的态度，不是许诺性的态度。迄今为止，托尔斯泰为增强他的教义的可行性所做的一切不过仅仅是贬低的姿态，也就是一种宗教性谦卑的象征行为。这很类似于天主教会让教皇或者信仰一丝不苟的皇帝承担的象征行为：在绿色星期四①，也就是在每年一度的濯足节的时候，他们要为十二位白发老人洗脚，以此证实并且向老百姓表明，即使最低级的行动也不会降低世界上最崇高的人的身份。但是正如教皇，或者奥地利和西班牙的皇帝，没有通过每年进行一次的忏悔活动放弃自己的权力，变成真正的洗脚奴隶一样，这位伟大的作家兼贵族老爷也没有通过这一个小时里使用鞋锥子和鞋楦而变成鞋匠，通过那两个小时的田间劳作而变成农民，通过把财产转让给家里的成员就变成了真正的乞丐。托尔斯泰首先只是显示了他的教义的可行性，但是他自己并没有实行他的教义。然而（出于深刻的直觉）不能满足于这种象征，并且只确信彻底牺牲的老百姓期望于列夫·托尔斯泰的，可不是这么一点。因为最初的门徒总是能比导师本人更加内容准确、逻辑严密、逐字逐句地讲得出师父的教义。于是在他们去朝拜这位自愿贫穷的先知的时候，必定注意到了，正如在其他贵族庄园上一样，雅斯纳亚·波良纳庄园的农民依

---

① 绿色星期四即濯足节，在复活节前的星期四。

旧还处于苦难中,而列夫·托尔斯泰则完全如以往一样以伯爵的身份在庄园府第里接待宾客,因而仍然属于"通过各种手段夺去老百姓生活必需品的人的阶级",他们这时的失望是深刻的。他们觉得,那种高声宣布的财产转让不像实实在在的放弃明白易懂,他的不再拥有也不像贫穷那样明白易懂;他们看到这位作家依旧充分享受着迄今所有的一切舒适,甚至他当农民、当鞋匠的那个时刻也无法使他们信服。"这个讲的是一套、做的是另一套的人是干什么的?"一个老农民气愤地抱怨说,而大学生和真正的共产主义者对于这种在学说与行动之间模棱两可的动摇表现的意见更为严厉。这种对他半途而废的态度的失望逐渐使得对他的理论信念最坚定的拥护者也激动起来了。于是信件和常常是粗野的攻击愈来愈强烈地敦促他,要么撤销自己讲的话,要么最后逐字逐句地,而不仅仅是在象征性的偶然事例中,实现自己的理论。

在这种呼声的震惊下,托尔斯泰终于认识到了,他引起了多么大的影响。他终于认识到了,不是一句格言,而是只有事实,不是鼓动性的示范劳动,而是只有彻底改造生活方式,才能够使他的公告具有生命力。以发言人和许诺人的身份站到公众讲坛上的人,站在 19 世纪最崇高的讲坛上的人,在荣誉这耀眼的探照灯的照射下,在成千上万双眼睛的监视下,他最后必定会放弃一切个人的和妥协的生活;他可以不仅偶尔用象征来表明思想,而且需要真正的牺牲行为作为他的思想的见证人:"为了取得人们的拥护,他就必须用苦难,而且最好用死亡来证明真理。"这样托尔斯泰为了他自己的生存就面临着一种他这位使徒式的空谈家所从未意想到的责任。他惊恐异常，仓皇失措，对自己的力量毫无信心，一直到灵魂最深处都充满了惧怕。他背起来他用自己的教义压到身上的十字架，这就是说从现在起，他要用自己生存的每一个行动来彻底说明他在道德上的要求，并且在讥讽嘲弄和议论纷纷的世界里做一名自己宗教信念的神圣仆人。

一位圣徒：话是说出来了，不顾一切讥笑嘲讽。因为这位圣徒在我们变得清醒的时代里首先是显得极为荒谬和不可能，这是久已遗忘的中世纪的一种时代错误。但是各种心理类型的标志和偶像崇拜的转换都被暂时性战胜了。每种类型都合乎逻辑地，不由自主地，一再又返回到无法预见的相似类型的表演中来，这种表演我们称之为历史。人必定经常，而且在每一个时代里都在尝试一种神圣的生存，因为人类的宗教情绪会一再重新需要和创造这种最崇高的精神状态。但是这种精神形态的实现在时代改变的时候，外表上必定有所变化。我们凭借精神热情而使生存完全神圣化的概念，与黄金传奇中木刻似的人物和沙漠教士们柱子似的僵硬毫无关系。因为我们已经使圣徒的形象脱离了神学会议和教皇的主教会议的裁决。今天，对于我们来说，"神圣的"就是存在完全献身于一种宗教体验的观念，只有在这个意义上才是英勇的。我们觉得神智上的极度狂喜，西尔斯·玛丽亚的那个上帝的凶手拒绝世界的孤寂，阿姆斯特丹的宝石匠人令人震惊的无所需求，都丝毫不亚于宗教狂热的鞭笞派信徒的极度狂喜，甚至远离开一切奇迹，在有打字机和电灯的情况下,在我们通常的光亮充足的、人流穿行其间的城市里,精神圣徒作为良心的殉难者也还是可能的;只是我们再不必把这种奇异的和罕见的事情视为神圣的、永无差错的和尘世不容争辩的,而是恰恰相反:我们爱这些了不起的尝试者,爱这些在他们危机和斗争中危险的被引诱者,最爱的不是他们不犯差错,而恰恰是他们会犯差错。因为我们这一代人不愿再把圣徒尊崇为超凡出世的上帝的使者,而是尊崇为人中间最有世俗性的人。

因此,在托尔斯泰为他生平的典范形式而进行的惊人的尝试中,最使我们感动的就是他的犹豫不决。他在最后的实践中符合常情的失败,使我们觉得比他让我们感到神圣时更为震惊。Hic incipit tragoedia(悲剧就在这里开始了)!走出时代的因循的生活方式,仅是去实现他的良知的无时性的生活方式,托尔斯泰在从事这项英勇的任务的时候,他的生活就必然要变成悲剧,变成比我们从尼采的愤恨和毁灭以来所看到的悲剧都更伟大的悲剧。因为要想强制脱离牢固生成的家庭、贵族世界、财产以及当代法律等种种关系,而不扯断神经编织物千丝万缕的联系,而不很痛苦地伤害自己和最亲近的人,是根本不可能的。但是托尔斯泰是全然不害怕痛苦的,甚至完全相反,他作为真正的俄国人,因此也作为激进主义者,直言不讳地渴望实实在在的痛苦,作为对他的真实有目共睹的证明。他早已厌倦了自己生活的安逸状态。平淡乏味的家庭幸福,他的著作取得的荣誉,他周围的人们的敬畏,这都使他感到厌恶——这个富有创造性的人不自觉地在内心里渴望比较紧张、比较多样化的命运,渴望贫穷、艰难和痛苦,自从危机以来他才第一次认识到痛苦的创造性意义。为了像使徒那样证明自己谦卑教义的纯洁性,他想去过最卑微的人的生活:没有房子,没有金钱,没有家庭,肮脏不堪,虮虱丛生,受人轻视,遭国家迫害,被教会驱逐。他想在自己的肌肉、骨骼和头脑里去经历他在自己的书里作为最重要的、唯一的和心中渴望的真人形态所描写的内容:命运之风像吹动秋天落叶一样,往前驱赶着无家可归的人,一贫如洗的人。托尔斯泰出于内心最深处的意愿——历史这位伟大的艺术家又造出了一种天才的及其讽刺性的反命题——本来渴求的正是他的对手陀思妥耶夫斯基违反心意所得到的命运。因为陀思妥耶夫斯基经历了所有的尽人皆知的痛苦,经历了命运的残酷和仇恨,而这一切是托尔斯泰出于教育学原理,也出于殉道者的贪欲所想经历的。真正的,折磨人的,煎熬人的,吸尽一切欢乐的贫穷如同涅索斯的衣服一样紧紧地贴在陀思妥耶夫斯基的身上。他作为无家可归者跑遍了世界上许多国家,疾病摧残他的身体,沙皇的士兵把他绑在刑场的死亡柱上,然后又把他投进西伯利亚的监狱。托尔斯泰作为自己教义的殉道者,为了证明自己的教义所想要经历的这一切,都过分地分摊给了陀思妥耶夫斯基,而渴求外部的、有目共睹的痛苦的托尔斯泰,却连一滴迫害和贫穷也没落到身上。

托尔斯泰任何时候都没想要使他的痛苦意愿显而易见并具有令世人信服的证明。嘲笑和讽刺的遭遇处处阻断他走殉教的道路。他想贫穷,想把他的财产赠送给人类,永远不再从文章和著作中收

三作家传

取稿费。但是他的家庭不允许他贫穷,更违背他的意愿的是,巨额的财产不断地在他宗室成员的手里增长。他想孤寂独处,但是名声引起的报道和好奇心却淹没了他的府宅。他想受到别人的轻蔑,但是他愈是自我谩骂,自我贬抑,他愈是憎恶地贬抑他的作品和怀疑他的真诚,人们便愈是敬畏地看待他。他想去过农民的生活,住到低矮的、烟熏火燎的茅草房间里,默默无闻地和不受干扰地生活,或者作为朝圣者和乞丐在道路上流浪徘徊,但是家庭用关怀包裹着他,还把他公开表示拒绝的各种技术上的舒适方便送到他的房间里。他想受迫害,蹲监狱,挨鞭笞——"在自由中生活,这使我感到痛苦"——但是当局各方面都收藏起利爪,躲避开他,都满足于把他的门徒鞭打一顿,然后遣送到西伯利亚。因此他便采取了极端行动:为了最后受到惩罚,受到流放,被判徒刑,为了最后公开地为自己信念上的反叛而受罪,他辱骂起了沙皇。然而尼古拉二世却对提出控诉的大臣回答说:"我请求,不要去碰列夫·托尔斯泰。我无意使他成为一名殉道者。"托尔斯泰在晚年无论如何想要成为的就是一名殉道者,而且是自己这种信念的殉道者,可是命运却偏偏不许他成为殉道者。是的,命运对于这个甘愿受苦的人简直是在进行一种狡黠的关照,不让他遭遇什么不幸。正如一个精神错乱的人在自己的橡皮房子里狂躁不安那样,托尔斯泰也在包围自己的,但是眼睛看不见的荣誉监狱里不住地转圈圈。他对自己的名字吐唾沫,他对政府、教会及一切社会力量做狰狞的鬼脸。可是人们对待他却是毕恭毕敬,把帽子拿在手里,洗耳恭听,把他作为出身高贵和没有危险的疯子而加以照料。他从来没有成功地做出明显的事迹，没有做出不可更改的证明，也没有做出引人注目的殉道行为。魔鬼把荣誉放到了他要钉死在十字架上的意愿和实现这种意愿之间，这荣誉就为他抵挡了命运的一切打击，并且不让灾难接近他。

但是为什么？——他的门徒们满腹狐疑，急躁地这样问，他的对手们都讥讽嘲笑地这样问——为什么列夫·托尔斯泰没有用坚决果断的意志挣脱这种痛苦的矛盾呢？为什么他不把记者和摄影师从家中赶出去呢？为什么他容许家里的人出售他的作品？为什么他不顺从自己的意志而顺从周围那些完全蔑视他的要求并坚持认定财产、舒心惬意是世上最高级的财富的人的意志呢？为什么他最终不是明确无误地按照自己良心的要求行事呢？托尔斯泰本人从来没有回答过人们这些可怕的问题，也从来没有原谅过自己。相比之下，那些用肮脏手指指点意志与效果之间明显矛盾的游手好闲的空谈家中间没有一个人比托尔斯泰本人更严厉地谴责过自己的行而不果，或者说自己的言而不行。1908 年他在日记中写道："每逢我听到人们把我说成是一个陌生人：此人生活奢华，他从农民那里拿走他能拿的一切，他让人去逮捕他们，同时他又信奉基督，宣讲基督教的信仰。他交出五个戈比作为义捐，在进行各种平庸活动的时候都躲到他亲爱的妻子身后——这时候，我就不假思索地把这样一个人称为无耻之徒！就是这样人们也要告诉我，以便我放弃人间虚荣，只为灵魂而活。"不，没有人需要列夫·托尔斯泰来说明他在道德上的两重性，他天天都在它们上面撕裂自己的灵魂。每逢他在日记中触及良心的问题,碰到"列夫·托尔斯泰,你说呀,你是按照你的教义的原则生活的吗?"这把火红的钢刀的时候,他便怀着愤慨的绝望这样回答说:"不,我羞愧得无地自容。我是有罪的,所以理应受人轻蔑。"他完全清楚,根据他那走向匮乏的信仰自白,在逻辑上和伦理上他只可能有一种生活形态,那就是离开他的家庭,放弃他的贵族头衔,放弃他的艺术,并且以朝拜圣地的香客的身份漫游在俄罗斯的大道上。然而这位忏悔者却从来没有能够做出最后这个必不可少的和唯一令人信服的决定。但是正是他最终懦弱的这个秘密,他这种没有能力成为按原则行事的激进主义,在我看来,意味着托尔斯泰的最后的美。因为完美永远只有在远离人性的情况下才是可能的。每一个圣徒,甚至是温和的信徒都必定会变得冷酷无情。他必定会向青年人提出几乎是超人的要求,反人性的要求:要他们为了虔诚而毫不在意地丢下父母、妻子、儿女而去。始终一贯的生活,完美无缺的生活,永远只有在一个解脱开的人的真空区域里才能实现。因此在一切时代里,圣徒的道路都要进入唯一适合他栖身和安家的荒漠。这就是说,只要托尔斯泰想在行动中实现他的教义的最大坚定性,他就必须如同挣脱开教会和政府那样,也挣脱开家庭更为狭隘、更为温暖和更有吸附力的小圈子。但是要采取这样残酷无情和无所顾忌的暴力行动,这个人情味太重的圣徒三十多年来一直缺乏力量。他曾经逃走过两次,两次又转回家来,因为他觉得惊慌失措的妻子可能自杀。这一思念在最后的时刻使他的意志瘫痪无力了。他没有能做出决断:为他的抽象的观念牺牲掉哪怕是一个人,而这一点就是他的精神上的过失和他的人性之美!与其和子女们发生冲突并且把妻子推向自杀,他宁愿呻吟着忍受一种仅仅是身在一处的令人窒息的家。在关键性的问题,诸如立遗嘱和出售藏书等问题上,他都是绝望地顺从家庭。与其让这些问题给别人造成痛苦,他宁愿自己受煎熬。他痛苦地决定,宁可做一个脆弱的人,而不做一个岩石般冷酷的圣者。

他在公众面前就这样把冷漠和半途而废的表象都堆到自己身上。他知道,现在每个男孩子都可以嘲笑他,每个正直的人都可以怀疑他,每个拥护他的人都可以指正他。但是这一点,也正是这一点在那些黑暗的年月里成了托尔斯泰出色的忍受者的方式,他没有宽恕自己,而是闭紧嘴唇忍受了双重性的指责。"但愿我在众人面前的姿态是错误的,也许需要的正是这样。"1898 年他令人感动地在日记中这样写道。于是他开始逐渐认识到了他受的考验的特殊含义:这种没有胜利的殉道行为,这种既没有抵抗又没有宽恕的不公正苦难,与他多年来从命运中所看到的市场上另外一种戏剧性的殉道行为相比,对于他来说,早已成了更为愤怒和更为重大的殉道行为。"我常常希望遭遇苦难,忍受迫害。但是这样就意味着,我懒惰,想让别人为我工作,这样,在我必须受苦的时候,他们却折磨起我来。"他这个性情急躁、毫无耐心的人很想一下子跳进痛苦中,并且怀着溢于言表的忏悔热情让人把他烧死在他的信念的牺牲柱上。现在他认识到了,罚他在文火上慢慢燃烧是严酷得多的考验:那就是不知情者的轻蔑和自己知情的良心的永远不安。因为对于他这

三作家传

样的一个清醒的、不受欺蒙的自我观察者来说，每天都得重新承认，这个世俗的托尔斯泰在自己的家里边和生活中是没有能力实现使徒托尔斯泰对千百万民众所提出的伦理要求的；还有他虽然明知自己做不到，却还在持续不断地宣讲这一套教义。这是何等没完没了的良心折磨呀！这个早已不再相信自己的人却一直还在向其他人要求信仰和赞同！托尔斯泰良心上溃疡的伤口在这里化脓了。他知道，他所承担的传教早已经变成了一个角色，变成了一出不停顿地演给世人看的谦卑剧。托尔斯泰从来没有过自欺欺人，他甚至比他最尖刻的敌人更确切地了解自己的思想混杂和装腔作势。正是这一点使得他的一生成了一场内心深处的悲剧。谁要想了解或想象他这颗饱受折磨和追求真理的内心对自己厌恶并深感震惊的痛苦到什么程度，不妨去读一下才在他的遗著中发现的那部中篇小说《谢尔盖神甫》。虔信上帝的特蕾泽对自己的幻象感到惊惧，便惶恐不安地问她的忏悔神甫说：这些福音报道是否真的是上帝给她送来的，而不大会是上帝的对手——魔鬼——为了对付她的傲慢才给她送来的。托尔斯泰在这部中篇小说中如特蕾泽一样也质问自己：他在群众面前的说教和行为是否真的起源于对神的虔敬，也就是起源于伦理学和乐于助人，而不是出自虚荣的魔鬼，出自沽名钓誉和对阿谀奉承的喜爱。他以显而易见的婉转表达手法在那个圣徒身上描绘了他自己在雅斯纳亚·波良纳的情况：数以千计的忏悔者和崇拜者徒步走向那个创造奇迹的修道士，就像信徒们、好奇的人、敬仰的朝圣者拥向他自己一样。而且和托尔斯泰一样，这个良心与他相似的人在拥护者的嘈杂声中也问自己说:他这个被大家尊为圣徒的人在实际生活中是否真的超凡入圣? 他自问说:"我的所作所为在多大程度上是为了取悦上帝? 又在多大程度上是为了世人?"托尔斯泰通过谢尔盖神甫之口深感震惊地回答自己说:

> 他在灵魂深处感觉到,魔鬼用一种另外的,只是为了在群众中沽名钓誉的东西调换了他为上帝进行的工作。他感觉到了这一点,因为正如从前没有人干扰他的孤寂,他就感到愉快一样,现在他又觉得这种孤寂是一种痛苦。他感到来访者不胜其烦,访客使得他疲倦,但是在内心深处他却喜欢来访者,喜欢他们对他的过分赞誉之词。留给他灵魂上增强和祈祷的时间越来越少了。他有时候心想,他就很像有泉水涌出的一片场地,从他心里并且经过他涌流出来的是一个微弱的活水泉。但是在渴饮者蜂拥而来,互相挤撞,践踏一切,而留下一片肮脏狼藉的时候,水就再也聚积不起来了……现在在他的心里再也没有了爱,没有了谦卑,也没有了纯洁。

这是严厉的自我批驳,是要永远结束一切可能的崇拜,还有想象到比这更可怕的谴责吗? 托尔斯泰用这段自白永远破除了教科书中为雅斯纳亚·波良纳的那个圣徒编印的陈词滥调。令人非常震惊的是,这里呈现出来的不是圣徒的光环,而是在加于自身的责任重压下走向崩溃的、脆弱的缺乏自信者破碎的良心。举世的钦

　　　　　　　　三作家传

佩,门徒们阿谀奉承的偶像崇拜,天天络绎不绝的朝圣者行列,所有这些喧闹嘈杂,令人陶醉的支持,都不能使他这个多疑的智者,这颗不可收买的良心受到蒙骗而认识不到,在这个以文学培养起来的基督教中藏有多少装腔作势,在个人的谦卑表现中藏有多少沽名钓誉。不过托尔斯泰残酷地对待自己,永不满足。在这种象征意义的尸体解剖中他甚至怀疑自己最初意志的真诚,他忧心忡忡地通过与他相似的这个人的嘴继续问道:"但是至少不是有个为上帝服务的真诚意图吗?"然而回答又一次关闭了所有的圣洁之门,"是的,是有过真诚意图,但是一切都被玷污了,都被荣誉封死了。对于一个像我这样为了在人民群众面前的荣誉而这样生活过来的人来说,是没有上帝的。"他通过过多地谈论信仰和扮演信仰悲剧而浪费了信仰。托尔斯泰颇有远见地感觉到和承认到,在汇聚大成的欧洲文学面前的故作姿态,装腔作势的教区忏悔,而不是沉默无声的谦卑,这使得他的完全神圣化不可能了。他的良心弟兄谢尔盖神甫只有在放弃世界,放弃声望,放弃虚荣的时候,才接近了他的上帝。他让神甫在迷途的终点讲出来的他的话是:"我要寻找他。"

"我要寻找他。"——只有这一句话包含着托尔斯泰最真实的心愿——所以他实际的命运就是:不是成为找到上帝的人,而只是成为寻找上帝的人。他从来不是圣徒,不是解救世界的先知,甚至也不是他的生活完全明确的创造者。他一直是一个人。有些时候他是超群出众的,但是在下一个时刻里他便又不诚实起来,又虚荣起来。他是一个有弱点,有不足之处和两重性的人。不过他总是可悲地意识到这些缺点,怀着激情,无与伦比地致力于完善。他不是一个圣徒,但是他有一个神圣的意图。他不是一个信徒,但是,他是一种强大的宗教力量。这不是像神一样的人的肖像,态度冷静,始终安详,而是一个永远不能在自己的道路上休息,必须每天、每时不停顿地为了更纯洁的形象而拼搏的人类的象征。

托尔斯泰生活中的一天

在家里我的心情是忧伤的,因为我不能分担我家里人的感受。我认为,他们感到高兴的一切,例如学校里的考试,在人世中的成就,购买东西等,对于他们来说都是不幸,都是祸害,但是我又不能这样说。当然我可以这样说,我也做得到,但是没有人理解我的话。

——日记

我借助托尔斯泰的友人们的见证,并且根据他自己的话,用他数以千计的日子构造成了列夫·托尔斯泰这样的一天。

早晨:睡眠从这位老人的眼睑上缓慢地流去。他醒过来了,便环顾四周,晨光已经给窗子染上了颜色。现在已经是白天了。他的思维从朦胧的昏暗中浮现起来。使他惊讶愉快的第一个感觉是:我还活着。像每天夜间一样,昨天夜晚他舒展开身子,躺在他的床上

三作家传

的时候,心中怀着不再起来的谦卑的顺从。他趁着闪动的灯光在未来一天的日期前边依然写下了三个字母"W,I,L"。令人惊异的是,他又得到了一次生存的恩惠。他还活着,他还在呼吸,他很健康。他用扩张开的肺吸进空气,用空虚而贪婪的眼睛吮吸光明,好似在吮吸上帝的问好。真是不可思议,他还活着,他是健康的。这个老人很感激地站立起来,赤身裸体。冷水浴使他保养良好的身体显得健康红润。他带着体操运动员的喜悦做上身直起弯下的动作,直到肺部喘息和关节作响为止。然后他穿上衬衣,把便服上装披在擦得发红的皮肤上边。他打开窗子,亲手扫除灰尘,并且把劈好的烧柴投进发出清脆响声的炉火中。他是自己的仆人,他是自己的奴隶。

　　然后他便下楼到早餐室里去。索菲亚·安德烈耶芙娜,女儿们,秘书,几个朋友,都已经到齐了。铜茶炊里的茶水在沸腾翻滚。秘书用一个高托盘给他送来一堆杂乱的信件、期刊和书籍。这些东西上边都贴有来自四大洲的邮票。托尔斯泰厌烦地看了一眼这些堆积如山的信件与书刊。"颂扬和烦扰,"他心中暗想,"至少是乱七八糟!人应该更多地独自待着,更多地与上帝在一起,而不要总是在宇宙的云雾中活动。要避开一切干扰与迷惑。要避开一切使人虚荣自负、盛气凌人、沽名钓誉和虚妄不实的东西。为了不分散精力,为了不使内心受到傲慢的烦扰,最好把这些东西都投到火炉中。"但是好奇心更为强大。他用灵敏的手指沙沙响地迅速翻阅杂乱堆放的请求、抱怨、哀告、业务建议、造访通知以及海阔天空的闲扯。一个婆罗门教徒从印度来信说,他错误地理解了释迦牟尼。一个出狱的犯人讲述了自己的生平,还想向他这位世界的良心建议:青年人在思想迷惘的时候向他求助,乞丐在绝望之中向他求助,大家都谦卑地向他拥来,正如他们所说的,把他看作唯一能帮助他们的人。他额头上的皱纹刻画得更深了:"我这么一个无力自助的人,"他寻思起来,"还能够帮助谁呢?为了忍受这种神秘莫测的生活,我一天又一天地步入歧途,寻求新的生活意义。为了欺骗自己,我还狂妄地大谈特谈真理。所以并不奇怪的是,他们都到这里呼喊起来:列夫·尼古拉耶维奇,教导我们生活吧!我的所作所为都是撒谎,自吹自擂,玩弄花招。实际上我早已经挖空掏干了。因为我浪费了自己;因为我一直给成千上万的人倾倒东西,而没有给自心积聚东西;还因为我总是说呀,说呀,说呀,而不是默不作声,在寂静中倾听我内心深处的真话。但是我不能使信赖我的人们失望,我不能不给他们一个回答。"他手里长时间拿着一封信。他把信看了两遍,三遍。这是一个大学生的信。这个大学生骂他劝人喝水,而自己喝酒。这事大概就在他最后离开他的家,把财产送给农民,自己变成一个走在上帝大道上的朝圣者的时候。"他是对的。"托尔斯泰心中想道,"他说出了我的良心。但是怎样才能给他说明白我还不能给自己说明白的事呢?他现在以我自己的名义谴责我,我该如何答辩呢?"为了立刻给这封信做出回答,他就带上了这封信。现在他站起身来,走进自己的工作室。秘书跟着来到工作室门口提醒他说:《泰晤士报》的记者通知说中午来进行采访。他是否愿意接见这个记者呢?托尔斯泰的面色阴沉起来,"总是有这种纠缠不休的

　　　　　　　三作家传

事！他们一直那么好奇地看我的生活内幕，到底想从我这里得到些什么呢？我要说的话，都写在我的书里边了。每个能读书的人都能够理解我的话"。但是爱好虚荣的弱点迅速补了一句。"我认为，"他说，"可是只能用半个小时。"而当他刚一跨过工作室的门槛，他的良心就已经在咕咕哝哝地抱怨了："为什么我又一次做出了让步，我已经是一头白发了，却在死亡之前的一段时间里总还是这样虚荣地行事，把自己交给人们去谈论。每逢他们来纠缠我，我总是一再变得很软弱。什么时候我才能学会隐藏自己，不谈自己呢？帮助我吧！上帝，你可要帮助我呀！"

他终于一个人待在工作室里了。不加装饰的墙壁上挂着镰刀，耙和斧子都固定地放在打蜡的地板上。木头农具比可供人坐下休息的地方还多。在宽大的桌子前边是一只笨重的单人软椅。这是一个半像修道、半像务农的小房间。昨天写了一半的文章《关于生活的思考》还放在桌子上边。他浏览自己写的话，进行删略、修改和重新定稿。他那快速、超大和儿童体的书写一再停顿下来。"我太粗心了，我太没有耐心了。如果我对上帝这个概念没有清楚的感觉，如果我自己没有确定的认识，而且我的思想还在一天又一天地动摇不定，那么，关于上帝我能怎么写呢？如果我来谈论无法用语言说明的上帝，我来谈论我永远理解不透的生活，那么，我该怎样使得自己明白并且使得每个人都理解呢？我所进行的工作是超越我的力量的。我的上帝，从前我在写文学作品的时候，我是多么自信地要给人们呈现出如同上帝对我们所宣称的生活，而不是如我这么一个年纪衰迈,思想混乱,处于寻觅中的人希望自己有的真实的生活。我不是圣徒。不是的,我不是圣徒。所以我不应该去教导群众。我只不过是这样一个人:上帝给他闭上比千百个人更明亮的眼睛,更良好的感官,以便他去赞美他的世界。也许那时候——在我现在诅咒为荒谬无聊的艺术效力的时候——我更为真实,更为善良。"他停下笔来,不由自主地环顾四周,仿佛可能有人在窥视,他怎样从一个隐蔽的箱子里取出来一些现在他正在秘密写作的中篇小说(因为他曾经公开把艺术嘲弄和贬低为一种"多余",一种"罪过")。这些就是他暗自写成,对公众秘而不宣的作品《哈泽·穆拉特》和《伪造的息票》。他翻开这些作品,读了几页。他的眼睛又变得温和起来。"不错,这本书写得很好。"他觉得是这样。"这就很好!上帝召唤我,只是要我描述他的世界,而不是要我泄露他的思想。艺术多美呀!劳动多么纯洁呀!思考是多么痛苦呀!在写这本书的时候,我是多么幸福呀!我在《幸福婚姻》中描写了春天的早晨,当时我的热泪是如何滚滚流淌下来的呀!还有那是在夜间,索菲亚·安德烈耶芙娜走了进来。她的目光急切。她走来拥抱我:想必是她在抄写时停了下来,过来感谢我的。所以我们在那一整夜是幸福的,在这整整一生都是幸福的。但是现在我不能再退回去了。我不能再使人们失望。我必须在已经开始的道路上继续走下去,因为人们处于精神的苦难中,希望从我这里得到帮助。我不能停顿下来。我的日子已经屈指可数了。"他长叹一口气,把心爱的书稿又送回到书柜里隐蔽的地方。他像一个誊抄工一样,默默无言,

　　　　　　　　　　　　　三作家传

抑郁不快地继续写作理论性的宣传小册子。他的额头上布满了皱纹,下巴沉重地下坠,以至于他的雪白胡须时不时地磨得稿纸沙沙作响。

终于到了中午!今天干得够多了!他把鹅毛笔放到旁边,猛地起身,迈开敏捷而碎小的脚步,旋风似的下了楼梯。马夫在楼下已经把他心爱的牝马德利勒配备妥当。他跃身骑上马鞍,那在写作时佝偻下来的身板便随即挺直起来了。他坐得笔直,轻快和放松地纵马奔向森林,好似一个骑在骏马上的哥萨克。他的银须波浪似的卷曲,在飒飒的风声中飘动。他狂喜地张开大口,要更强有力地把田野里的蒸汽吸入体内,要让衰老的身体感受到生命,活跃的生命。血液欢乐地涌动,在他的血管里热乎乎、甜丝丝、簌簌有声地流淌,一直流到手指的尖端和充满嗡嗡声的耳朵上。现在他骑马进入了一片新生树林。这时候他突然勒住了马,为的是要看看,再一次看看,黏在一起的花蕾在春天的阳光下是怎样绽开、闪射光彩的,看看稀薄的、颤动的、如同刺绣品一样轻柔的绿色是怎样停留在天空里的。他双腿紧夹,催马跑向桦树林。他那鹰似的眼睛激动不已地观察,蚂蚁如何络绎不绝地来来往往,就像是链条一样,顺着树皮爬动。有一些蚂蚁肚子很大,满载而归,而另一些蚂蚁还在用纤细的金丝钳子夹取树粉。这位年迈的大主教兴奋地伫立着,一连几分钟纹丝不动。他注视着庞大事物中的细微现象,热泪泉涌,流进了他的银须。这是多么不可思议呀!七十多年以来,大自然这面上帝的镜子总是不断重新表现出不可思议。它静默无言,同时又倾吐衷肠,永远充满着种种景象。它任何时候都生机勃勃,在寂静中比一切思想和问题都更为明智。马在托尔斯泰的身下不耐烦地打起了响鼻儿,于是他从静默的沉思中清醒了过来。他用腿紧夹马的肋腹,为的是在飒飒的风声中不仅感觉到微小的东西和温柔的东西,而且也要感觉到感官的野性和激情。他骑着马走呀,走呀,走呀,欣喜愉快,无忧无虑。他骑马走了一公里多,马跑得身上冒出闪光发亮的汗水。他这才拨转马头,以稳重的快步往家走去。现在他的目光明亮,灵魂轻松。这个到了耄耋之年的老人在这条他熟悉了七十年的道路上感到的愉快和欢乐,就像小时候到这森林中来玩一样。

但是走到村庄附近,他那喜洋洋的面容突然变得阴沉起来。他以行家的眼睛察看起了田野。在他的庄园范围以内现在还保留有不良的现象:荒芜破败,篱笆腐烂,很可能有一半被火烧过,土地也没有翻耕。他怒气冲冲地骑马回来,要求做出答复。一个衣服不整洁的妇女走出门来,她赤露着双脚,头发蓬乱,目光卑微顺从。两三个半裸的小孩子胆怯地紧靠着她的破旧裙子,还有第四个孩子从后边烟熏火燎的低矮草房里传出来哇哇的啼哭声。他皱起眉头,思考庄园荒芜破败的原因。这个女人号啕大哭,喊出一些不连贯的话:她丈夫在六个星期以前因为偷盗林木被捕入狱了。如今没有了丈夫,没有了那个强壮有力、勤劳苦干的人,她该如何生活下去呢?她丈夫偷林木可是出于饥寒交迫。对这一点,老爷本是一清二楚的:年成不好,加上捐税重,地租高。孩子们看到母亲在呼天抢地地哭,便也开始跟着号啕起来。托尔斯泰急忙从口袋里摸出一个硬币,递给了那个女人,为的是切断她会继续下去的申辩。然后他便像个逃亡者一样,骑上马赶快走开了。他的面容忧郁了。他的愉快消逝了。"这么说事情是发生在我的土地上——不,是发生在我赠送给妻子和子女们的土地上。我知道内情,我犯有过失,但是为什么我总是怯懦地躲到妻子的身后呢?那种转让财产是对世人的一场骗局。因为就在我自己对农民的劳役感到厌倦的时候,我家里的人却在从这些贫民身上榨取钱财。我确实知道,我现在所住的这幢新房子的每一块砖瓦都是用农奴的血汗烧制成的,都是他们变成了砖瓦的肌肉,都是他们的劳动。我怎么可以把不属于我的土地,把那些耕作的农民的土地赠送给我的妻子和子女呢?我不能不在上帝面前感到羞愧,因为我列夫·托尔斯泰总是以上帝的名义向群众宣讲公正,而外边的不幸天天都在盯着我的窗户。"他的面容现在变得异常激愤。现在当他进入"庄主府宅",从那些石头廊柱旁边走过的时候,他的脸色显得更加阴沉了。身穿号衣的侍从和马夫都从门里边跑出来扶他下马。"我的奴隶们",自我谴责的羞愧从内心里愤慨地这样讥讽说。

在宽敞的餐厅里,长长的餐桌上已经铺好雪白的桌布,摆放上银制的餐具。等待着他的到来的有:伯爵夫人,女儿们,儿子们,秘书,家庭医生,法国女人,英国女人,邻居夫妇,聘请来做家庭教师的一个革命派大学生,然后还有那个英国记者。这群人兴高采烈,笑语喧天。现在他走了进来,那片喧闹便立即鸦雀无声了。托尔斯泰按照贵族礼仪庄重地向客人们招呼致意,然后便一言不发,在餐桌旁就座。当身穿号衣的仆人给他端上他所选定的素食菜肴——精工烹制的进口芦笋——的时候，他必定会想起那个衣衫褴褛的女人，那个他递给十个戈比的农妇。他忧郁地坐着，反躬自省。"但愿他们都会知道，我不能够，也不愿意这样生活：有侍役围立身旁，中午四道菜。银餐具里无比丰盛，而其他人却没有最必需的东西。他们全都知道，我向他们要求的牺牲只不过是放弃这种奢侈，这种对人类犯下的可耻罪恶，上帝也是这样要求的。但是我的妻子，这位应像分享我的床铺和我的生命那样分享我的思想的妻子，却以敌人的身份反对我的思想。她是挂在我的脖子上的一个磨盘石，是把我拖进一种虚假的、欺骗人的生活里去的良心负担。我早就应该斩断她用来束缚我的绳索。我与他们还有什么关系呢？他们干扰我的生活，我也干扰他们的生活。现在我在这里是多余的，这对我和对他们大家来说都是一种负担。"

出于愤怒，他怀着敌意，不由自主地抬起头来，注视着她——他的妻子索菲亚·安德烈耶芙娜。我的上帝，她怎么变得衰老了，苍白了，皱纹也横截了她的前额，悲伤也撕裂了她的干瘪的嘴。于是一阵感情的波涛突然淹没了这个老人的心田。"我的上帝，"他思忖起来，"她看起来多么凄凉呀！她显得多么悲哀呀！她，我原来可是把她以年轻、欢笑和天真无邪的姑娘的身份接纳进我的生活的。现在我们共同生活了三十年，四十年，四十五年了。我是把她作为姑娘娶过来的。当时我已经是报销一半的人了，她给我生了十三个孩子，她帮助我创作了我的作品，她给孩子们喂奶。而我呢，我把她

　　　　　　　　三作家传

变成了什么呢？她成了一个绝望的，近乎丧失理智的，受到过分刺激的女人。为了防备她自寻短见，人们不得不把她的安眠药放起来，由于我她变得如此不幸。现在我知道，我的儿子们都不喜欢我；而我的女儿们呢，我浪费了她们的青春年华。还有记录我的每一句话，像麻雀啄马粪一样啄开我的每一句话的秘书们，为了把我的木乃伊保存在博物馆里，他们在柜子里已准备下了焚烧的香和涂擦身体的香膏。还有那边，那个英国的花花公子已经手捧着笔记本，在等候我如何给他解说'生活'。总而言之，这张餐桌就是对上帝和对真理的一种罪过。这个家呢，令人厌恶，没有秘密，没有纯净，我这个骗子惬意地坐在这个地狱里。我没有愤然一跳而起，去走我自己的路，而是觉得温暖和舒适。我要是已经死了，那么，对我，对他们来说更好：我活得太久了，也不够真诚，我的时间早就已经到了。"

仆人又给他端上一道菜来，这是甜水果，周围是冻成了冰的牛奶泡沫。他用一个生气的手势把银碗推到一边。"这个菜不好吃吗？"索菲亚·安德烈耶芙娜惶恐地问道，"这个菜对于你太难消化吗？"

但是托尔斯泰的回答很尖刻："这么好的东西，对我来说，实在难以消化。"

儿子们的眼光里透出烦恼，妻子感到惊愕，记者紧张起来：人们看到，他要把这个警句记下来。

这次进餐终于结束了，他们都站起身来，走进接待室。托尔斯泰与那个对他虽然十分崇敬，但却敢于积极反对他的年轻革命者展开了争论。托尔斯泰的眼睛闪射出光芒。他讲话粗暴,冲撞人,近乎是在喊叫。每次讨论都仍然像从前狩猎和打网球那样吸引他,那样使他充满极大的热情。他突然觉察到了自己的态度粗暴,于是便迫使自己谦卑,努力压低自己的声音说:"不过也许是我错了。上帝把他的思想散布在人间,谁也不知道,自己所说的话是上帝的思想呢,还是自己的思想。"为了转换话题,他便鼓动其他人说:"我们到公园里边走走吧!"

但是他们在动身之前还有一次短暂的停顿。在他的府邸台阶对面的一棵老榆树下边,在那棵"穷人树"跟前,老百姓中的访客,例如乞丐和"愚昧者"教派的人,都在那里等候托尔斯泰。他们到这里来朝圣,步行了二十英里,为的是来听取忠告或者领取一点钱。他们都晒得皮肤黑红,疲惫不堪,满身尘土,站在那里。当托尔斯泰这位"主人"、这位"老爷"走到近前的时候,他们中间有几个人讲着俄语一躬到地。托尔斯泰步态敏捷飘洒,向他们走来。"你们有问题吗?""我想提个问题,尊贵的……""我不是尊贵的。除了上帝,谁也不是尊贵的。"托尔斯泰对这个人责备说。这个瘦小的农民畏缩地转了转软帽,然后急速地讲出了一些杂乱的问题:土地现在是不是真的要属于农民了? 什么时候他就能得到他该得的那块土地? 托尔斯泰不耐烦地做了回答。一切说不明确的事情都使他生气。然后轮到一个林务管理员。此人上前提出了关于上帝的种种问题。托尔斯泰问他能不能读书,他做了肯定的答复。托尔斯泰就让人给他拿来自己的作品《我们该怎么办?》,然后便离开了。然后是乞丐

　　　　　　　　　三作家传

一个接一个地挤上前来。托尔斯泰已经变得不耐烦了,便用五个戈比的硬币迅速把他们打发走。他在转身时发现,在他分发硬币的时候,那个记者给他拍摄了照片。他的面色随即阴沉起来说:"他们就这样拍了我这个大善人托尔斯泰,我这个在农民跟前的义捐慈善家,我这个乐于助人的高贵的人。但是凡是能看透我的心的人都知道,我从来不是善良的,我只是尝试着学习善良罢了。除了我的自我,没有任何东西使我真正费心思索。我在一生中赠送给穷苦人的钱还不到从前我在莫斯科赌牌场上一夜间所输掉的一半。我从来没有想过,去给我明知正处于饥寒交迫中的陀思妥耶夫斯基寄去二百卢布,而这二百卢布可能解救他一个月的苦难,也许能永远解救他的苦难。虽然如此,我还是容忍别人对我的赞美,把我称颂为最高贵的人。但我在心中却很清楚地知道,我这只是刚刚起步而已。"

他急忙赶往公园里去散步。这个长髯飘动、行动敏捷的老头儿竟然迫不及待地跑起来了,其他人几乎都跟不上。不,现在再不要多讲话了,现在只有肌肉的感觉,筋的柔韧性。他略微看了看女儿们的网球比赛,这种灵巧的身体运动是纯洁无瑕的。他饶有兴致地跟踪,看每一个动作。每逢击球成功,他都自豪地放声大笑。这时候他郁郁沉闷的心情顿时觉得轻松愉快起来。他与人闲聊,说笑。他进行着清醒而安详的思考,穿过柔软的、芬芳馥郁的草坪往前走去。不过随后他就又退回到工作室里,看一会儿书,休息一会儿。有时候他觉得自己已经疲惫不堪,两腿沉重难移。当他独自一人闭上双眼,躺在蜡黄色的皮沙发上,感到周身无力,实在衰老的时候,他便在寂静中想:"现在确实很好。现在是时候了,可怕的时候到了。我对死亡如同对幽灵鬼怪一样害怕,所以我就想在死亡面前藏起自己,否认自己。现在我再也不害怕了。是的,我清楚地感觉到,我已经很接近死亡了。"他的身子往后靠着,千头万绪的思想在寂静中蜂拥而来。有时候他用铅笔飞快地勾画出一个词,然后便长时间严肃地凝视着前方。老人的面孔被思索和梦想的云彩笼罩着,只同他自己和他的思想与面容在一起,这很美。

晚上他又加入了喜欢谈话的圈子。是的,这是工作之余。钢琴家、朋友戈尔登魏泽尔问道,他是否可以弹奏点什么。"喜欢听,喜欢听!"托尔斯泰倚着钢琴,用手捂盖着眼睛,为的是不让别人看到连续不断的音响魔术是如何感动他的。他静心倾听,微闭双目,胸脯起伏,做着深呼吸。真是奇妙,他一向厉声拒绝的音乐,现在令人不可思议地向他涌来了,使一切柔和的东西都松软了。音乐使那历经了种种艰苦沉重的思索之后的内心又变得温柔和善起来。"我怎么可以诽谤艺术呢?"他默默地沉思起来,"如果不在艺术这里,那在哪里会有安慰呢? 那样,一切思维都昏暗了,一切知识都惘然若失了。除了在艺术家的绘画和言语里以外,我们还能在什么地方能够更清楚地感觉到上帝的存在呢? 贝多芬和肖邦,你们都是我的弟兄。现在我觉得你们的目光全都在我的身体里边休息,还觉得人类之心在我身体里边跳动起来。弟兄们,请你们原谅我对你们的诽谤吧。"这次演奏后响起一致的喝彩声。大家都鼓掌了,连托尔斯泰,在短暂的犹疑之后也同样鼓掌了。他身体内的一切烦躁不安都恢复正常了。他轻声笑着走进聚集起来的人们中间，愉快地进行舒心的交谈。最后，有某种像欢乐和宁静的东西围绕着他飘动起来。这样内容丰富的一天好像就要圆满地结束了。

　　但是在去就寝之前，他又一次走进了他的工作室。在一天结束之前，他还要对自己进行最后的审判。如同往常一样，他要求自己为一个小时，甚至为他的一生做出说明。翻开的日记本放在那里。良心的眼睛从日记本的一页页白纸张里注视着他。托尔斯泰在对这一天的每一个小时进行回忆，并且做出判决。他记起来那些农民，那件应归咎于自己的不幸事件。他从旁边走过，除了拿出可怜的一点零钱以外，没有给予其他帮助。他还想起来，自己对乞丐的不耐烦的态度，还想到对待他妻子的那种恶劣的思想。他把所有这些过错都写进了他的书里，写进了他盼望受到谴责的书里。他愤怒地用铅笔记下了这样的判决："我又懒散起来，灵魂麻木。好事做得不够！至今我还没有学过干重活。我还是爱我周围的人，而不是爱人类。帮助我吧，上帝，帮助我吧！"

　　然后他还写上第二天的日期和极其神秘的"W, I, L"——也就是"如果我活着"。现在工作已经完成了，这一天又活到了尽头。他心情沮丧地走进相邻的房间。这个老人脱下工作罩衫和沉重的靴子，然后就把身子，把他那沉重的身子躺到床上。像往常一样，这时候他首先想到的是死亡。他的思想，也就是那些色彩缤纷的蝴蝶，还在他的头上焦躁不安地飞舞。但是这些思想又像蝴蝶一样消失在森林愈来愈深的昏暗处了。他已经疲乏得完全要入睡了……

突然,他惊醒起来——这不是脚步声吗?是的,他听见了来到近处的脚步,轻轻的,悄悄的。这是工作室里边的脚步声。他立即起身,不声不响,半裸着身子,把焦急的眼睛紧贴在钥匙孔上。是的,相邻的房间里有亮光。有人端着一盏灯走进了房间,来到他的书案上翻来找去,为的是要看到一些句子,要读到他的良心的对话。这是他的妻子索菲亚·安德烈耶芙娜,她在窥探他最后的秘密。她甚至不让他单独与上帝待在一起。无论在什么地方,不管是在他的家里,在他的生活中,还是在他的内心里,他都受到人们的贪婪与好奇心的围捕。他气得两手颤抖,他的手已经抓住了门的把手,要猛然把门拉开,前去责骂自己的妻子,背叛他的妻子。但是他在最后的一瞬间抑制住了自己的怒火:"也许这也是强加于我身上的一种考验。"于是他便退回到卧榻上,默默无声,屏住呼吸,倾听自己的内心,如同倾听涌流的泉水一样。他就这样又清醒地躺了很久。列夫·尼古拉耶维奇·托尔斯泰,他那个时代里最伟大和影响最深的人,他在自己的家里受到背叛,受到怀疑和折磨,而且孤寂得发冷,寒心。

决断和神化

为了相信永存不朽,就必须在这里过一种不朽的生活。

——日记,1896 年 3 月 6 日

1900 年。列夫·托尔斯泰作为 72 岁的老人跨过了世纪的门槛。这位英雄的白发老人思想正直,但已经成了传奇的人物,现在正在走向他的终结。这位漫游世界的老者的面容从修剪好的胡子里透出更为宽厚仁慈的光辉。他那逐渐变黄的皮肤如同透光的羊皮纸,上边写满了无数皱纹和咒符。一种恭顺容忍的微笑现在常常留在干净的嘴唇周围。乱蓬蓬的双眉极少愤怒地倒竖起来了。这位激愤和年迈的亚当现在对待别人比较谨慎,比较冷静了。他自己的兄弟,一辈子总是认为他是个火性暴躁的人和不能自我克制的人,现在惊讶地感觉到:"他变得多么心平气和呀!"真的,强烈的激情开始熄灭了。他进行过厌倦的搏斗,也受到了厌倦的折磨。所以,现在在薄暮之光中,一种宽容的新光辉从他的脸上焕发起来。看到当时他那忧郁的面孔是很令人感动的:在漫长的八十年中,大自然在他的脸上如此粗暴地发生影响,仿佛只是为了终于以这种最后的形象显示出来他最独特的美——这位白发老人伟大、博学和宽容的崇高威严。于是在这个神化了的形象身上,人类就具有了它记忆中的外部表象。因此,将来的一代又一代人都会满怀着敬畏之情,在心中保留着他那严肃而安详的面容。

年龄通常是要损坏和分裂英雄人物的形象的,现在却使他忧郁的面孔具有了完美的庄严。坚强变成了威严,热情变成了宽容和对人人是兄弟的理解。的确,这位老战士一心想的是和平,"与上帝和所有人的和平",即使与他最痛恨的敌人也和平,与死亡也和平。谢天谢地,对于死亡心惊胆战的恐惧,惊慌失措的恐惧,野兽一样的恐惧,都已经成了过去。这位耄耋老人以平静的目光,以妥善的准备,期待着临近的消逝。"我想到了,很可能明天我就不再活了。于是我每天都努力使自己更熟悉这种思想,我越来越习惯它了。"令人惊异的是,自从恐惧的痉挛离开这个长期惊慌失措的人以后,教导者的感觉就又集中起来了。就像歌德老人在最后的晚年还从学术的消遣返回他的"主要工作"那样,传道者和道德主义者托尔斯泰在70岁至80岁的那令人难以置信的十年里也又一次致力于艺术,致力于他久已拒绝了的艺术。上个世纪的这位最强有力的作家又在新的世纪里复活了,而且雄风不减当年。这位老人勇敢地为他生存的巨大弧形建造了一个拱顶。他回想起了自己当哥萨克年代里的经历,于是就构成了他的伊利亚特式的诗篇《哈泽·穆拉特》。在这里边刀剑铿锵,战火不熄。这是一部英雄传奇。它讲述得淳朴而且宏伟,如同在他的艺术炉火纯青的时期里所写的作品一样。《活尸》的悲剧,短篇杰作《舞会之后》《科尔涅·瓦西列夫》以及许多短小传奇都光辉地证明了艺术家从道德主义者的忧郁中的回归与净化。对于白发老人晚年这些作品中的任何一部,人们都难以想象,这是由褶皱干裂、无力写作的手写成的。耄耋老人的蒙眬目光既不可收买又不受迷惑,敢于正视永远令人激动的世人的命运。生活的法官又变成了诗人,这位一度狂傲的生活导师,在他精彩的老年自白中无畏地在神一样的不可穷究面前躬身下拜了。对最终生存问题迫不及待的好奇心,减弱成了对无限愈来愈近的澎湃涛声恭敬的

三作家传

谛听。列夫·托尔斯泰,他在自己生命的最后年代里变得真正明智起来,而且仍然孜孜不倦。这个远古世界的农民还在不间断地坚持工作,在日记本里耕种着取之不尽的思想农田,一直到笔杆从他变凉了的手里掉落下来为止。

虽然如此,这个不知疲倦的人还是不能休息。命运托付给他的思想是为真理拼搏到最后的时刻。还有最后一件工作,最为神圣的工作有待完成。这项工作不再是针对生存,而是针对临近的死亡:这位广有影响的教导者生平最后的努力将是把自己表现得既威严又堪为典范,为此他把聚集起来的精力都出色地用上了。托尔斯泰在自己的任何一部作品上都没有像在自己的死亡上这么长久和这么热情地忙碌过。作为一个真正的和不知满足的艺术家,他正是想要把他最后和最有人性的业绩,纯净地和无可指责地交给人类。

这种为了一种纯洁的、无谎言的、圆满的死亡而进行的搏斗,成了为争取真实,同时也是在争取充满牺牲的真实——因为这种真实要他付出的是自己的鲜血——而进行的不得安宁的七十年战争中的决定性的战役。还有最后一项事业尚待完成,这项事业他毕生都是怀着如今我们才清楚的畏怯所一再回避的。这就是最终有效和无可争议地摆脱他的财产。托尔斯泰与一心想要避免决战而希望在连续不断的战略退却中战胜可怕的敌人的库图佐夫很是相似。他一再从对自己的财产的最后一次支配前边畏惧地退缩回来,并且由于良心的催逼而逃进了"不行动的智慧"中去。他的每一次企图,即使是在去世以后放弃对自己作品的权利,都遇到了家庭内部最激烈的抵抗。他太软弱,实际上太人性了,所以不能用残酷的行动强行克服那种抵抗。多年以来他便满足于不亲自经手金钱,不用他的收入做任何花费。但是——他这样谴责自己说——"这样不闻不问的基础是,我在原则上拒绝一切财产,并且我是出于在人前虚伪的羞耻感而不关心我的财产的,为的是不让人指责我的不坚定"。他做过各种各样没有成效的尝试,每次尝试都在他密切的家庭小圈子里引起一场悲剧。此后他接连几次避开对自己的遗嘱做出明确而有约束性的决定,并且把做决定推到不确定的时刻。但是在1908年他80岁的时候,他的家庭利用庆祝的机会以巨资出版了他的全集。现在,这位一切财产的公开敌人再不能没有行动了。列夫·托尔斯泰在80岁的时候不得不光明正大地来进行决定性的斗争。于是雅斯纳亚·波良纳这处俄国的圣地就关闭起来各个大门,变成了托尔斯泰和他家里的人之间的斗争场地。这场斗争为的是金钱,它比为琐碎小事而进行的斗争更加残酷也更加令人厌恶。关于这场斗争的可怕情况,甚至日记本里刺耳的呼喊声也只是给了点不充分的想象。"要摆脱这种肮脏和罪恶的财产实在是太困难了!"他在那些日子里(1908年7月25日)曾这样悲叹说。因为家里一半的人都伸出利爪抓住了这些财产。低级趣味小说中最令人厌恶的场面都有,诸如撬开窗户,翻箱倒柜,偷听谈话,企图剥夺别人的产权,以及交替出现的最可悲的时刻,例如妻子企图自杀和托尔斯泰的逃走的威胁等。这真是"雅斯纳亚·波良纳地狱"——就像托尔斯泰对庄园所称呼的那样——打开了自己的大门。但是托

三作家传

尔斯泰最后正是从这种异乎寻常的痛苦中做出了一个异乎寻常的决断。终于，在死前的几个月，他为了自己死亡的纯洁性和诚实性，决定不再容忍模棱两可和不明不白，决定给后代留下一个出乎人们所料地把他的精神财富交给全人类的遗嘱。为了实现这个最后的真实心愿，他还得撒最后一次谎。由于他觉得在家里受到窃听和监视，所以这位 82 岁的老人骑着马，好像是做无关紧要的散步一样，走进了格鲁蒙特附近的森林。托尔斯泰到那里当着三个见证人和不耐烦地打着响鼻儿的马的面，在一个树墩上，在我们这个世纪最有戏剧性的一个时刻里，终于在那张证明他的意志的效力和在他过世后生效的文件上签了名。

现在他把脚镣扔到了身后，他相信已经做出了决定性的行动。但是最艰难的、最重要的、最急需的事情还有待他去做。原来在这个奢谈良心，人员杂乱转动的家庭里是保不住任何秘密的。托尔斯泰的秘密签字，他妻子很快就猜想到了，不久全家也都知道了。他们翻箱倒柜寻找遗嘱，还研究他的日记，想找到一点线索。如果那个可恨的助手切尔科不停止到家来访，伯爵夫人就以自杀来威胁。这时候托尔斯泰认识到了，在这里身处于激情、贪欲、仇恨和烦躁不安之中，他是不可能完成他最后的艺术作品，也就是圆满的死亡的。所以这位白发老人便深恐家庭可能使他"从精神方面看失去那宝贵的，而且也许是最为辉煌壮丽的若干分钟"。于是从他的感情最深处突然间又出现了这样的思想：他必须如《福音书》所要求的那样，为了完善而放弃妻子和子女，为了神圣而放弃财产和收益。他已经逃跑过两次。第一次是在 1884 年，但是在半路上他没有力量了。当时他强制自己回到家里，回到了正在阵痛临产，而且当夜就生了一个孩子的妻子身边——这个孩子就是现在与他站在一边，保护他的遗嘱，并且准备成为他走最后一段路的助手的女儿亚历山德拉。十三年以后，也就是在 1897 年，他第二次冲出了家庭。他给妻子留下一封不朽的信，说明自己是受了良心的驱使："我决计出逃，第一是因为这样的生活随着年岁的增长而愈来愈重地压抑着我，所以我愈来愈强烈地渴望孤寂。第二是因为，子女们现在都已经长大成人，所以我待在家里也不再是必不可少的了……主要的问题是——这就很像印度人一旦年满 60 岁就逃进森林里去那样——每一个上了年岁的人，虔敬的人，都感到自己有把最后的岁月奉献给上帝，而不是奉献给玩笑和游戏，奉献给流言蜚语和网球运动的愿望。我的灵魂现在也是这样。我已经年满 70 岁了，所以我在用全副力量渴求着安宁和孤寂，为的是凭着我的良心在和谐中生活，要不然——如果这一点不能完全实现——那就逃避开在我的生活与我的信仰之间明显的不协调。"但是出于占据优势的人之常情，那个时候他还是回来了。当时他对自己施加的力量还不够强大，他的声望还没有广泛影响。但是现在，在他第二次出逃的十三年以后，也就是他第一次出逃的两个十三年以后，到远方去的强大吸引力有更大的增长，使他更加痛苦。铁的良心觉得已被无法深究的力量强烈地和磁力般地拨动起来了。1910 年 7 月，托尔斯泰在日记中写下了这样的话："除了逃走以外，我别无其他选择。现在我是认真地想到这一

　　　　　　　　三作家传

点的。现在我要表明我的基督教信仰。C'est le moment ou jamais.（现在是最佳时机。）现在确实不需要我在家了。我的上帝，你救助我吧！你教导我吧！我只想做一件事：不执行我的意志，完全执行你的意志。我写下了这些话，我还问自己：这话的确也是真诚的吗？我不是只在你的面前这样假装的吧？救助我吧！救助我吧！救助我吧！"但是他还是一再踌躇。为其他人的命运担心害怕，始终阻拦着他。他总是对自己罪恶的愿望感到害怕。他为自己的心愿感到不寒而栗，不过他还是谛听着，内心是否会发出呼唤，在自己的意志还犹豫不决、畏缩不前的时候，是否上天会不可抗拒地显示一种福音。他在日记中为自己的恐惧和不安进行忏悔，仿佛是跪在地上，是在面对不可穷究的意志——他为之献身而且也熟悉其道理的意志——进行祈祷。这种燃起激情的良心的等待如同一次冲动，如同一次惊人的、无与伦比的震颤。这是对受到震惊的内心的倾听。现在，他认为自己已经被命运和荒谬在没有注意到的情况下所左右了。

这工夫，在这及时而且最恰当的时刻，他心里响起了一种声音。这是一种非常古老的声音："你起身，站起来，拿上大衣和朝圣的手杖！"于是他便急忙起身，朝着自己的终结迈步走去。

逃向上帝

人只能单独地接近上帝。

——日记

1910 年 10 月 28 日。可能是早上 6 点钟吧,树林间还张挂着如漆一般的黑夜,有几个人影行动鬼祟,在雅斯纳亚·波良纳的府邸周围蹑手蹑脚行走。咔嚓一声打开了锁,一道道门也都悄悄地打开了。马车夫在马厩的麦草中小心翼翼地给马安上挽具,又套在一辆马车上。不安定的人影一闪溜进了两个房间里,用遮住光亮的手电筒摸寻各种包裹,翻箱倒柜。然后他们不声不响地把门打开,走了出来,跌跌撞撞,同时还低声交谈着穿过公园中的泥泞地。然后有辆马车避开走府邸门前的大路,悄悄地从后边出来,向花园大门驶去。

发生了什么事情?是窃贼闯进了府邸里吗?是沙皇的警察为搜查最大嫌疑犯的住所而进行包围了吗?——不,这不是外人闯进了家里,而是列夫·尼古拉耶维奇·托尔斯泰像窃贼一样,只由一名医生陪同,冲出了他所生存的监牢。呼唤向他发出,一个不容反驳的坚定的信号。夜间,当妻子偷偷地和神经质地翻腾他的文稿时,他又一次当场捉住了她。那时候他心中突然坚定果断地做出了决定,要离开"他的灵魂已经离开了的"妻子,要逃走,随便逃往什么地方,逃往上帝跟前,逃向自身,逃进自己所分摊到的死亡里。他忽然把大衣罩在工作服外边,戴上粗布软帽,穿上橡胶鞋。这位天才为了把自己交给人类,从他的财产中随身带走的必需用品仅只是日记本、铅笔和钢笔而已。他在火车站还潦潦草草地给妻子写了一封信,让马车夫把信送到了家里:"为了在孤独和寂静中间度过我最后的有生之年,我做了我这样年龄的老人通常要做的事。"然后他们便登上了火车。列夫·托尔斯泰这个逃向上帝的人身上紧裹着大衣,只在他的医生陪同下,坐在一节三等车厢的肮脏板凳上。但是,"列夫·托尔斯泰",他不再这样自称了。正如从前的两个世界的主人卡尔五世为了能埋进马德里的埃斯科里亚尔宫内的棺材里,而自愿地把身上的权力象征物弃置一旁那样,现在托尔斯泰把他的名字也像他的金钱、房产和名望一样都抛到了身后。他自称是 T·尼古拉耶夫。这是一个想要为自己发明一种新生活和一种纯洁而正确的死亡的人所臆造的名字。他终于摆脱了一切束缚,能够在陌生的大路上做一个朝圣的香客,做教义和真话的仆人了。他还在萨马尔迪诺修道院里向女修道院长,他的妹妹,进行了告别。两位头发灰白、年迈体弱的老人并排坐在和善的修道士中间,安详和威严的孤独使他们显得容光焕发。几天以后女儿随之赶来了,这就是在他第一次出逃不成功的那个夜里出生的那个孩子。可就是在这儿也不容许他待在寂静里。他害怕被认出来,被跟踪追寻,被人赶上,被再一次拉回自己家里那种含混不清和不真诚的生活中去。于是,在

10月31日早上4点钟,他又一次被看不见的手指触动,便突然叫醒女儿,催促她一起乘火车继续走,随便往哪儿去都行。往保加利亚去,往高加索去,往外国去,往随便哪个荣誉和人们都再也赶不上他的地方去。他只求最终进入孤寂,走向自身,走向上帝。

但是他的生活的可怕的对手,他的教义的可怕的对手,也就是荣誉这个折磨人的魔鬼和诱惑者,还是不放过自己的牺牲品。人世生活不允许"它的"托尔斯泰属于自己,属于他自己博学多识的意志。这个被追赶的人刚刚坐进火车车厢,把软帽拉得很低,盖住了额头,就有一位旅客认出了这位大师。于是列车上的人都知道了这件事,于是秘密便泄露了,于是男男女女的人都从外边挤拥到车厢门口,来看他。所有的报纸都对这个逃离监牢的珍贵动物做了通栏的长篇报道。他被暴露了,被包围了。荣誉又一次,也是最后一次拦住了托尔斯泰走向终结的道路。在呼啸奔驰的列车旁边,嗡嗡响的电报线传送着一条条信息。各个火车站都收到了警察局的通知,所有的公职人员动员起来,他们在家里已经订了专车。新闻记者从莫斯科、彼得堡、尼什涅—诺沃戈罗德,从四面八方向这个逃跑的野兽追来。高级宗教会议派出一名教士前来领取他这个忏悔者。有一个陌生的先生突然上了这列火车,他总是一再换上新的假面具走过这节车厢,这是一个秘探:不行,荣誉不许它的囚犯逃脱。列夫·托尔斯泰不应该,也不可以处于孤零零的状态。人们不能容忍他属于他自己,不能容忍他实现他的神圣化。

现在他已经被人包围了,已经被人环绕起来。现在已经没有一

三作家传

处可以供他钻进去藏身的丛林。这列火车如果到达边界,就会有一个官员礼貌地高举着帽子前来向他致敬,并且拒绝他跨越国界。无论他想在哪里休息,荣誉总会与他相对而坐,很是显眼,人多嘴杂,喧闹不休。不,他无法逃脱,魔鬼的利爪紧紧抓住他。这时候女儿突然注意到,父亲苍老的身躯在打寒战,不住地发抖。他精疲力竭了,倚靠着坚硬的木头长椅。他这个发抖的人浑身的毛孔都冒出汗来。他额头上的汗水串珠似的往下滴。这是从他的血液里突然发生的一种热病。疾病为了拯救他,已经降临到了他的身上。于是死亡便抖开他的大衣,深色的大衣,在追寻者们的面前把他覆盖了起来。

他们不得不在一个名叫阿斯塔波沃的小火车站停了下来,垂危的病人再也不能继续走了。这地方没有宾馆,没有旅社,也没有豪华的地方可以供他栖身。站长很难为情地让出了他在二层木楼站房里的办公室(从此以后这个站房就成了俄罗斯世界徒步朝拜的圣地)。他们把浑身打战发冷的人送进了这间办公室。他曾经梦想过的一切,现在都突然变成了真实:这个小房间,低矮而且沉闷,充满烟雾和水蒸气;还有那只铁床,那煤油灯昏暗的灯光——他忽然觉得他所逃离的豪华和舒适都很遥远了。在死亡的时候,在最后的那个瞬间里,一切都变得完全如他内心深处所想望的那样:纯洁,无瑕,一种庄严崇高的象征,死亡完全顺从他的艺术家的手。几天以后,死亡这个宏伟建筑巍然耸立了起来,他的教义的庄严的确认,不再被人们的猜忌从暗中加以破坏了,它古老尘世的单纯不再受到干扰和破坏了。荣誉屏住呼吸,嘴唇翕动,焦急地窥视着,守候在紧闭的门前;新闻记者和好奇之徒,侦探、警察和宪兵,还有高级宗教会议派来的教士和沙皇指定的官员都拥挤在一起等待着,但是徒劳:他们引人注目的无耻忙碌对这种无法破坏的最后的孤寂再也无能为力了。现在只有女儿守护着他,还有一个朋友和医生默默无声地用宁静而谦卑的爱围在他们身边。在床头柜上放着一个小日记本,这是他对上帝的喊话筒,但是紧张不安的手再也拿不住铅笔了。于是他便在呼吸急促的情况下,用渐趋静默的声音向女儿口授了他最后的思想,称上帝是"那个无限的宇宙,人感觉到自己是它一个有限的部分,是它在物质、时间和空间的启示",他宣称,这个尘世的生物同另一些生物的生命的联合,唯有通过爱才能实现。他在自己死前两天还张开所有的感官,去捕捉高级的真实,不可能达到的真实。然后黑暗才逐渐笼罩住了他那闪射光芒的大脑。

在门外边,人群急于想知道情况,放肆地在催问。他再也感觉不到他们了。那位与他结合在一起 48 年的妻子索菲亚·安德烈耶芙娜现在因为懊悔而谦恭起来。她两眼泪如泉涌,从窗子前边往里看,想从远处再看一下他的面容。他再也认不出她来了。对这位目光最敏锐的人来说,人生事务愈来愈陌生了,血液在正在破裂的血管里流动得愈来愈模糊不清和凝滞不前。11 月 4 日夜间,他又一次振作起来,呻吟说:"可是农民呢? ——农民究竟是如何死亡的呢?"他那极其顽强的生命还在抗拒神秘的死亡。11 月 7 日,死亡才降临到这位永存不朽的人身上。老人的满头白发松散杂乱,现在

三作家传

陷在枕头上。他那双比其他人更加智慧地进行观察的眼睛,现在熄灭了光辉。这位急不可待的寻求者这时才终于理解了一切生活的真理和意义。

尾声

　　这个人死去了,但是他与世界的关系继续对人产生作用,不仅像他在世的时候那样,而是要强烈得多。他的作用凭着他的理智和爱心增强,而且会像一切生物那样,没有停顿,也没有终结地生长。

——书信

　　马克西姆·高尔基曾经称列夫·托尔斯泰为一个人类的人,这话真是精辟至极。因为他是与我们大家在一起的人,是用同样龟裂的黏土制作成的,而且具有人世的同样缺陷。不过他对这些缺陷了解得更为深刻,并且为这些缺陷承受了更大的痛苦。列夫·托尔斯泰与他同时代的其他人相比,不是不同的人,不是更高级的人,而只是比大多数人更是个人,更有德行,更有见识,更为清醒,也更为热情——仿佛是人世艺术家工作室里那个看不见的原型的第一个也是最清晰的一个复印像。

　　托尔斯泰把永恒的人的肖像——它为我们大家提供了一张模

糊不清的,经常是难以辨认的略图,以便在我们这个熙熙攘攘的世界里尽可能完整地使之外化——选作为他真正的毕生事业。这可是一种永远不能结束,永远不能完全实现和双倍的英雄事业。他在最坏的现象中寻找过人。借助自己良心的无比真诚,他下到了人们只是在互相伤害的时候才到达的深度。这位典范的伦理天才,以愤怒的严肃态度和残酷无情的坚定性,无所顾忌地挖掘自己的灵魂,为的是把我们那个完整的原型从他干硬的人世外壳里解放出来,并且把人类更高贵的,像神一样的容貌展示给整个人类。这个无所畏惧的教导者八十年来通过描述自己来写作自我完善的鸿篇巨制,从来没有休息过,从来没有满意过,他的艺术从来没有对纯形式游戏的毫无恶意的愉悦表示过好感。自从歌德以来,还没有一个作家这样揭示过自己,同时也揭示过永恒的人。

但是这种通过磨炼和铸造自己灵魂以达到使世界道德化的英雄意志,只是表面上随着这位无与伦比的伟人的呼吸结束了。这个人强大的推动作用,还在活人的身上不停地产生塑造和继续塑造的影响。有些曾经看到过他那青灰色锐利眼睛的人,作为他在世时生活的见证人都还健在,然而托尔斯泰其人却早已变成了神话,他的生平早已变成了人类的一部高尚的传奇,而他对自己进行的斗争早已变成了我们这一代人和世世代代人的范例。因为他在我们狭小的世界上舍己为人所想到的一切,像英雄一样所完成的一切,总是为所有的人做出的。人类在个人的每一种伟大里都获得一个更新更高的标尺。这个寻求的智者只有在炽热真诚的自白中才预感到

三作家传

他的限度和规律。只有借助他这样的艺术家的自我塑造,人类的灵魂,天才的形象,才在人世间变得可以理解。

申文林　译　高中甫　校